イラストで
サクッと理解

流れが見えてくる
地政学図鑑

神野正史 監修

ナツメ社

はじめに

私は今日まで30年以上にわたって河合塾の教壇に立って学生を指導してきましたが、その講義では一貫して地政学的観点から歴史を学ぶことの重要性を訴えてきました。

私の教え子以外のほとんどの学生がやっているのは、単に教科書・参考書に書かれた歴史用語の丸暗記ですが、それはあくまで歴史用語を使った暗記作業にすぎず、およそ〝歴史学習〟とよべる代物ではありません。

丸暗記で得た知識が歴史理解を深めることはありませんから、そうした知識が役に立つのは唯一、テストの空欄を埋めるときだけで、その役目を果たしたが最後、その暗記知識が人生の役に立つことはありません。

そうではなく、きちんと地政学を基盤とした歴史学習をするならば、歴史の流れが手に取るように理解できるようになるばかりか、現代社会における複雑な国際外交の動きや事件・出来事も本質的な理解に達することができるようになり、どれほど人生に有益かしれません。

にもかかわらず、地政学の重要性はなかなか世間に認知されず、それどころか世界史教師ですら地政学に疎いという惨状が続いてきました。

近年になってようやく地政学の重要性が叫ばれるようになってきたとはいえ、まだまだその認知度は低く、初学者が学ぶための入門書もあまり多くありません。

本書はそうした現状を受け、初学者のための地政学入門書として生まれました。

はじめて地政学に触れる方にも理解しやすいよう、すべてのページにわたって地図やイラストを満載し、平易な解説を心掛けました。

本書が地政学を学ぶ、はじめの一歩となってくれることを願ってやみません。

本書の使い方

〔地政学の基礎知識〕

地政学とはどんな学問か、基本概念と用語について詳しく解説しています。

〔各章の構成〕

年表でつかむ！ 地政学の流れ

時代の流れをつかむとともに、重要な出来事と地政学的なポイントをチェックしましょう。

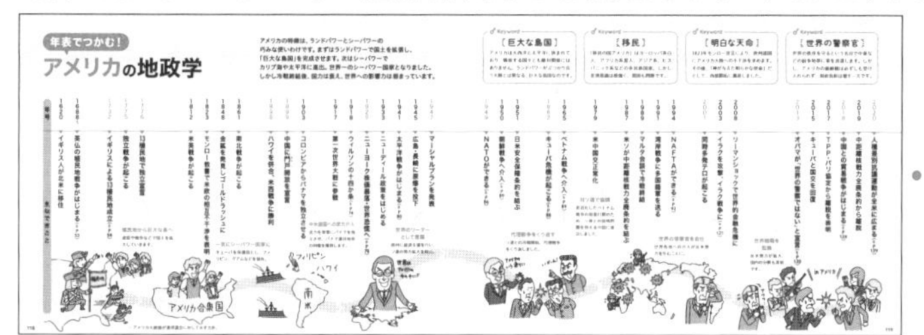

時代ページの見方

年表タブ
そのページがどの年代に該当するか一目でわかります。

年表
本文と地図で紹介する出来事が時系列でわかります。

章インデックス
どの時代のページなのかが一目でわかります。

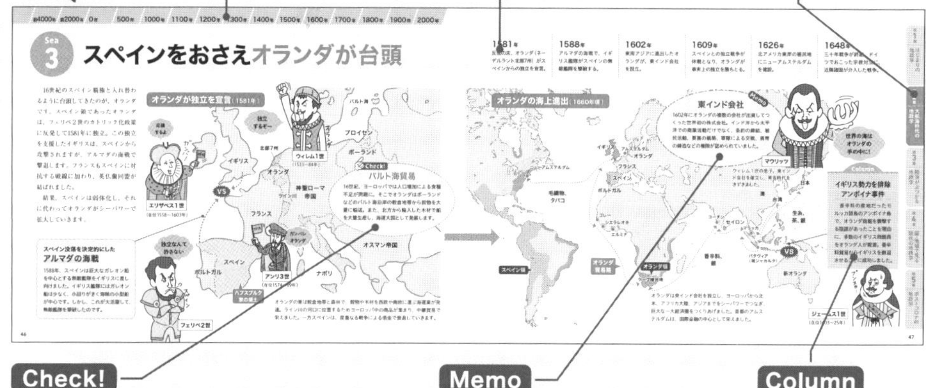

Check!
押さえておきたい地政学的ポイントを紹介。

Memo
重要用語・出来事を詳しく解説。

Column
メインストーリーから生まれた内容をコラムで紹介。

時代ページ

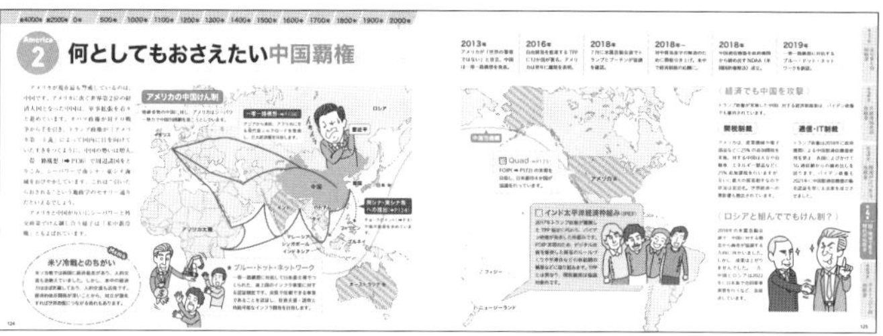

背景や出来事をもとに、各国の地政学的な戦略・動きを解説。この本のメインページです。

Pick up!ページ

各国の地政学的戦略に変革をもたらした出来事を、詳しくとり上げています。

章末ページ

くり返される歴史や地政学的戦略から、私たちが学ぶべきことを紹介。これから起こる歴史的な出来事の本質を見抜く力になります。

地政学の基礎知識 1

世界の歴史は陸と海のせめぎあい

紀元前～15世紀はじめ

陸の時代

古代～中世初期には、近隣の民族や国家間での戦争や覇権争いがくり返されていました。ユーラシア大陸は西と東にわかれ、商隊が行き交う以外は互いに遠い存在でした。しかし13世紀以降、ユーラシア内陸から発した騎馬民族が東西に侵略をはじめます。そしてアジアからヨーロッパにまたがるランドパワー国家モンゴル帝国をつくりました。

15世紀半ば～19世紀はじめ

海の時代

ヨーロッパでは、造船技術の発展、羅針盤の実用化などを機に、大航海時代を迎えます。ポルトガルやスペインをはじめ、各国が相次いで航路を開拓し、アメリカ大陸や東南アジアの植民地化を進めました。宗教改革や市民革命、産業革命をへて、経済・軍事力に抜きん出たシーパワー国家イギリスの覇権が確立しました。

19世紀半ば～20世紀前半

陸と海がぶつかる時代

近代国家が成立した帝国主義の時代、鉄道建設や大型蒸気船、航空兵器の開発で、陸・海の領土争いは激化しました。各国は同盟により国際秩序を保とうとしましたが失敗。2つの世界大戦は軍事費のかかる総力戦となり、イギリスをはじめ、ヨーロッパ諸国は力を失いました。一方、海軍を増強したアメリカが新たな覇権国家となります。

世界史をひもとき、世界の紛争や国家の興亡について、地政学の視点で見てみましょう。世界地図を広げ、国と国の位置関係や、地理的条件を確認してみます。すると、古代から現代まで、産業や文化、政治に変化が起こるたびに、陸と海はせめぎあいを続けていることがわかります。

20世紀後半

陸と海がかけひきする時代

第二次世界大戦後の世界は、シーパワー国家アメリカと、社会主義国家として周辺諸国に影響を与えるランドパワー国家ソ連を中心に東西に二分されました。米ソは直接争うことを避けた冷戦時代に入りますが、実際には「代理戦争」がくり返されました。また、核兵器開発など軍備拡張競争によるかけひきも続けられました。

現代

陸と海が交錯する時代

冷戦が終わると、新たな国際秩序を求めてランドパワーとシーパワーの国々が手をとりあいます。地域統合や民主化、自由貿易などが進んだことで多くの国で経済が発展、国際社会は安定の時代を迎えました。ところが、覇権国アメリカによる政策転換、コロナパンデミック、続くロシアによるウクライナ侵攻により、世界経済は大きなダメージを受け、再び国際秩序は乱れつつあります。世界中が戦争の危機に陥る時代が近づいているのかもしれません。

地政学の基礎知識 2

ランドパワーとシーパワー

Land Power

ランドパワー国家

軍事力や経済力を陸に頼る大陸国家のことです。特にユーラシア大陸の内陸部ハートランドにある国々をさします。道路や鉄道による陸上輸送能力に優れ、肥沃な土地や海を求めて陸続きの隣国に攻めこみ、支配領域の拡大を目指します。国境付近に草原（ステップ）や砂漠が多いと他国から攻めこまれやすいという面も。標高の高い山・山脈は天然の要塞となります。

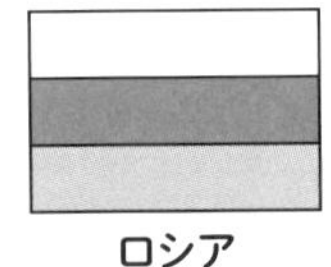
ロシア

中国

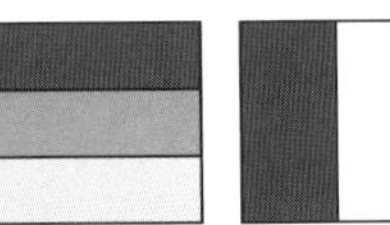
ドイツ

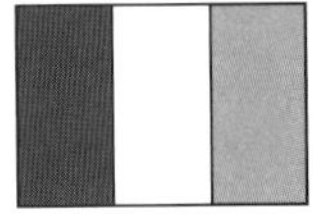
フランス

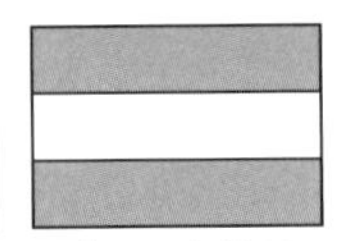
オーストリア

地理ポイント

山・山脈
隣国の侵入を阻害する壁となります。標高が高いほど孤立化します。

砂漠
古代より乾燥化が進み、過酷な環境が文明発達や民族移動を招きました。

ステップ
内陸の草原乾燥地帯。平らな地形で外部からの侵入を容易にしました。

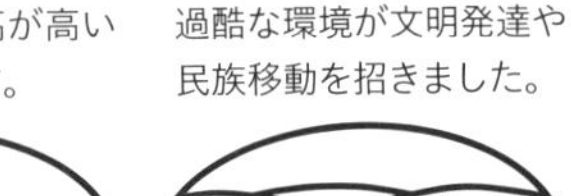

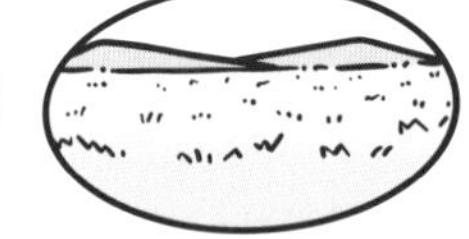

Heart Land

ハートランド

ユーラシア大陸の中心（心臓）部分。ランドパワーにより支配されます。

Rim Land

リムランド

ハートランドを取り囲む、半島や島などの沿岸地域。シーパワーにより支配されます。土地は肥沃なため経済活動が活発になり、人口がふえて町も発達します。そのため、常にランドパワーとシーパワーがせめぎあう地域です。

Marginal Sea

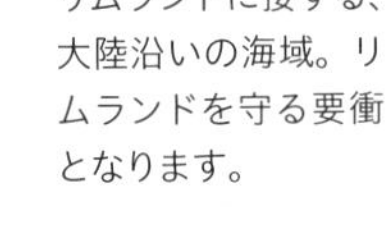

マージナル・シー

リムランドに接する、大陸沿いの海域。リムランドを守る要衝となります。

地政学を学ぶうえでは、基本概念となるいくつかの用語の理解が欠かせません。
ポイントになるのは、おさめる国や時代が変わっても、変わらずにあり続ける「海」と「陸」の位置関係。
そして、時代とともに変わるランドパワーとシーパワーの力関係です。

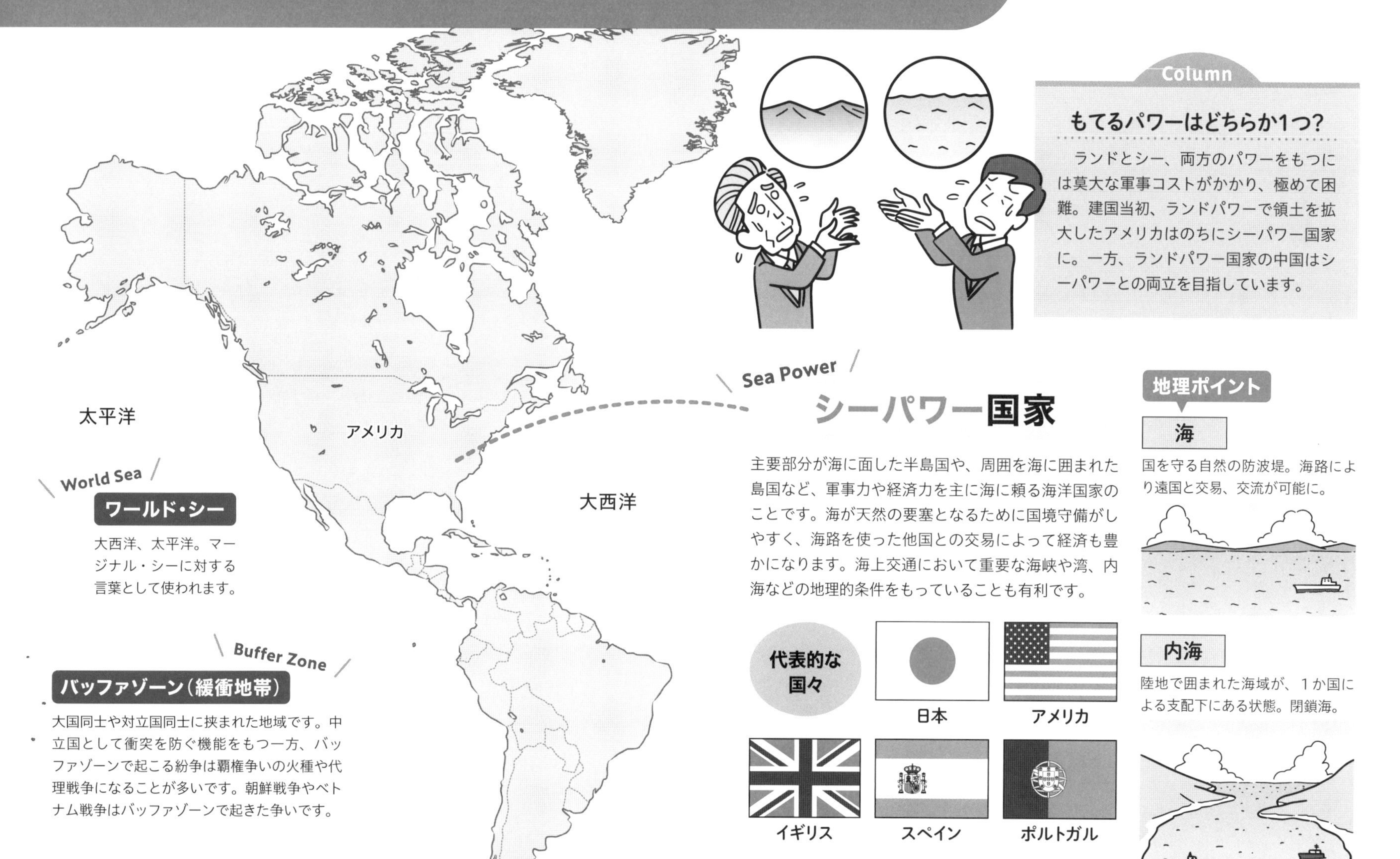

Column

もてるパワーはどちらか1つ?

ランドとシー、両方のパワーをもつには莫大な軍事コストがかかり、極めて困難。建国当初、ランドパワーで領土を拡大したアメリカはのちにシーパワー国家に。一方、ランドパワー国家の中国はシーパワーとの両立を目指しています。

Sea Power

シーパワー国家

主要部分が海に面した半島国や、周囲を海に囲まれた島国など、軍事力や経済力を主に海に頼る海洋国家のことです。海が天然の要塞となるために国境守備がしやすく、海路を使った他国との交易によって経済も豊かになります。海上交通において重要な海峡や湾、内海などの地理的条件をもっていることも有利です。

代表的な国々

日本　アメリカ

イギリス　スペイン　ポルトガル

World Sea

ワールド・シー

大西洋、太平洋。マージナル・シーに対する言葉として使われます。

Buffer Zone

バッファゾーン(緩衝地帯)

大国同士や対立国同士に挟まれた地域です。中立国として衝突を防ぐ機能をもつ一方、バッファゾーンで起こる紛争は覇権争いの火種や代理戦争になることが多いです。朝鮮戦争やベトナム戦争はバッファゾーンで起きた争いです。

地理ポイント

海

国を守る自然の防波堤。海路により遠国と交易、交流が可能に。

内海

陸地で囲まれた海域が、1か国による支配下にある状態。閉鎖海。

地政学の基礎知識 3

チョークポイントとシーレーン

\ Sea Lane /

シーレーン

レーン（lane）は「航路、車線」を意味し、経済や安全保障上、重要となる海上交通路のことです。シーレーンはその国の生命線なので、国際的な連携や秩序によって、災害、事故、紛争から守ることが求められます。

\ Choke Point /

チョークポイント

チョーク（choke）の「窒息させる」という意味から、チョークポイントは“相手を経済的・軍事的に苦しめられるポイント”となります。具体的には、海上交通上の要衝となる海峡や運河などをさし、チョークポイントをおさえれば、低コストでシーレーンを支配できます。有事の際は封鎖されることもあります。

世界の主なチョークポイント

イギリス海峡
イギリスとフランスの間にあり、北海から大西洋に至る経路。

ボスポラス海峡 ダーダネルス海峡
トルコにあり、黒海から地中海へ至る必須の経路。

ホルムズ海峡
ペルシャ湾からアラビア海に至る海峡。中東諸国からの原油輸送には欠かせない、いわば「大動脈」。

バシー海峡
台湾とルソン島（フィリピン）の間にあり、南シナ海から太平洋に至る日本への最短航路。

スエズ運河
エジプトにある地中海と紅海を結ぶ人工水路で、ヨーロッパ〜アジア間の基幹航路。

ジブラルタル海峡
イベリア半島とアフリカ大陸の間にあり、地中海から大西洋への通行には必須の経路。

バブ・エル・マンデブ海峡
アラビア半島西岸とアフリカ大陸の間にあり、紅海からインド洋への通行には必須の経路。

マラッカ海峡
マレー半島とスマトラ島の間にあり、インド洋とアジア諸国を結ぶ最短経路。

喜望峰
アフリカ大陸南端にあり、スエズ運河開通以前は大西洋とインド洋の唯一の関所でした。

ロンボク海峡
インドネシアのロンボク島とバリ島の間にあり、大きな船や潜水艦が通行できる経路。

日本の重要なシーレーン

バルト海
北海
ロシア
黒海
地中海
ペルシャ湾
イラク
イラン
中国
大西洋
紅海
サウジアラビア
アラビア海
南シナ海
インド洋

トラブル 1 \ スエズ運河をめぐってはじまった /

1956年 ▶ 第二次中東戦争

エジプトがスエズ運河を国有化したところ、運河の株主だったフランスとイギリスはこれに反発。運河に接するイスラエルも巻きこんでエジプトに侵攻しました。ソ連とアメリカの介入で戦争は終結し、運河はエジプトに国有化されました。

経済、軍事、外交のうえで、海上交通は欠かせません。歴史上、シーパワー国家は航路や、航路上の要衝地を効率的に支配して海の覇権を制してきました。海上を最短距離で航行しようとする際、必ず通るシーレーンとチョークポイントを知っておきましょう。

パナマ運河
パナマにある大西洋と太平洋を結ぶ人工水路で北半球における最短航路。

マゼラン海峡
南米大陸最南端にあり、パナマ運河開通以前は大西洋と太平洋の唯一の関所でした。

〈シーレーンでは重要資源も運ばれる〉

石油生産国	天然ガス生産国
1位 アメリカ	1位 アメリカ
2位 サウジアラビア	2位 ロシア
3位 ロシア	3位 イラン
4位 カナダ	4位 中国
5位 イラク	5位 カナダ

（2022年）

近年、アメリカの生産量が増加。埋蔵量では中東やロシア、中央アジアが多く開発が進んでいます。日本は重要資源のほとんどをサウジアラビアなどの中東諸国からの輸入に頼っているため、生産国とを結ぶシーレーンやチョークポイントが重要になります。

トラブル2 ＼もめにもめた／

1999年 ▶ パナマ運河の返還

パナマは1903年に独立しましたが、運河周辺はアメリカが実効支配を続けていました。これに抵抗した反米政権の樹立、核戦争の危機、米軍の軍事侵攻をへて、1999年にアメリカはようやく完全撤退。運河は返還されました。

トラブル3 ＼原油価格に影響／

2021年 ▶ スエズ運河封鎖事故

日本の会社が所有するメガコンテナ船が、スエズ運河で座礁。運河は6日間にわたって封鎖され、世界の物流に影響が及びました。船は全長400m、運河は幅300m。事故後、スエズ運河は拡張・複線化の工事を進めています。

トラブル4 ＼制裁の手段に／

2022年 ▶ ロシア船のボスポラス海峡通行禁止

ボスポラス海峡を管理するトルコは、ロシアによるウクライナ侵攻を「戦争」と位置づけ、両国軍艦の海峡通過を制限しました。「戦時は軍艦の通過を阻止する権利をもつ」とするモントルー条約を適用したのです。

地政学の基礎知識 4

地政学を築いた人々

現代地政学の祖

ハルフォード・J・マッキンダー

〔1861～1947年〕

ハートランドを制する者が“世界島”を制し、世界島を制する者が世界を制する

イギリスの地理学者、政治家。世界史がランドパワー国家とシーパワー国家の戦いの歴史であることを分析し、「ハートランド理論」を発表しました。背景には、ランドパワー国家のロシアやドイツが国力を強大化することへの危機感がありました。また、ランドパワー国家のハートランド支配を阻止するため、シーパワー国家が連携して対抗することも主張しました。

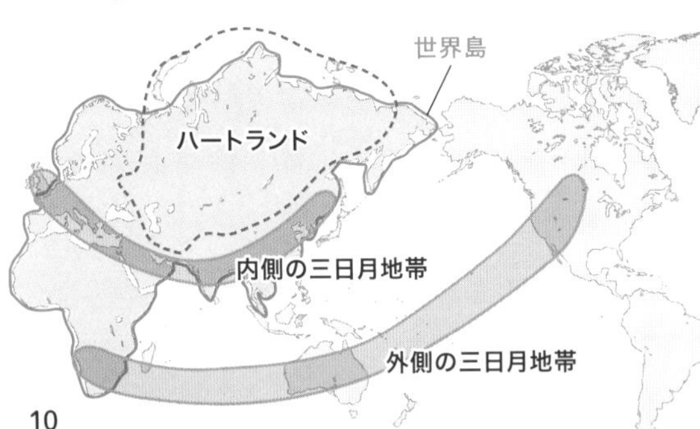

【世界島ってどこ？】

マッキンダーは、ユーラシア大陸とアフリカ大陸をひと続きの「世界島」とよび、ユーラシア大陸内陸部を「ハートランド」、その周囲を「内側の三日月地帯」、「外側の三日月地帯」とよびました。現在は内側の三日月地帯をリムランドとよびます。

地政学の実用性をといた

カール・E・ハウスホーファー

〔1869～1946年〕

生存圏と経済的に支配する地域の獲得は、「国家の権利」である

ドイツの軍人、地政学者。ドイツのラッツェル（1844～1904）や、その弟子で地政学の名づけ親であるスウェーデンのチェレーン（1864～1922）がといた「国家有機体説」を継承し、ドイツ独自に発展させました。ヒトラーは、ハウスホーファーの「生存圏確保のための軍事拡張政策」を都合よくとりこみ、ナチスの侵略政策を正当化するために利用しました。

【禁じられた学問に】

ハウスホーファーの理論は、当時のナチスや日本の軍事政策に影響を与えました。このため、地政学は戦争を正当化する危険な学問であるとして、戦後 GHQ によって禁止されました。

ヒトラー
〔1889～1945年〕
（➡P78）

地政学は19世紀後半の帝国主義の時代に誕生しました。地政学者の出身地と当時の国の状況をあわせて読みとくと、当時の列強の植民地政策や軍事作戦にいかに影響を与えたかがわかります。その理論や視点は、現代の国際問題を考えるうえでも有効です。

海の重要性をといた

アルフレッド・T・マハン

〔1840～1914年〕

海洋を制する者が世界を制する

アメリカの海軍士官、研究者。米海軍大学校で教官、校長として長く務めました。マハンはローマ史や大航海時代の海戦術などの研究から、シーパワーの概念をあみ出しました。そして、アメリカの海軍力が未熟だった時代に、シーパワーを強化して海運、通商、海軍根拠地を発展させれば、世界で覇権をにぎることができるとする「シーパワー理論」を提唱しました。

【アメリカ・日本に影響】

明治時代、海軍軍人秋山真之（1868～1918）は米留学中にマハンに師事。日本にもマハンの理論をとり入れようとしました。しかし、日本では反米感情が高まっていたことから、遠ざけられます。一方、アメリカではマハンの理論が戦略の転換点となり、世界最大の海軍をもつ覇権国家になりました。

陸の地政学を発展させた

ニコラス・J・スパイクマン

〔1893～1943年〕

リムランドを制する者が世界を制する

アメリカの地政学者、国際政治学者。マハンやマッキンダーの理論を継承し、「リムランド理論」を提唱しました。ハートランドの国は常に豊かなリムランドを狙っている、また、ランドパワーの拡大抑制には、緩衝地帯であるリムランドをおさえるべき、と主張しました。リムランド理論は、第二次世界大戦後のアメリカによるソ連の封じこめ政策に影響を与えました。

【今の世界を予測した！？】

スパイクマンは1943年に亡くなりましたが、第二次世界大戦後にアメリカがとるべき政策として、日本、ドイツとの同盟の必要性をといていました。また、米ソ冷戦、中国の台頭、中国とソ連の対立など現代の世界情勢も予測していました。

もくじ

地政学の基礎知識

第1章 はじまりの地政学

第2章 大航海時代の地政学

第3章 陸海がぶつかる地政学

第4章
国・地域で見る現代の地政学

VS

第5章 ポストコロナの地政学

※本書は特に明記しない限り、2023年８月末現在の情報に基づいています。

第1章

はじまりの地政学

古代から中世初期にかけては、ランドパワーの時代。ユーラシア大陸の各地で生まれた文明を起点に、肥沃な土地や海を求めて周辺民族との戦いをくり広げ、ローマ帝国、ペルシア帝国、イスラーム帝国などのランドパワー大国が次々に現れました。13世紀には、ユーラシア大陸の大半を支配するモンゴル帝国が誕生。史上最大のランドパワー国家として君臨します。

年表でつかむ！

古代からはじまる地政学

地政学は古代からはじまっています。都市や国は必ず地理的条件を前提として動くからです。古代の地政学は、圧倒的にランドパワーが強い“陸の時代”といえます。ユーラシア大陸中央部のハートランドから、その周辺のリムランドへ侵攻することで衝突が起こる、というのが基本構図です。

年号	主なできごと
前5000頃	中国文明がおこる（➡P20）
前4000頃	メソポタミア文明がおこる
前3000頃	インダス文明・エジプト文明がおこる
前1800頃	ハンムラビ王がメソポタミアを支配
前1600頃	中国で初の王朝・殷（いん）が成立
前1200頃	フェニキア人が地中海交易をはじめる
前800頃	都市国家ローマができる
前771頃	中国で春秋時代がはじまる（➡P24）
前750頃	ギリシア人の植民活動が盛んに
前530頃	ヘブライ人によりユダヤ教が成立
前525	アケメネス朝ペルシアがオリエントを統一（➡P22）
前509	ローマで王が追放され、共和制がはじまる（➡P26）
前500頃	ペルシア戦争が起こる
前403	中国で戦国時代がはじまる
前272	ローマがイタリア半島を統一
前264	ローマとカルタゴが戦う（➡P27）
前221	秦が中国を統一
前202	漢王朝ができる

海に乗り出した商業民族

地中海全域で交易を行い、カルタゴなどの植民市を築きました（➡P26）。

遊牧民のランドパワー大国

遊牧民のペルシア人は戦闘用馬車と部族の連合で大国を築きました。

シーパワーを入手

ローマはポエニ戦争でカルタゴに勝利し、その海軍力も手に入れました。

Keyword
【大陸】
古代における世界の歴史はユーラシア大陸を中心に展開してきました。陸続きなので国と国が常に接触し、ぶつかりあう状態にあります。

Keyword
【都市・国】
人々が集まって暮らすことで、その土地に文明が生まれ、都市や国家がつくられます。そして、人々を統治するための政治が生まれます。

Keyword
【交易】
他地域と交流して物が行き交うようになると、経済が発達して富が生まれます。その富をめぐって、いさかいも起きるようになります。

Keyword
【宗教】
ユダヤ教、キリスト教、イスラーム教などの宗教が生まれると、それも勢力となってぶつかりあい、古代の世界史を動かしていきます。

- 前30　ローマが地中海を統一（➡P26）
- 紀元元年頃　インドでクシャーナ朝が成立
- 25　中国で後漢王朝が成立
- 115頃　ローマ帝国の領地が最大に
- インドでサータヴァーハナ朝が栄える（➡P28）
- 220　中国で後漢が滅び、三国時代へ
- 226　オリエントにササン朝ペルシアが成立
- 235　ローマ帝国で戦乱・分裂がはじまる
- 375　ゲルマン人の大移動が起こる
- 392　キリスト教がローマの国教になる
- 395　ローマ帝国が東西に分裂
- 481　ゲルマン人がフランク王国を建国
- 610頃　ムハンマドがイスラーム教をとなえる（➡P30）
- 630頃　ムハンマドがアラビア半島を統一
- 661　イスラームのウマイヤ朝が成立
- 711　ウマイヤ朝がイベリア半島に侵入
- 750　イスラームのアッバース朝が成立（➡P31）
- 843　フランク王国が3国に分裂（のちのドイツ・フランス・イタリア）
- 962　オットー1世が西ローマ皇帝として戴冠
- 1206　モンゴル帝国にチンギス・ハンが即位（➡P34）

シーパワー国家も誕生
陸の時代にあって稀少なシーパワー国家がインドに誕生。交易で力をつけ、発展しました。

西ローマ帝国滅亡へ
ゲルマン人の大規模移住で混乱したローマ帝国は東西に分裂。476年に西ローマ帝国は滅亡します。

イスラーム勢力の拡大
アラビア半島を出て「聖戦」とよぶ大規模な征服運動を行いました。

史上最大のランドパワー大国へ
強力な騎馬軍を組織し、ユーラシア大陸の大半を支配していきます。

交易

Land 1

幕あけとなった四大河文明

前4000年～前3000年頃、ユーラシア大陸の大河流域に４つの文明が生まれました。文明誕生の背景には、灌漑技術の発展で麦や米などの穀物が栽培できたことや、牛や馬などの家畜がいたことなどがあったと考えられています。

高度な文明によって、都市国家が生まれ、文字や青銅器が使われるようになりました。周辺の人々がその生活にあこがれ、とり入れることで、文明は高い方から低い方へと広がっていきます。こうして四大河文明は、海や山など自然の障壁で隔てられていない地域へ派生していきました。

Check!

乾燥地帯に生まれる文明

エジプト文明やメソポタミア文明、インダス文明が生まれたのは砂漠の乾燥地帯。黄河流域もそれほど雨量の多い地域ではありません。共通しているのは、大河の水を利用した灌漑農業と水路による交易が発達したことです。乾燥地帯だからこそ、水を使いこなす技術が追求され、文明が生まれたともいえるのです。

自然の障壁がない地域へ文明が派生

エーゲ文明〔前2000年頃〕

ヨーロッパ初の青銅器文明で、文字も生まれました。クレタ島で栄えたクレタ文明（前期）とミケーネなどギリシア本土で発展したミケーネ文明（後期）があります。

シリア・パレスチナ文明〔前1500年頃〕

東地中海沿岸はメソポタミアとエジプトを結ぶ交通の要衝で、中継貿易や地中海交易が発展。また、アルファベットの起源となるフェニキア文字やユダヤ教も生まれました。

四大河文明

エジプト文明〔前4000年頃〕

ナイル川は豊かな農地をもたらしただけでなく、水運にも利用され、この地の文明を発展させました。砂漠と海に囲まれて外からの侵入を受けにくいため、統一国家が3回誕生しました。古王国、中王国、新王国とよばれています。

前5000~4000年頃
中国文明、メソポタミア文明、エジプト文明が次々とおこりはじめる。

前2700年頃
メソポタミアでシュメール人が都市国家を形成。階級社会が生まれる。

前2600年頃
インダス川流域でインダス文明がおこる。

前2000年頃
エーゲ海のクレタ島でエーゲ文明がおこり、青銅器が使われる。

前1800年頃
ハンムラビ王が全メソポタミアを支配し、強硬な政治をはじめる。

前1300年頃
シリア・パレスチナ地方で、アラム人、フェニキア人、ヘブライ人が活動。

四大河文明

メソポタミア文明

〔前4000年頃〕

ティグリス川、ユーフラテス川の流域では灌漑農業が行われ、人々が定住して大村落を形成するようになりました。そこで文字が発明され、銅器や青銅器が使われるようになり、大村落は都市国家へと発展していきました。

黄河
インダス川
長江

四大河文明

中国文明

〔前5000年頃〕

黄河流域では粟などの雑穀を、長江流域では米を栽培する農業が行われ、数百人規模の集落が生まれました。これらの集落が緊密に交流することで、土器の技術が伝わりましたが、集落間の争いも起こりました。

四大河文明

インダス文明

〔前3000年頃〕

メソポタミア・エジプト・中国文明から少し遅れ、青銅器時代になって登場した文明です。インダス川流域に、農業を基礎とする都市文明が発達し、煉瓦を使った整然とした都市がつくられました。

ドンソン文化

〔前4000年頃〕

ベトナム北部で中国の影響下に発展した文化。祭祀用の青銅器（銅鼓）のほか、鉄製の農具もつくられました。

Column

文明の広がりには民族性も関係？

高度な文明が周辺地域に広がっていくのには、周辺民族の「自分たちもああなりたい」「あれが欲しい」というあこがれと欲望が原動力になります。文明の派生には、そこに住む人々の民族性も関係しているのです。

Land 2 オリエントを統一した大帝国ペルシア

インダス川から地中海に至る地域(オリエント)ではさまざまな小国が争いを続けていましたが、前2000年頃に北メソポタミアに誕生したアッシリア王国が、鉄製の戦車や騎兵隊など陸の力で前670年頃に全オリエントを征服。そのアッシリア王国が早々に崩壊すると、エジプト、リディア、新バビロニア、メディアの4王国が分立する状態になります。

前550年になると、ペルシア人のキュロス2世がアケメネス朝ペルシアをおこします。この小国は、強大な陸の力で4王国を征服し、全オリエントを約220年支配する大帝国へと膨張していきました。

Check!

陸軍国家に海の力をプラス

遊牧の民であるペルシア人は、強い陸軍で周囲を征服しました。特に威力を発揮したのが戦闘用馬車の「チャリオット」です。また、航海術に優れたフェニキア人を支配下におき、陸軍が手に入れた海岸線から、彼らの海の力でエーゲ海沿岸にも進出します。ただし、海の力は内海に限られ、シーパワーとはいえないものでした。

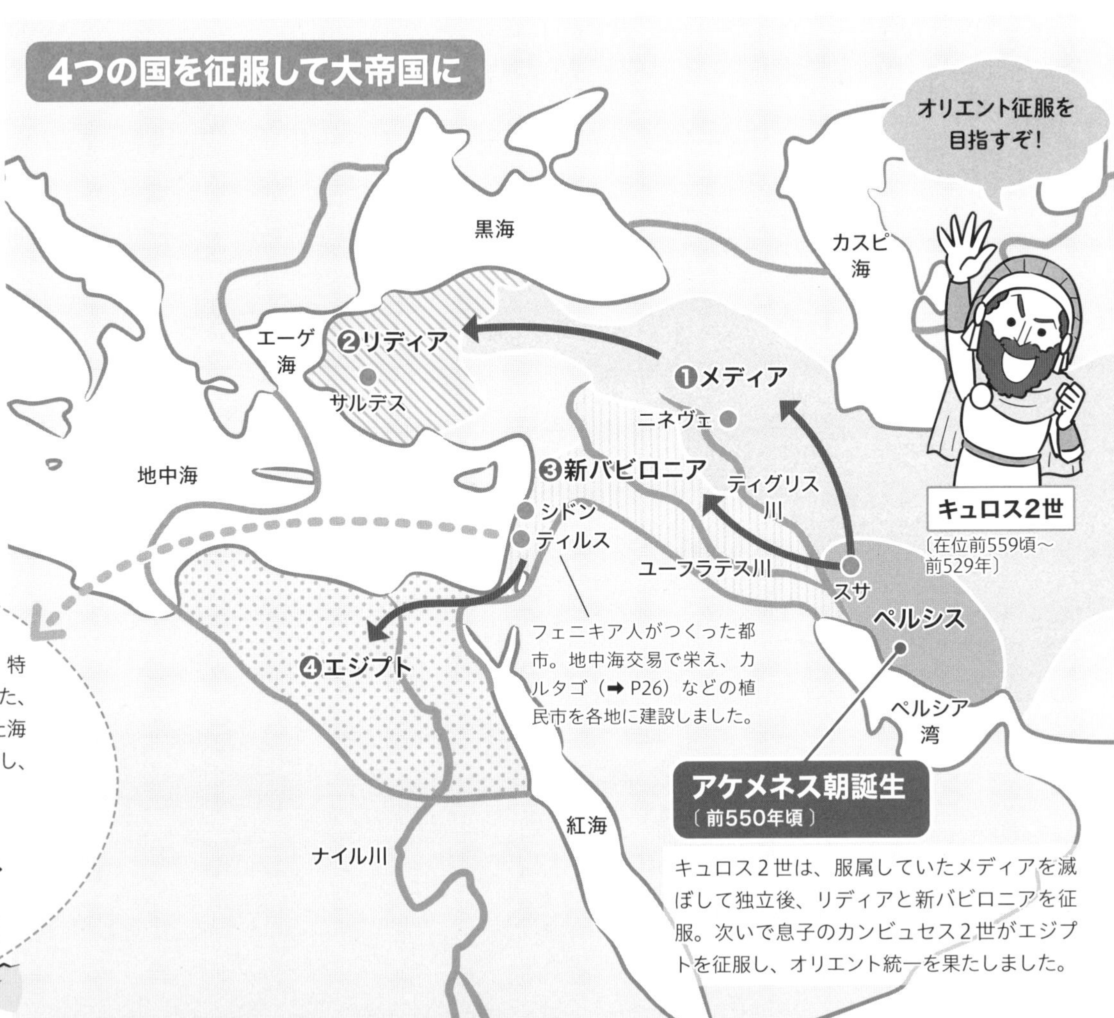

キュロス2世は、服属していたメディアを滅ぼして独立後、リディアと新バビロニアを征服。次いで息子のカンビュセス2世がエジプトを征服し、オリエント統一を果たしました。

前2000年頃
北メソポタミアにアッシリア王国が誕生。中継貿易によって栄えた。

前612年
アッシリア王国が崩壊。エジプト、リディアなど4王国に分立する。

前550年
ペルシア人のキュロス2世がアケメネス朝をおこす。

前539年
キュロス2世が新バビロニアを征服し、バビロンを開城。

前522年
ダレイオス1世がアケメネス朝ペルシアの王となり、全盛期を迎える。

前500年
ペルシア戦争が起こる。アテネに4回遠征したが、ギリシア連合軍に敗北。

最大領地に
〔ダレイオス1世統治下〕

メディア、リディア、新バビロニアに続いてエジプトを征服したことで、西はエーゲ海北岸から東はインダス川にいたる領地を手に入れ、それまでにない“陸の大帝国”が築かれました。

私が大帝国繁栄の礎を築いたのだ!

インダス川

ダレイオス1世
〔在位前522～前486年〕

イオニア地方を助けたら、ペルシアが侵攻してきたぞ!

アラビア海

アテネの人々

〈巧みな統治体制で大帝国を建設〉

各民族を尊重

服属した民族の文化や風習を尊重し、寛大な統治を行いました。豊かな食料や資源も国力となりました。

中央集権

国内を20の州に分けて、知事(サトラップ)を配置し、右のような制度で中央集権化を進めました。

“王の目”と“王の耳”

帝国内の状況を見たり聞いたりする監察官。各地に巡回させ、中央に情報を集めさせました。

“王の道”

都のスサからニネヴェ、エーゲ海近くのサルデスまで、重要都市を結ぶ国道をつくり、駅伝制を整備しました。

失敗に終わったギリシアへの侵攻

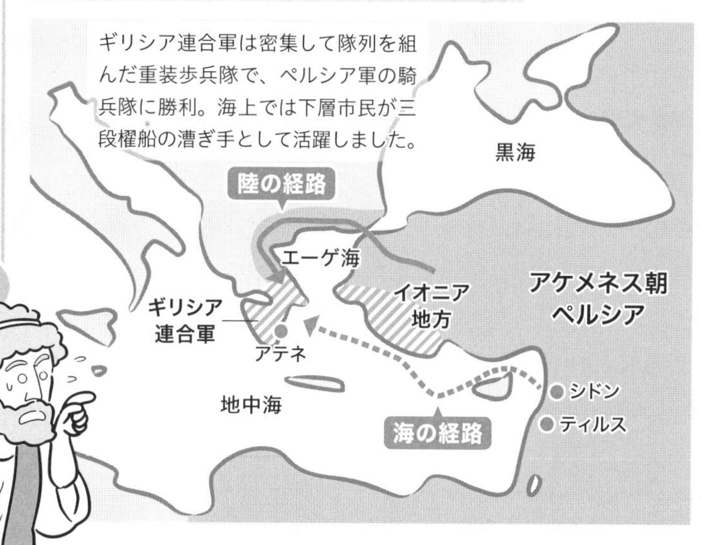

アケメネス朝ペルシアが全オリエントを統一してほどなく、支配下におかれたイオニア地方のギリシア人植民市で反乱が勃発。それをきっかけにはじまったのがペルシア戦争です。ペルシアは陸軍とフェニキア人を中心とした海軍で、反乱を支援したアテネに遠征。約50年間にわたって4回の遠征を行いましたが、ギリシア連合軍に敗れ、ギリシアから撤退しました。

*三段櫂船……戦闘用の船。上中下の三段に並んだ漕ぎ手が一斉に漕ぎ、敵船に高速で体当たりをする。

Land 3 東アジアに生まれた大国 秦・漢

四大河文明の1つである中国文明発祥の地は、遊牧民が活動するモンゴル高原と陸続きのため戦乱が絶えず、国をおさめるのに強い軍事力が必要でした。周王朝が力を失ってからは、分裂と抗争の春秋時代となり、続く戦国時代には、7つの国が争うことになりました。

このなかで、新制度をとり入れて勢力を伸ばした秦が、周囲の国を征服して中国を統一。しかし、統一政策などに反感が高まり、秦は短期間で滅んでしまいます。続いて現れた漢は、秦の制度を受け継ぎながら、緩やかな統治政策を採用し、その支配は約400年続きました。

戦国時代の中国

周の勢力が衰えたあと、自らを王と名乗る諸侯が多数現れ、互いに争いあう戦国時代となりました。そのなかから、周辺の小国を併合した7つの強国が並び立ち、「戦国の七雄」とよばれました。

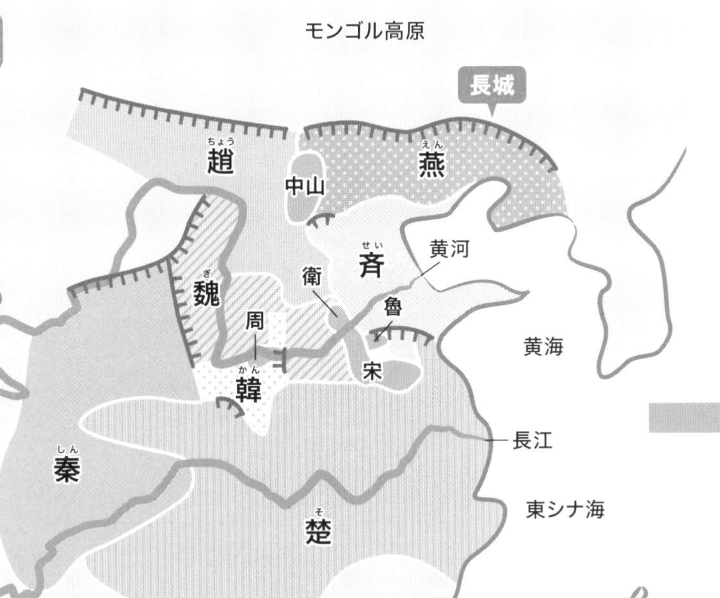

これからは中央集権だ

メラメラ

秦の王、のちの始皇帝。いち早く中央集権化を実施し、国力を高めました。

政

Memo 中華思想

中央集権化が進むとともに生まれてきた漢民族の思想。世界の中心は中国・漢民族であり、周辺民族は野蛮な劣った民族（夷狄）とみなします。現代中国にまでも通じている思想だと考えられます。

"草原の道"で伝わった騎馬技術

馬とともに暮らす遊牧民のなかで、騎馬技術を発明したのは黒海近くのスキタイ人です。彼らは馬具を改良して馬を乗りこなし、馬上から短弓で敵を射る技術を開発。この騎馬技術は草原の道を沿って各地の遊牧民に伝わり、以降、「騎馬遊牧民」は圧倒的なランドパワーをもつようになります。

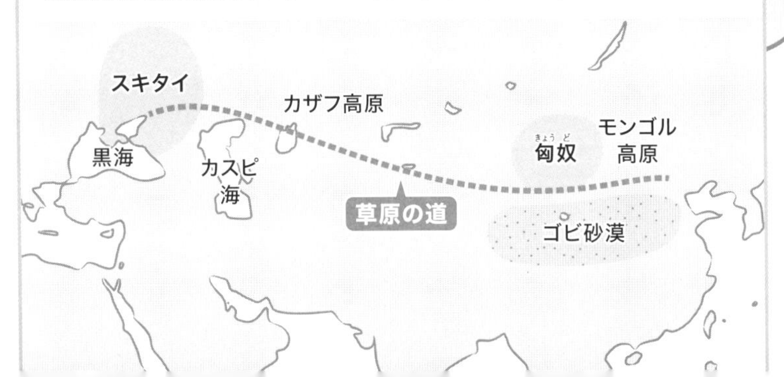

前1600年頃
黄河の中流域に中国の最初の王朝「殷王朝」が誕生した。

前1050年頃
周が華北を統一。諸侯に土地を与えて支配させる「封建（ほうけん）」体制で統治した。

前771年
春秋時代がはじまる。周の力が衰えたあとの、分裂・抗争時代の前半。

前403年
戦国時代がはじまる。戦国の七雄が並び立ち、争いが続いた。

前221年
秦が中国を統一するが、短命で、わずか15年で滅びてしまう。

前202年
劉邦が中国を統一し、漢王朝を成立させた。前漢は200年あまり続く。

匈奴の侵入

匈奴とは、当時モンゴル高原に拠点を置いていた遊牧騎馬民族のこと。

Check!

万里の長城

中国の北には敵の侵入を防ぐ山脈や大河がありません。そこで、秦の始皇帝は戦国時代に建てられた長城を修築し、匈奴の侵入を防ぐ防壁としました。明の時代にも、モンゴル人の侵入を防ぐため大修築が行われています。

秦

匈奴の侵入

前漢の武帝の時代に、北方の匈奴を撃退しました。

パルティア
前250年頃、イラン系遊牧民が建国。東西交易で栄えました。

大月氏（だいげっし）
イラン系とみなされる遊牧民の月氏が、匈奴に敗れて中央アジアに建国。東西を結ぶ交通路として発展しました。

前漢
のちの後漢時代とあわせると、約400年にわたって、ユーラシア大陸の東端を支配した大陸国家となります。

秦（前200年頃）

秦は中国を統一し、政は「皇帝」の称号を採用して「始皇帝」と名乗りました。急激な制度改革と広大な国土を守るための軍事強化、長城改修などの土木工事が農民を苦しめ、反乱が起こるようになり、統一から15年で滅びてしまいます。

私は「皇帝」

つらい、苦しい…。こんな皇帝はいやだ

エッヘン！

始皇帝〔在位前221～前210年〕

前漢（前202年頃）

急進的な秦の失敗から、緩やかな統治政策をとりました。直轄領には中央から役人を派遣する（郡県制）一方で、それ以外の地は諸侯に支配を任せる封建制を併用しました（郡国制）。次第に郡県制を広げ、領土拡大に邁進します。

〔在位前202～前195年〕
〔在位前141～前87年〕

Land 4 全地中海を統一したローマ帝国

共和制ローマの成立 〔前509年〕

前800年頃、ティベル川のほとりにラテン人による都市国家ローマが誕生。やがて王を追放して共和制になると、イタリア半島全体に領土を広げていきました。

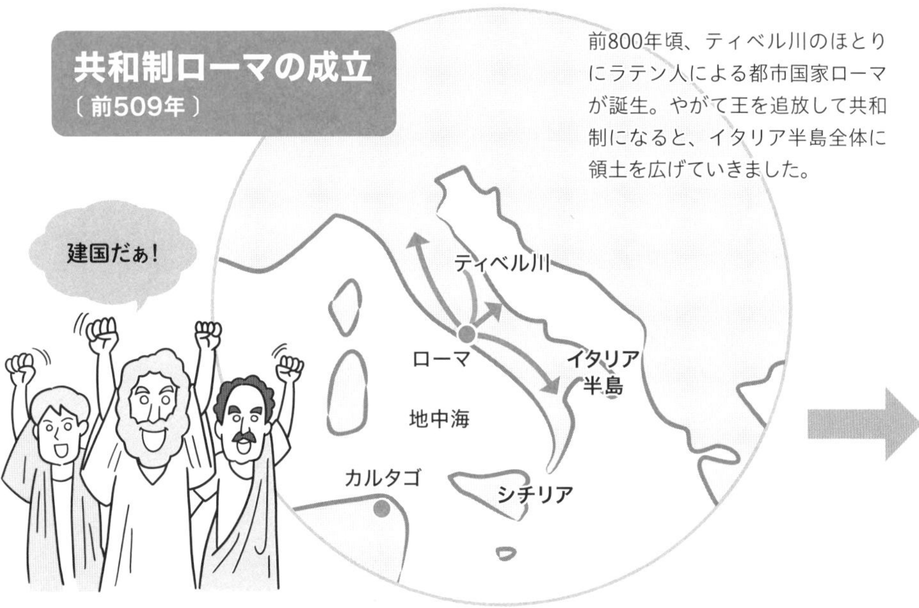

陸と海の両方から領土を拡大

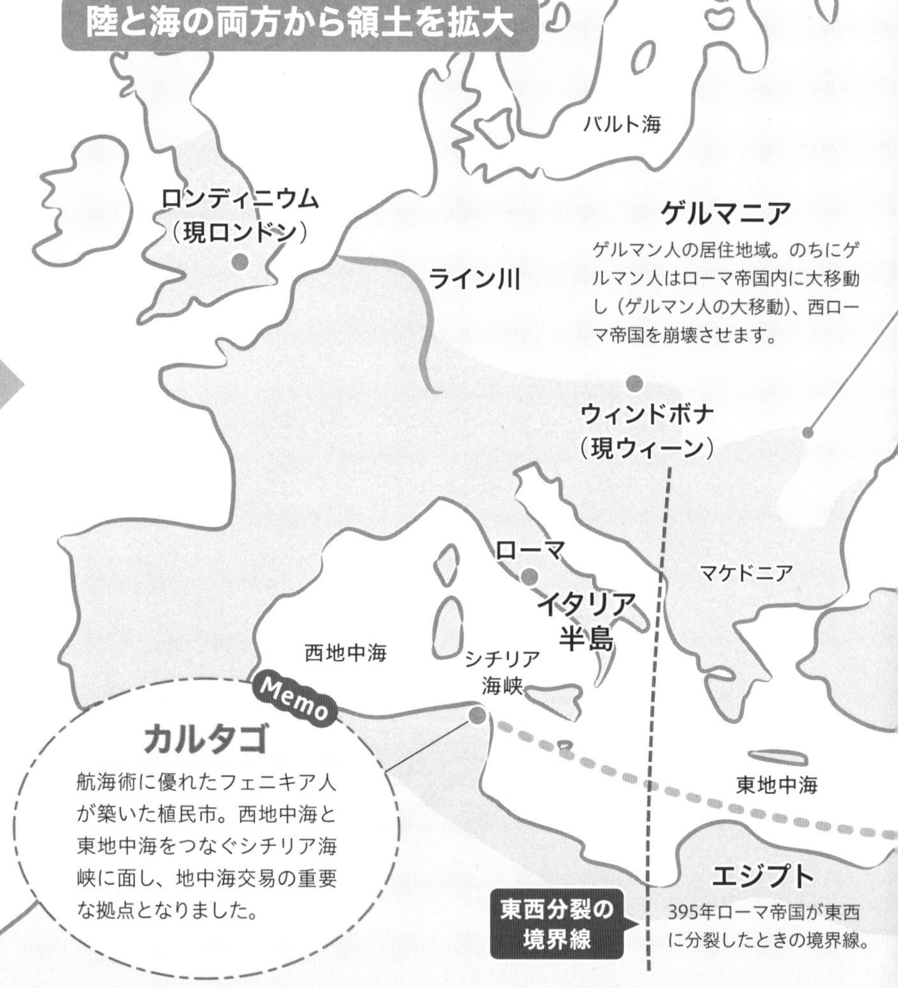

前509年に小さな都市国家だったローマは、約250年かけてイタリア半島を支配し、さらに約250年かけて地中海全域に広がる大帝国へと拡大していきました。基本的には、君主がいない共和制ですが、非常時には独裁官が独裁権を行使できるなど、柔軟性のある政治システムが特徴です。

軍事面では重装歩兵による陸の戦いでイタリア半島を支配しました。その後、地中海へと拡大し、ポエニ戦争でカルタゴに勝利して、その海軍力を手に入れます。こうして地中海をおさえ、イタリア半島から陸伝いに進軍することで、大帝国を築いていきました。

前509年頃
エトルリア人の王を追放し、都市国家ローマに共和政が成立する。

前264年
イタリア半島を制圧したローマが、カルタゴとポエニ戦争をはじめる。

前150年頃
マケドニアに進出し、地中海統一の足がかりとする。

前30年
ローマ帝国が地中海を統一。前27年からアウグストゥスによる帝政*時代に。

313年
帝国維持のため、拡大するキリスト教をコンスタンティヌス帝が公認。

395年
属州の反乱が高まり、西ローマ帝国と東ローマ帝国に分裂。

最大領域に（115年頃）

トラヤヌス帝の時代に領地は最大となりました。395年には帝国が東西に分裂。ローマを首都とする西ローマ帝国は476年に滅びましたが、東ローマ帝国（ビザンツ帝国・P30）は1453年まで続きました。

アウグストゥス帝
〔在位前27～後14年〕

トラヤヌス帝
〔在位98～117年〕

黒海

カスピ海

パルティア
（➡P25）

〈 反乱を防ぐ賢い統治体制 〉

分割統治・市民権

ローマは征服した都市国家に対して個別に同盟を結び、分割統治しました。そうすることで支配された人々が団結して反抗するのを防いだのです。また、支配された住民の一部にローマ市民権を与えて従わせたため、領土が広大になっても支配を維持することができました。

属州から穀物を輸入

イタリア半島以外の征服地（属州）からは、穀物と大量の奴隷がローマ本国へともたらされました。長期の征服戦争で農地が荒廃したうえ、属州から安価な穀物が流入したことで、ローマ本国の農民は没落していきました。

Check!

ランドパワーで海軍強国に勝利！

イタリア半島を統一したローマは、西地中海の覇権をかけて、海軍強国カルタゴと対戦。これがポエニ戦争です。海戦術で劣るローマは、敵船に接近して「コルウス（カラスの意）」という渡し板を掛け、歩兵を送りこむランドパワーの戦術をとりました。勝利したローマはカルタゴの海軍力を手中におさめ、陸軍・海軍ともに圧倒的な強さで大帝国を築き上げていくのです。

Column

“拡大しすぎ”でローマ帝国は崩壊へ

パクス・ロマーナとよばれる繁栄と平和の200年をすぎると、帝国のまとまりが崩れ、内乱や異民族の侵入が起こるようになりました。そのために軍事力を増強すると、重税を課された属州の反乱が起こり、帝国は力を失っていきました。

＊皇帝が国を統治する政治体制。

Pick up!

シーパワーで中部インドを統一 サータヴァーハナ朝

ランドパワー中心の時代にも、シーパワーが生まれています。
中部インドに誕生したサータヴァーハナ朝です。
季節風を利用した航路を開いてシーパワーを手に入れると、
ローマ帝国や中国との交易で経済力をつけて発展。
デカン高原を含む中部インドの統一に初めて成功しました。

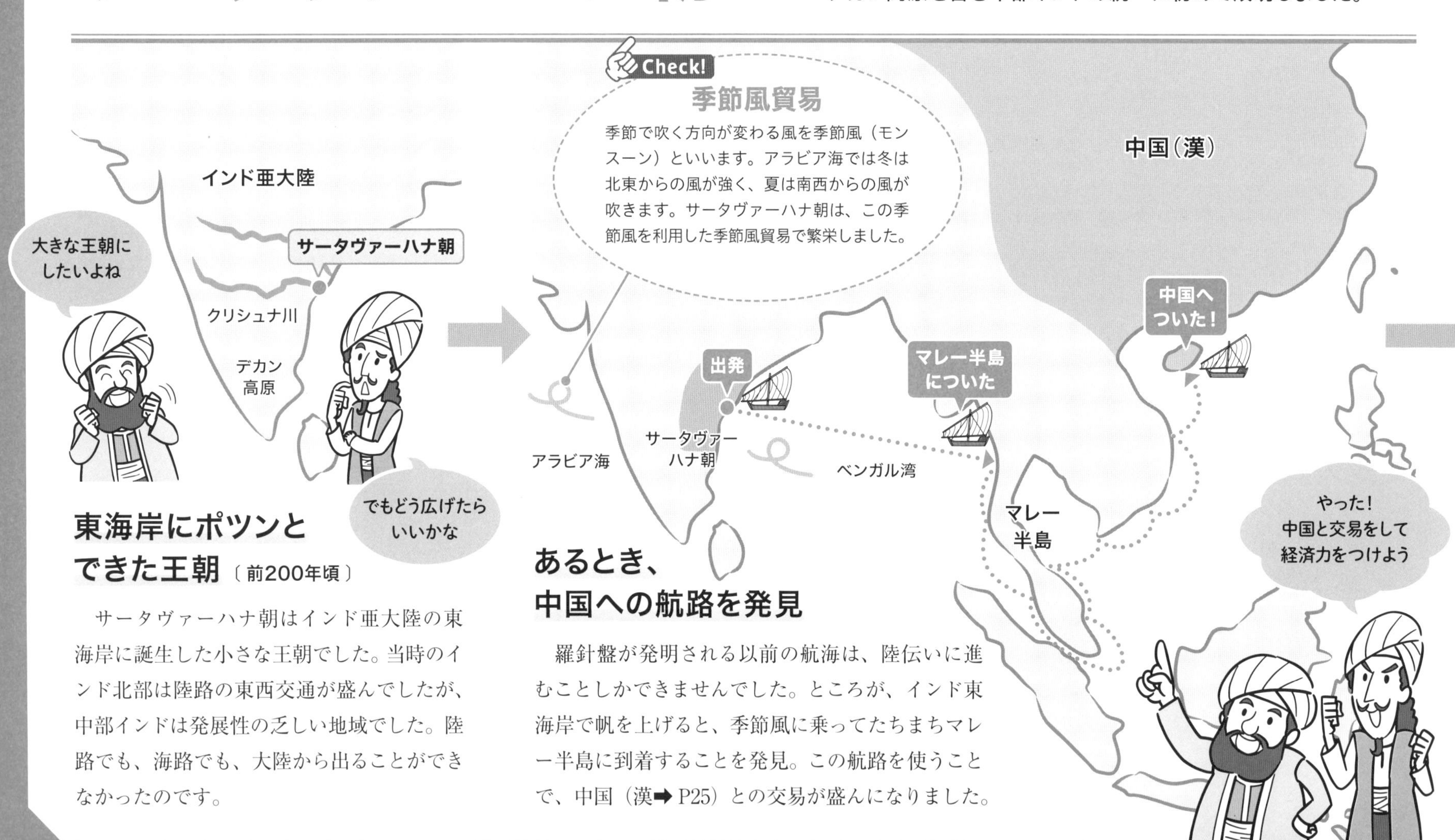

東海岸にポツンとできた王朝〔前200年頃〕

サータヴァーハナ朝はインド亜大陸の東海岸に誕生した小さな王朝でした。当時のインド北部は陸路の東西交通が盛んでしたが、中部インドは発展性の乏しい地域でした。陸路でも、海路でも、大陸から出ることができなかったのです。

あるとき、中国への航路を発見

羅針盤が発明される以前の航海は、陸伝いに進むことしかできませんでした。ところが、インド東海岸で帆を上げると、季節風に乗ってたちまちマレー半島に到着することを発見。この航路を使うことで、中国（漢➡ P25）との交易が盛んになりました。

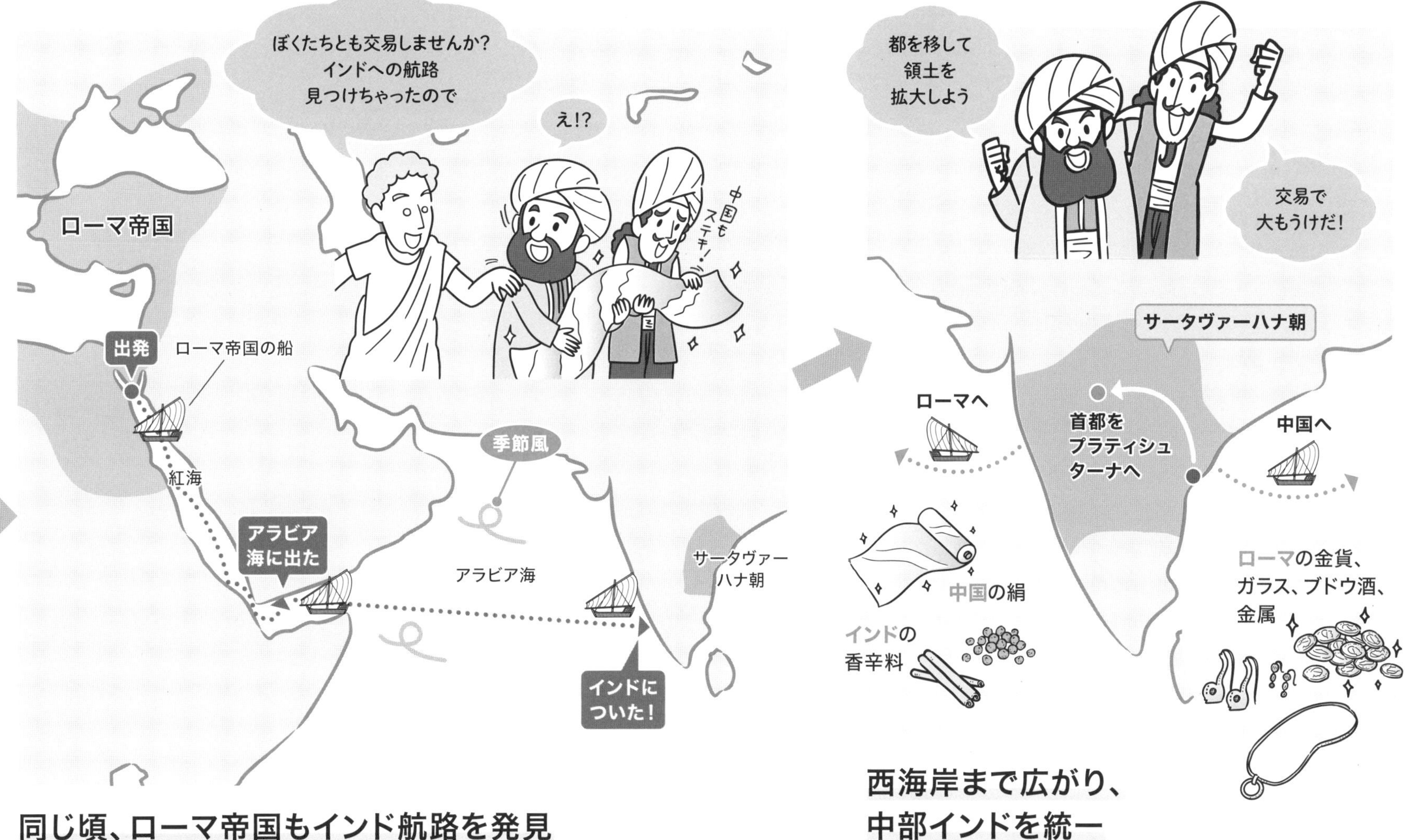

同じ頃、ローマ帝国もインド航路を発見

パクス・ロマーナの安定期に入ったローマ帝国は、新たな交易先を求めていました。あるとき、紅海を出て帆を上げると、季節風に乗ってインドに到着することを発見。中国との交易をはじめていたサータヴァーハナ朝に、交易をもちかけました。

西海岸まで広がり、中部インドを統一

インド東海岸で大きくなっていたサータヴァーハナ朝は、ローマ帝国との交易のために西海岸へと進出。デカン高原を含む中部インドを、史上初めて統一した王朝となりました。東海岸にあった首都も、中央部に移しました。

Land 5 聖戦をくり広げたイスラーム帝国

アラブの民は有史以来、ほとんどが砂漠のアラビア半島で貧しい遊牧生活を送ってきました。6世紀後半、ビザンツ帝国（東ローマ帝国）とササン朝ペルシアの戦いがくり返されると、東西交易のルートがアラビア半島を通るようになりました。結果、台頭してきたのがアラブ商人です。

7世紀になるとムハンマドによってイスラーム教が誕生。宗教による団結力をもったイスラームの軍勢は、大規模な聖戦をくり広げて領土を拡大していきました。そして7世紀半ばからのわずか100年ほどで、中央アジアからアフリカ地中海沿岸、ヨーロッパのイベリア半島に至る大帝国をつくり上げたのです。

辺境から交易の地に〔610年頃〕

ビザンツ帝国とササン朝の争いは、アラビア半島の人々も巻きこみました。また、交易で大きな利益を得るメッカの商人と遊牧生活を送る人々の間に貧富の差が生まれます。こうしたアラビア半島の混乱を憂えたムハンマドはイスラーム教を広めていきます。

〈 強さの秘密は“信仰心” 〉

命知らずな戦い

異教徒との戦いは偉大なる神のための戦いなので、勝利こそがすべてでした。聖戦で戦死しても楽園に行けると信じられていたため、自らの命をかえりみない強い軍隊となったのです。

遊牧生活の経験

砂漠で貧しい生活を余儀なくされてきたイスラーム教徒は、豊かになりたいという強い願いをいだいていました。それが、戦いを続けるための強いモチベーションになっていました。

610年頃
アッラーの「預言者」として、ムハンマドがイスラーム教をとなえる。

642年
第２代カリフのウマルが前年のエジプト征服に続いて、ササン朝を滅ぼす。

661年
第４代カリフのアリーが暗殺。敵対したムアーウィヤがウマイヤ朝を開く。

750年
征服地に改宗を強いるウマイヤ朝に対し、反乱が勃発。アッバース朝へ。

756年
ウマイヤ朝の一族が、イベリア半島のコルドバに後ウマイヤ朝を開く。

790年頃〜
アッバース朝が黄金期に。第５代カリフのアッラシードの死後は分裂へ。

聖戦で広がるイスラーム世界〔622〜800年頃〕

ムハンマドの死後、カリフ（後継者の意味）が指導者となって、アラビア半島外へ聖戦を拡大。その後のウマイヤ朝とアッバース朝も聖戦を続け、イベリア半島から中央アジアに至る大帝国を築きました。

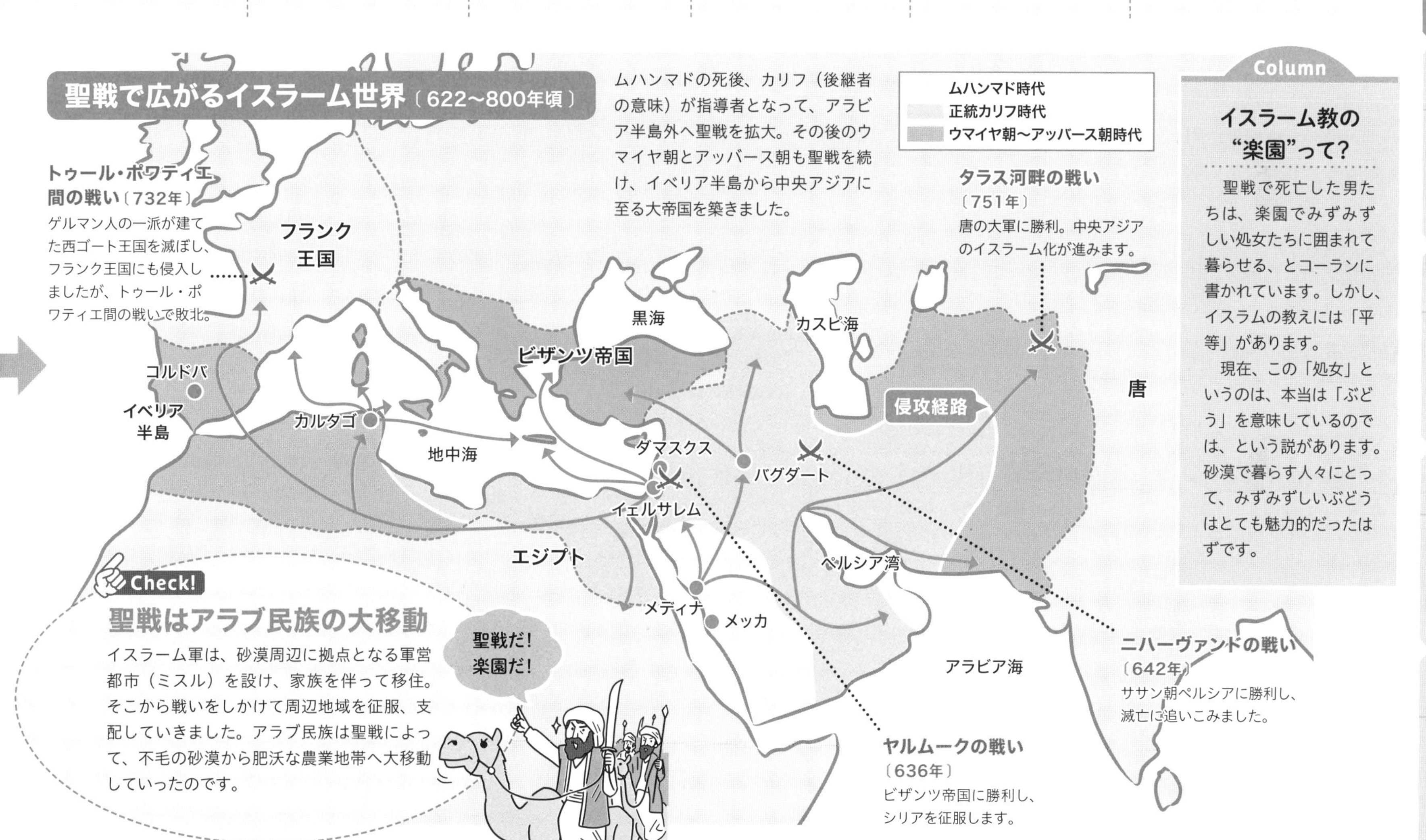

Check!

聖戦はアラブ民族の大移動

イスラーム軍は、砂漠周辺に拠点となる軍営都市（ミスル）を設け、家族を伴って移住。そこから戦いをしかけて周辺地域を征服、支配していきました。アラブ民族は聖戦によって、不毛の砂漠から肥沃な農業地帯へ大移動していったのです。

Column

イスラーム教の“楽園”って？

聖戦で死亡した男たちは、楽園でみずみずしい処女たちに囲まれて暮らせる、とコーランに書かれています。しかし、イスラムの教えには「平等」があります。

現在、この「処女」というのは、本当は「ぶどう」を意味しているのでは、という説があります。砂漠で暮らす人々にとって、みずみずしいぶどうはとても魅力的だったはずです。

Land 6 対イスラームで広がる西ヨーロッパ

4世紀後半から200年に及ぶゲルマン人の大移動による混乱で西ローマ帝国は滅亡。7世紀にはイスラーム勢力の西進があって、ヨーロッパは混乱しました。西ヨーロッパでは商業が衰え、それに代わって農業経済に頼る封建社会（➡P33）が生まれます。農民は領主の所有地である荘園で働き、収穫物を納める代わりに、敵から守ってもらっていたのです。

ところが、11世紀頃から封建社会が安定期に入ると、農業技術の進歩で収穫がふえ、それに伴って人口もふえました。その結果、西ヨーロッパは外に向かって拡大しはじめます。十字軍もレコンキスタも東方植民も、そうして起きたのです。

イスラーム勢力を追放

レコンキスタ

イベリア半島で後ウマイヤ朝を立てたイスラーム勢力に対して行われた、キリスト教徒による国土回復運動。12世紀までに半島の北半分を、15世紀末までに全体をとりもどしました。

大航海時代を切り拓く2国が生まれた

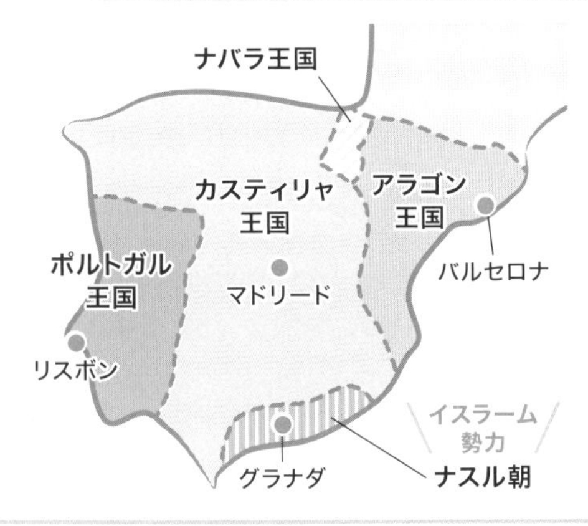

レコンキスタの中心となったのは、カスティリャ王国、アラゴン王国、ポルトガル王国です。カスティリャ国王女イサベルとアラゴン国王子フェルナンドの結婚により、1479年にスペイン王国が成立。1492年には最後のイスラーム勢力・ナスル朝の拠点グラナダをおとし、レコンキスタを完成させます。その後、スペインとポルトガルは海外へと進出していきます（➡P42）。

イスラーム勢力の地域

アッバース朝の黄金期が終わると、イスラーム帝国内には独立した王朝が次々と誕生しました。通商をもちかけてくるイスラーム勢力に刺激されて商業が発展することで、西ヨーロッパは外に向かって拡大していきます。

768年	843年	962年	1054年	1071年	1095年
フランク王国でカール大帝が即位。ローマ教会との関係を深め強大化する。	カール死後の内紛でフランク王国は東・西フランクと中部フランクに分裂。	ローマ教皇がオットー1世に皇帝位を授与。のちの神聖ローマ帝国が誕生。	キリスト教がローマカトリック教会とギリシア正教会に分裂。	セジュルーク朝がイェルサレムを支配。ビザンツ帝国を圧迫する。	クレルモン宗教会議が開かれ、聖地回復を提唱。翌年、第1回十字軍が出発。

新天地を求めた大移動

東方植民

12〜14世紀にかけて、スラヴ人やマジャール人が暮らすエルベ川以東の地に、ドイツ人による大規模な植民が行われました。この地方は西ヨーロッパに食糧を送る穀倉地帯となっていきます。

聖地回復を目指す

十字軍

イェルサレムを支配したイスラームの脅威に、ビザンツ皇帝がローマ教皇に救援を要請。それにこたえるかたちで聖地回復のために送ったのが十字軍です。最終的に聖地回復には失敗しました。

第１回十字軍は聖地の回復に成功し、イェルサレム王国を建国。多くのキリスト教徒が移住するも、のちにイスラーム勢力に奪回されます。

〈 拡大の背景にある2つのポイント 〉

封建社会の安定

封建社会は、主君と家臣の契約による主従関係と、領主の所有地（荘園）を経済的基盤とした社会です。封建社会が安定すると、農業生産が増大し、農民は作物を売って、経済力をつけるように。さらなる富と土地を求めて、外へと向かうようになります。

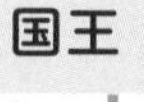

ローマカトリック教会のもくろみ

ローマカトリック教会とビザンツ帝国の保護下にあったコンスタンティノープル教会（ギリシア正教会の中心）は敵対関係にありました。それでもローマ教皇が援軍を送ったのは、助けることをきっかけに両教会を統一しようともくろんでいたからでした。

Land 7 大陸の草原を統合したモンゴル帝国

モンゴル高原の諸部族のなかで勢力を伸ばしたチンギス・ハンは、モンゴル系・トルコ系部族を統一してモンゴル帝国の第一歩を踏み出します。その頃、イスラーム世界と中国は混乱期にあり、ロシアではキエフ公国が弱体化しつつありました。チンギス・ハンは千戸制という統治システムで軍事と行政を統括。強力な騎馬軍団を組織して、草原・オアシス地帯に支配地域を広げていきました。その後、中国にも進出し、フビライ・ハンの時代には、中国からヨーロッパまでユーラシア大陸の大部分を支配する史上最大の帝国にふくれ上がったのです。

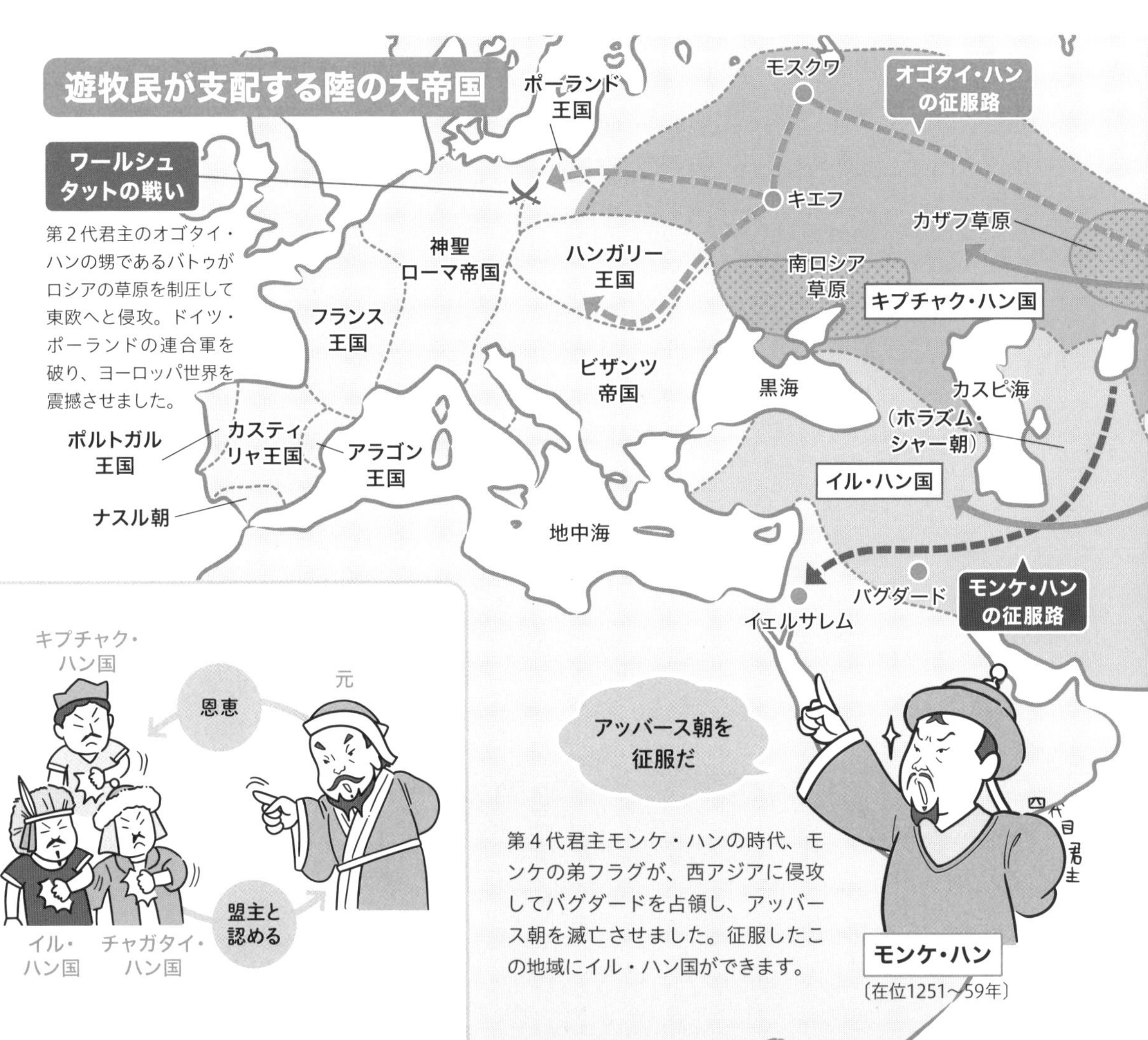

〈強さの秘密は“まとめ方”〉

千戸制

全遊牧民を10人の兵士を動員する小さな集団にわけ、それを10集めて100人の兵士がいる集団にし、さらにそれを10集めて1000人の兵士がいる集団にしました。千戸単位の軍事・行政組織で中央集権を実現したのです。

緩やかな連合

モンゴル帝国には、モンゴル・中国を領土とする元（げん）のほかに、南ロシアのキプチャク・ハン国、イラン・イラク方面のイル・ハン国、中央アジアのチャガタイ・ハン国があります。これら地方政権を認めることで、大帝国が保たれていました。

750年頃	1150年頃	1206年	1234年	1258年	1271年
モンゴル高原に進出したトルコ系のウイグル人が遊牧国家を建設。	ウイグル滅亡後のモンゴル高原に登場した諸部族に統一の動きが強まる。	モンゴル帝国が成立し、君主の位（ハン）にチンギス・ハンがつく。	オゴタイ・ハンの率いるモンゴル軍が金を滅ぼす。	フラグの率いるモンゴル軍がバグダードを占領。アッバース朝を滅ぼす。	フビライ・ハンが大都（現在の北京）に都を定め、国名を元とした。

第2代君主のオゴタイ・ハンは、中国北部の金を滅ぼします。さらに、甥のバトゥに命じて西方に軍を送り、ロシアから東欧へ至る草原を制圧しました。ここがキプチャク・ハン国となります。

モンゴル帝国をつくったチンギス・ハンは、強力な騎馬軍を率いて西方に遠征。ナイマン、ホラズム・シャー朝、西夏などを滅ぼし、草原・オアシス地帯に支配を広げていきました。

第5代君主のフビライ・ハンは東方支配に力を入れ、国名を元としました。その後、南宋を滅ぼして中国全土を支配下におさめ、高麗を属国として、日本やベトナムにも軍を送りました。

Check!

シーパワーを使いこなせず敗北

モンゴル帝国は支配した南宋や高麗の海軍を使い、日本やベトナムに侵攻しますが、ことごとく敗れます。指揮官として乗船したモンゴル人が、海の戦いを知らないのが原因でした。そこが、支配国の海軍力をうまく利用したローマ帝国やペルシア帝国とは違っていました。

Pick up!

海洋進出の起爆剤となった 東西交通路

モンゴル帝国が中国から東ヨーロッパに至る広大な地域を支配したことで、東アジアとヨーロッパを結ぶ東西交通路が発達しました。人・物・情報が往来するようになり、三大発明がヨーロッパに伝わります。それが中世を終わらせ、近世を開くことにつながっていきました。

13世紀の主な商業ルート

絹織物、陶磁器、銀など、多くの物が運ばれ、多くの人が往来しました。

安全な陸のルートが整った

モンゴル帝国ができて遊牧民の抗争がなくなり、交易路の安全が保たれるようになりました。ルート沿いに宿泊・馬・食事を提供する駅を設ける駅伝制も施行されました。

海と陸がつながった

南宋を滅ぼすと、大都を起点とした陸の東西交通路が海上交易路とつながり、中国の絹織物や陶磁器が盛んに取引されるようになりました。

紙幣が流通した

通貨として銀貨が使われていましたが、東西交易が盛んになると、銀貨の補助として紙幣が使われるようになりました。大量につくることができ、輸送に便利なので、広く流通しました。

東西交通路で伝わった「三大発明」

三大発明が中国からヨーロッパに伝わることで、
大航海時代が開かれていきます。

羅針盤

磁石が南北を指すことを発見したのは中国人です。宋の時代には航海にも使われていましたが、海が荒れて船がゆれると使えないのが欠点でした。ヨーロッパに伝わって改良され、荒海でも使える羅針盤が誕生しました。これが遠洋航海を可能にしたのです。

活版印刷術

活字を並べた組版にインクを塗って印刷する方法です。中国からヨーロッパに伝わって改良された活版印刷術は、アルファベットを印刷するのに最適で、安価な書物ができるようになりました。まず印刷されたのは聖書です。造船や航海の技術を広めるのにも役立ちました。

火薬

火薬を発明したのは中国人で、元の時代にはすでに実戦で使われていました。これがヨーロッパに伝わって改良され、鉄砲や大砲などの火器が生み出されることになります。新しい武器の出現によって従来の戦い方が一変し、火器をもつ国の軍事力が高まりました。

Column

ヨーロッパから元までの大旅行も行われた

ヴェネチア商人のマルコ・ポーロはイタリアから主に陸路で大都まで行き、元に仕えたあと、海路で帰国しています。旅行家イブン・バットゥータは海路で中国に向かい大都まで行きました。元の交通路や貨幣経済を紹介した彼らの旅行記はヨーロッパを刺激し、大航海時代を開くきっかけになりました。

歴史に学ぶ❶

長い戦乱を統一した政権は短期で終わる

世界のどこにでも、戦乱の続く時代があります。政治も社会も文化もうまくいかず、いくつもの勢力に分裂して、互いに争っているような時代です。そこに傑出した人物が登場し、政治システムの改革にとり組み、新しい体制をつくり上げると、国の統一が実現します。

しかし、このように時代を一変させた政権は、短期で終わることを歴史が証明しています。古い価値観にとらわれた人々が改革を受け入れられず、反乱を起こすからです。この政権が滅びると、次に台頭する政権はたいてい同じ政策を掲げますが、反発は起こりません。こうして長期政権を謳歌し、安定した時代を迎えることになります。

〈Case 1〉 秦王朝

〔前771年頃〕 春秋戦国時代
↓
〔前221年〕 秦が統一
↓ わずか15年
〔前202年〕 漢が統一

500年も続く戦乱の時代を終わらせ、中国を統一したのは秦です。しかし急激な統一政策を行ったため、始皇帝の死後反乱が相次ぎ、帝国は15年で崩壊。その後、漢は約400年続きました（➡ P24）。

〈Case 2〉 ローマ将軍カエサル

〔前133年〕 ローマの内乱
↓
〔前48年〕 カエサルが全土を平定
↓ わずか4年
〔前27年〕 アウグストゥス以降の帝政時代

内乱が続いたローマを平定したカエサルは、独裁官として社会を安定させますが、元老院派の反感を買って暗殺されます。その後、ローマ帝国は400年続きました。

〈Case 3〉 豊臣秀吉

〔1500年頃〕 戦国時代
↓
〔1590年〕 豊臣政権による統一
↓ わずか10年
〔1603年〕 江戸時代

日本の戦国時代は、豊臣秀吉によって統一されます。しかし、統一を維持できたのは、わずか10年。その後の徳川家による支配は260年あまり続きました。

国家安定のルール

❶ 戦乱が続く

❷ 画期的な政権ができる

❸ 反発が起こる

❹ 次の政権で落ち着く

第 2 章

大航海時代の地政学

15世紀に突入すると、シーパワーがものをいうようになります。
地中海や黒海などの内海ではなく、太平洋や大西洋、インド洋に西欧列強が乗り出していきました。
なかでも強大な軍事力と経済力を背景に、世界の覇権をにぎったのがシーパワー国家のイギリスです。
シーパワーが世界を席巻するなか、ランドパワー国家との対立も生まれてきました。

年表でつかむ！

大航海時代からの地政学

羅針盤や快速帆船によって遠洋航海が可能になると、ヨーロッパの国々がアジアやアメリカ大陸への航海に乗り出していきます。大航海時代のはじまりです。ポルトガル、スペイン、オランダ、イギリス、フランスなど、植民地を広げた海洋国家が力をつけ、世界の覇権をにぎる時代が続きました。

年号	主なできごと
1339頃	英仏百年戦争がはじまる
1453	オスマン帝国がビザンツ帝国を滅ぼす
1479	スペイン王国ができる
1485	イギリス・テューダー朝ができる
1488	ディアスが喜望峰に到着（➡P42）
1492	コロンブスがアメリカ大陸を発見
1497	カボットが北西航路を見つける
1510	ポルトガルがインド西岸のゴアを占領
1517	ルターが九十五か条の論題を発表
1521	スペインがアステカ王国を滅ぼす（➡P44）
1581	オランダがスペインからの独立を宣言（➡P46）
1588	アルマダの海戦でイギリスがスペインに勝利
1600	イギリスが東インド会社を設立
1602	オランダが東インド会社を設立
1623	アンボイナ事件で英蘭が衝突（➡P47）
1651	イギリスが航海法を制定
1664	フランスが東インド会社を再建
1701	スペイン継承戦争がはじまる（➡P48）
1713	イギリスが奴隷供給契約権を得る（➡P49）

宗教改革の広がり
各地でカトリック教会への批判が高まり、新教徒（プロテスタント）が生まれます。オランダ独立のきっかけとなりました（➡P45）。

シーパワーで拡大
ポルトガルはアジアに貿易拠点をつくり、スペインはアメリカ大陸を征服していきました。

シーパワー国家の争い
イギリスは貿易を自国船に限定し、海運強国オランダの締め出しを狙いました。オランダがこれに反発し、英蘭戦争に発展します。

イギリスの繁栄へ
奴隷貿易を独占して莫大な利益を得て、世界の覇権をにぎります。

Keyword
【主権国家体制】
カトリック教会や神聖ローマ帝国の権威がゆらぐと、明確な領域を、外からの干渉なしに統治する主権国家が誕生しました。

Keyword
【海洋進出】
主権国家の形成期に、絶対王政を確立した国々では、常備軍と官僚を維持する莫大な資金が必要でした。その資金調達の手段の1つが海洋への進出です。

Keyword
【産業革命】
機械化による工場生産力の向上で、資本主義が確立。さらに、重化学工業が発展すると、原料や市場の確保のための植民地獲得競争が激化します。

Keyword
【植民地支配】
海洋進出したヨーロッパの国々は、アジアやアメリカ大陸に植民地をつくり、支配しました。そうした植民地のなかから、独立という動きが現れてきます。

- 1732 北アメリカ大陸にイギリスの13植民地ができる
- 1754 フレンチ・インディアン戦争がはじまる (➡P53)
- 1770代 産業革命がはじまる (➡P50)
- 1783 アメリカ合衆国が独立 (➡P54)
- 1789 フランス革命が起こる
- 1812 米英戦争が起こる
- 1814~15 ウィーン会議
- 1819 イギリスがシンガポールに商館を設置
- 1821 ギリシアが独立戦争を開始
- 1840 アヘン戦争が起こる
- 1853 クリミア戦争が起こる
- 1856 アロー戦争が起こる
- 1858 ロシアが清とアイグン条約を結ぶ (➡P59)
- 1861 アメリカ南北戦争がはじまる
- 1862 ビスマルクの統一政策がはじまる (➡P61)
- 1870代 第二次産業革命が起こる (➡P62)
- 1871 ドイツ帝国ができる (➡P60)
- 1875 イギリスがスエズ運河会社株を買収
- 1877 ヴィクトリア女王がインド皇帝に

ランドパワーで大陸を支配
1804年に皇帝となったナポレオンは約20年間の戦争でヨーロッパ大陸全土をほぼ手中におさめます。

ウィーン体制の成立
フランス革命以前のヨーロッパを目指し、勢力均衡を重視した領土分割がなされました。しかし、絶対王政の復活は各地で反乱を招くことに。

ロシアの東方進出
イギリスに南下を阻まれたロシアはアジアに進出。不凍港と領土の獲得を目指します。

ランドパワー国家の台頭
宰相ビスマルクのもとで統一を果たしたドイツは、巧みな外交戦術で存在感を増していきます。

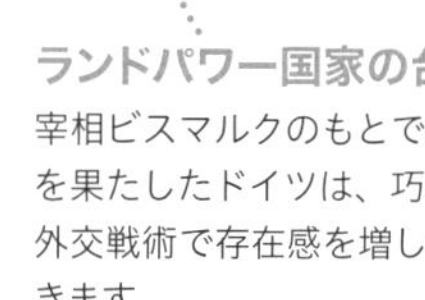
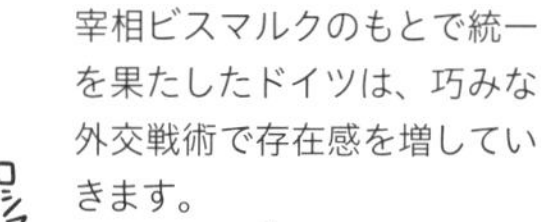

Sea 1 ポルトガル・スペインが大海をつなぐ

中世ヨーロッパで、肉の保存と調理のために必需品となっていたのが、胡椒などの香辛です。しかし、16世紀頃、地中海を独占したオスマン帝国が香辛料の価格をつり上げたため、アジアとの直接交易を目指しました。

先陣を切ったのが、ポルトガルとスペインです。航海術の発達と、長年のレコンキスタ（➡P32）で諸侯が没落し絶対王政が確立したことが、外海への船出を可能にしました。

遅れたイギリスとフランスは、新たな航路を求めて北東に船を進めますが、ロシアにたどりついて失敗。次の北西航路で北アメリカ大陸にたどりつき、植民を進めます（➡P54）。

危険な航海を重ねて「陸地と地中海」から「大海に浮かぶ陸地」という世界観を獲得。シーパワーがぶつかる海の時代に突入します。

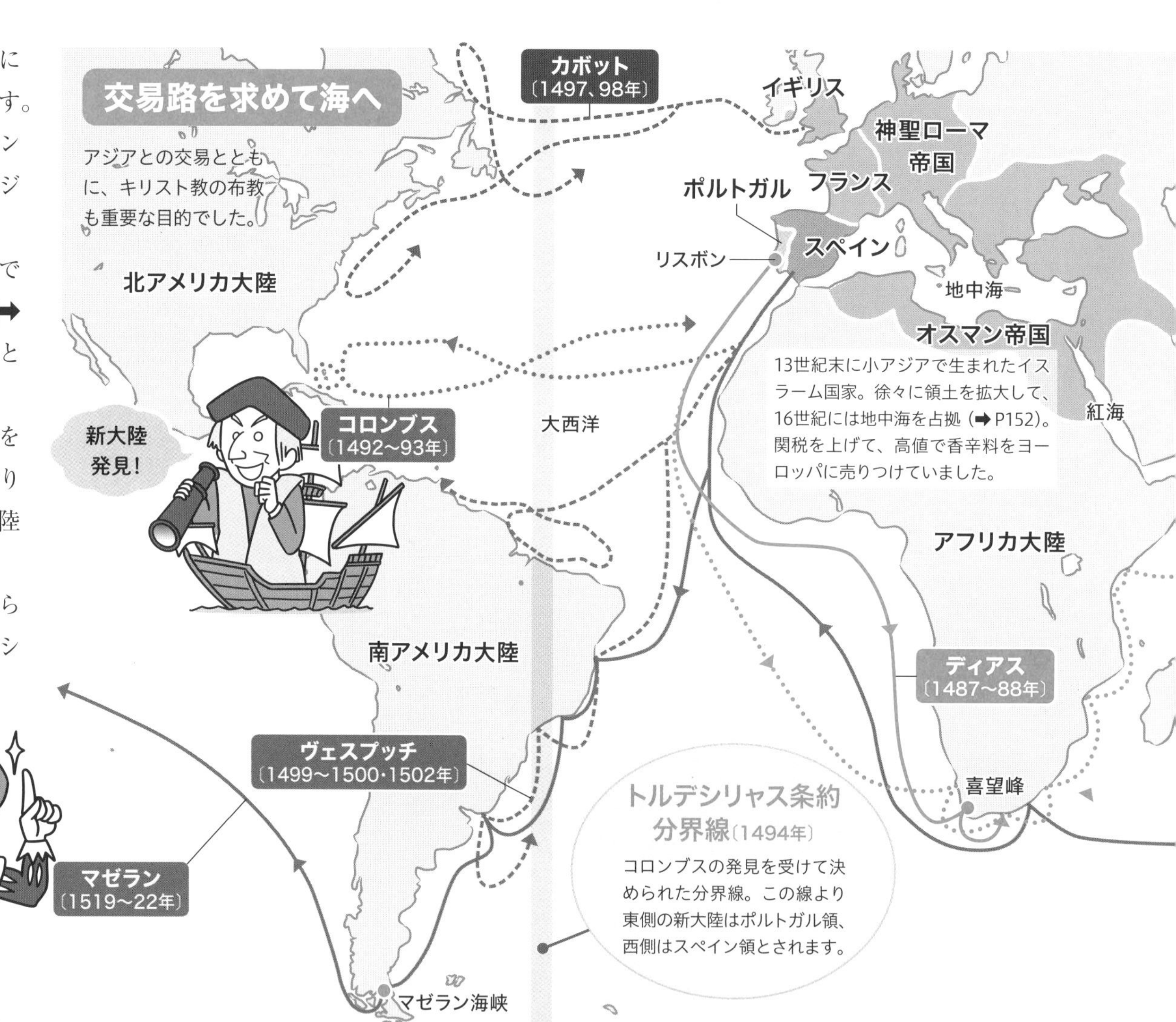

西回り航路でマゼラン海峡を発見し、太平洋からフィリピンに到達。彼自身はマクタン島で殺されましたが、船団は1522年に帰国して史上初の世界周航を果たしました。

1430年頃
「航海王子」とよばれるポルトガルのエンリケが、アフリカ西岸の航路を開拓。

1479年
レコンキスタで回復した地が統合され、絶対王政のスペイン王国が成立。

1488年
ポルトガルのバルトロメウ・ディアスが、アフリカ南端の喜望峰に到達。

1492年
スペインが派遣したコロンブスが、バハマ諸島のサンサルバドル島に到着。

1510年
ポルトガルが香辛料のつみ出し港となるインドのゴアを占領する。

1517年〜
ポルトガルが広州や日本の平戸へ来航。57年にマカオの居住権も獲得。

サラゴサ条約分界線
(1529年)
マゼランの船団が世界一周すると、今度はアジアの勢力圏が問題に。そこで線より西側の新領土はポルトガル領、東側はスペイン領にすると決めました。

ポルトガルはゴア、マラッカを占領し、マカオの居住権を獲得。香辛料貿易で莫大な利益を上げ、首都リスボンは国際商業都市として繁栄しました。

Check!

発展性のないイベリア半島

ポルトガルとスペインのあるイベリア半島は、北側をピレネー山脈に閉ざされ、その先にはフランスという強国がありました。互いに姻族関係にあり、容易に攻めこめないという事情も。海に進出するしかなかったのです。

エンリケ航海王子
(1394〜1460年)

アジア貿易で稼ぐ ポルトガル

アフリカ西岸を回るアジア航路を開拓し、ヨーロッパで高く売れる香辛料をもち帰って利潤を上げようと考えました。インドのゴアと東南アジアのマラッカを占領することで、アジアからの海上交易を独占することに成功します。

イサベル女王
(在位1474〜1504年)

新大陸を征服する スペイン

少し遅れて海洋進出したスペインは、西回りでアジアを目指したところ、思いがけずアメリカ大陸を発見。広大な植民地を築き、銀山を発見して莫大な富を手に入れました。大量の銀はヨーロッパの経済にも影響を与えました。

Sea 2 銀・香辛料・奴隷でつながる世界

ヨーロッパ各国は「発見」した地に入植すると、プランテーション（大規模農場）を建設。アメリカ大陸の先住民やアフリカ大陸からの奴隷を酷使して砂糖や綿花を大量につくり、経済圏を拡大しました。

さらに世界の一体化を進めたのが、新大陸からもたらされた銀です。スペインが独占したポトシ銀山の安価な銀が大量にヨーロッパに流入し、インフレが発生。スペインが1565年に太平洋航路を開拓すると、スペイン銀は日本銀とともにアジアにも広がり、世界中の経済に大きな影響を及ぼしました。

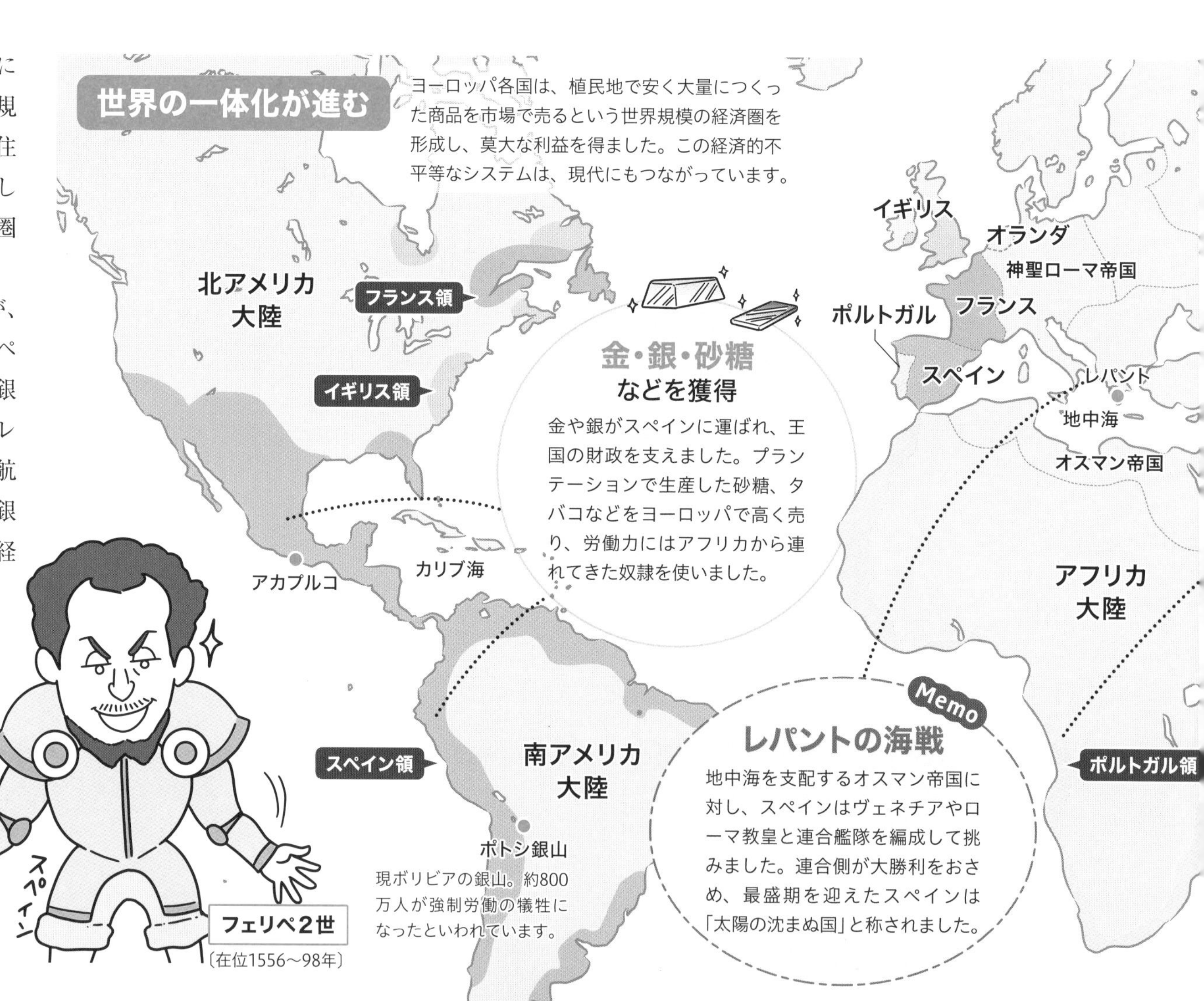

スペインが全盛期にあった1580年、スペイン王のフェリペ2世はポルトガルの王位も兼ねることになり、実質的にポルトガルを併合。その植民地も支配下に入りました。

1519年
ハプスブルク家のスペイン王カルロス1世が、神聖ローマ帝国皇帝を兼任。

1521年
スペインがアステカ王国を滅ぼし、メキシコを征服する。

1556年
カルロス1世が退位し、ハプスブルク家が分裂。オランダはスペイン領に。

1568年
フェリペ2世のカトリック化政策に反発したオランダで反乱が起こる。

1571年
スペインがフィリピンにマニラを建設。フィリピン植民地の拠点にする。

1580年
スペインのフェリペ2世がポルトガルの王位を兼任。2国の同君連合に。

奴隷を獲得

ヨーロッパで売れ残った銃火器や雑貨を売り、代金代わりに黒人奴隷を獲得します。この奴隷たちはカリブ海の島やアメリカ大陸に運ばれ、プランテーションで酷使されました。

独自の精錬技術で大量の銀を生産。アジアやヨーロッパの交易を担いました。

石見銀山
マカオ
太平洋
ゴア
マニラ
フィリピン
インド洋

胡椒、シナモンなどを獲得

ヨーロッパでは肉の保存と調理のために、香辛料の需要が高まっており、東南アジア特産の香辛料が高く売れました。中国からは絹織物もヨーロッパに渡りました。

〈スペイン覇権が長続きしなかった2つの背景〉

宗教改革

ドイツの神学者ルターは1517年、「九十五か条の論題」を発表。聖書を重視し、贖宥状*販売に対する問題提起を行いました。これを機に各地でカトリック教会への批判が高まり、旧教徒（カトリック）と新教徒（プロテスタント）の対立が生まれました。

オランダの反乱

商業の発達したオランダでは、プロテスタントのカルヴァン派が主流に。この地を支配するスペインが弾圧すると、オランダ諸州は反発。ウィレム1世を中心に抵抗を続けた北部7州が独立を果たしたことが、スペイン衰退の一因となります（➡ P46）。

太平洋を結ぶガレオン船

スペインはフィリピンのマニラを支配下におくと、メキシコのアカプルコとの交易を開始。大型帆船のガレオン船で、中国の絹織物や陶磁器、大量のスペイン銀を運びました。

＊ローマ教会が財政を賄うために発行した免罪符。

Sea 3 スペインをおさえオランダが台頭

16世紀のスペイン覇権と入れ替わるように台頭してきたのが、オランダです。スペイン領であったオランダは、フェリペ２世のカトリック化政策に反発して1581年に独立。この独立を支援したイギリスは、スペインから攻撃されますが、アルマダの海戦で撃退します。フランスもスペインに対抗する戦線に加わり、英仏蘭同盟が結ばれました。

結果、スペインは弱体化し、それに代わってオランダがシーパワーで拡大していきます。

スペイン没落を決定的にした
アルマダの海戦

1588年、スペインは巨大なガレオン船を中心とする無敵艦隊をイギリスに差し向けました。イギリス艦隊にはガレオン船は少なく、小回りがきく海賊の小型船が中心です。しかし、これが大活躍して、無敵艦隊を撃破したのです。

Check! バルト海貿易

16世紀、ヨーロッパでは人口増加による食糧不足が問題に。そこでオランダはポーランドなどのバルト海沿岸の穀倉地帯から穀物を大量に輸送。また、北方から輸入した木材で船を大量生産し、海運大国として発展します。

オランダの東は穀倉地帯と森林で、穀物や木材を西欧や南欧に運ぶ海運業が発達。ライン川の河口に位置するためヨーロッパ中の商品が集まり、中継貿易で栄えました。一方スペインは、度重なる戦争による借金で衰退していきます。

1581年
反乱の末、オランダ（ネーデルラント北部7州）がスペインからの独立を宣言。

1588年
アルマダの海戦で、イギリス艦隊がスペインの無敵艦隊を撃破する。

1602年
東南アジアに進出したオランダが、東インド会社を設立。

1609年
スペインとの独立戦争が休戦となり、オランダが事実上の独立を勝ちとる。

1626年
北アメリカ東岸の植民地にニューアムステルダムを建設。

1648年
三十年戦争が終結。ドイツでおこった宗教対立に、近隣諸国が介入した戦争。

オランダの海上進出〔1660年頃〕

Memo

東インド会社

1602年にオランダの複数の会社が出資してつくった世界初の株式会社。インド洋から太平洋での商業活動だけでなく、条約の締結、植民活動、要塞の構築、軍隊による交戦、貨幣の鋳造などの権限が認められていました。

マウリッツ
ウィレム1世の息子。東インド会社を確立し、黄金時代をきずきました。

Column

イギリス勢力を排除 アンボイナ事件

香辛料の産地だったモルッカ諸島のアンボイナ島で、オランダ商館を襲撃する陰謀があったことを理由に、多数のイギリス商館員をオランダ人が殺害。香辛料貿易からイギリスを撤退させることに成功しました。

オランダは東インド会社を設立し、ヨーロッパから北米、アフリカ大陸、アジアまでをシーパワーでつなぎ、巨大な一大経済圏をつくりあげました。首都のアムステルダムは、国際金融の中心として栄えました。

Sea 4 三角貿易からイギリス覇権へ

イギリスは東南アジアの香辛料貿易に参入しましたが、オランダとの間にアンボイナ事件（➡ P47）が起きて締め出され、以後はインド経営に力を注ぎます。

17世紀後半になると、ヨーロッパで砂糖が大量消費されるようになり、カリブ海の島でサトウキビの栽培がはじまりました。その労働力となったのがアフリカからの奴隷です。イギリスは三角貿易で巨万の富を築き、スペイン、オランダ、フランスとの戦争にも勝利して、世界の覇権をにぎったのです。

覇権獲得への動き（1660年頃～）

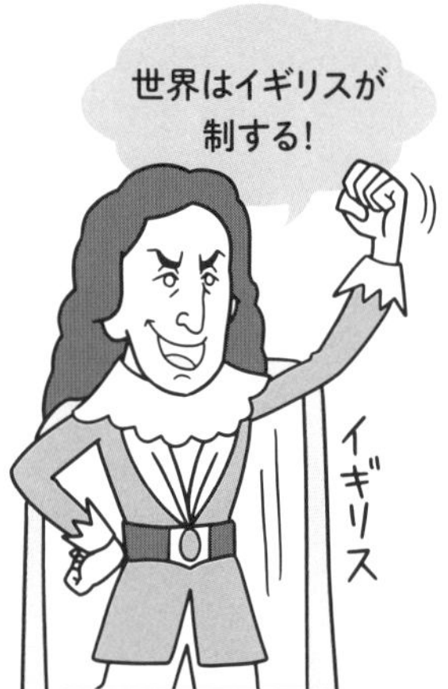

ウィリアム3世
（在位1689～1702年）

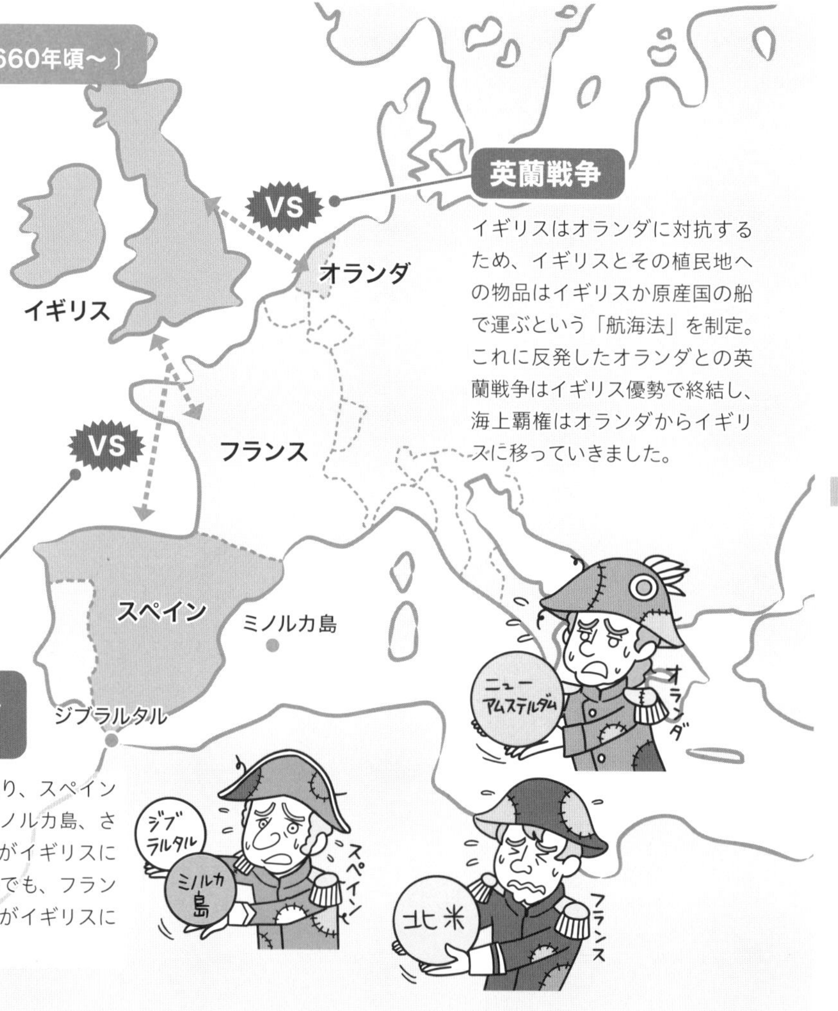

英蘭戦争

イギリスはオランダに対抗するため、イギリスとその植民地への物品はイギリスか原産国の船で運ぶという「航海法」を制定。これに反発したオランダとの英蘭戦争はイギリス優勢で終結し、海上覇権はオランダからイギリスに移っていきました。

スペイン継承戦争、七年戦争など

スペイン継承戦争終結により、スペイン領だったジブラルタルとミノルカ島、さらにアメリカのフランス領がイギリスにわたりました。七年戦争後でも、フランス領のカナダとルイジアナがイギリスに割譲されました（➡ P52）。

Column

イギリスは賢い戦略家!?

イギリスはアルマダの海戦（➡ P46）でスペインに勝ち、スペイン艦隊を“無敵艦隊”と名づけました。勝利した自らを強大に見せるためのネーミングだったのです。また、海洋進出も北米とインドに限り、長年の敵であるフランスを追いやることに成功しました。

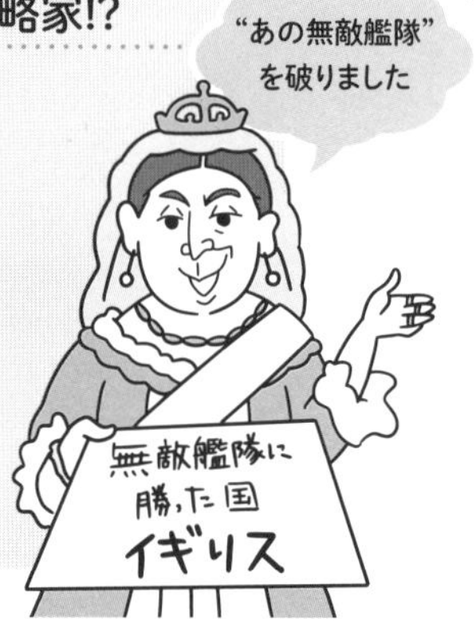

1651年
イギリスがオランダを弱体化させるために航海法を制定する。

1652年
英蘭戦争がはじまる。結果、蘭領のニューアムステルダムが英領ニューヨークに。

1701年
スペイン継承戦争がはじまり、13年に終結。イギリスは多くの領土を獲得。

1707年
イングランドとスコットランドが合同して大ブリテン王国となる。

1755年頃
フランスとの植民地戦争であるフレンチ・インディアン戦争がはじまる。

1763年
七年戦争、フレンチ・インディアン戦争が終結し、パリ条約を締結。

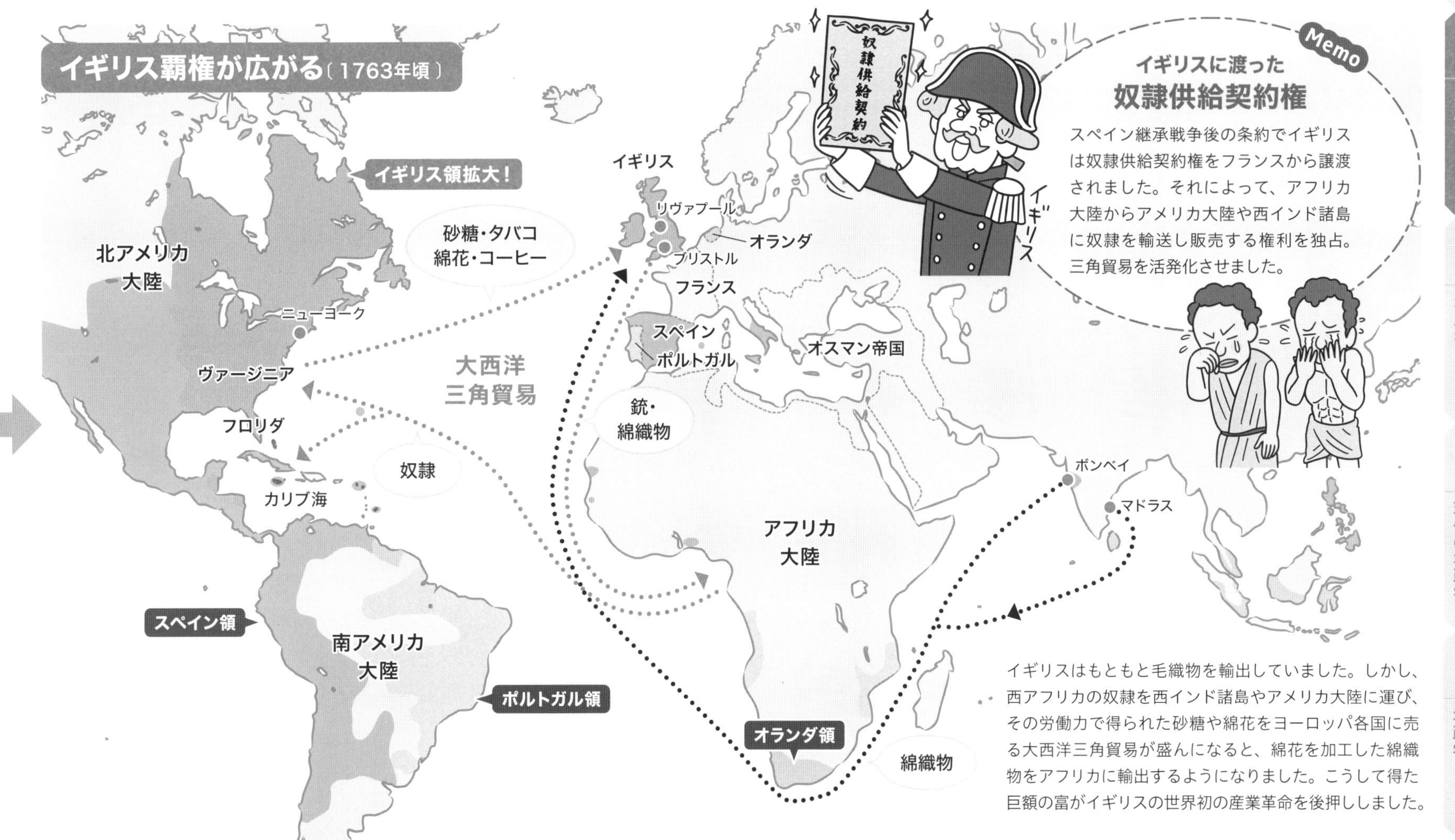

Memo

イギリスに渡った奴隷供給契約権

スペイン継承戦争後の条約でイギリスは奴隷供給契約権をフランスから譲渡されました。それによって、アフリカ大陸からアメリカ大陸や西インド諸島に奴隷を輸送し販売する権利を独占。三角貿易を活発化させました。

イギリスはもともと毛織物を輸出していました。しかし、西アフリカの奴隷を西インド諸島やアメリカ大陸に運び、その労働力で得られた砂糖や綿花をヨーロッパ各国に売る大西洋三角貿易が盛んになると、綿花を加工した綿織物をアフリカに輸出するようになりました。こうして得た巨額の富がイギリスの世界初の産業革命を後押ししました。

Pick up!

イギリス覇権を確立させた 第一次産業革命

海上覇権をにぎったイギリスの地位を確固たるものにしたのが、18世紀半ばからはじまった世界初の産業革命です。
大西洋三角貿易で得た資本と海外市場、安価な労働力を背景に、技術革新と社会の工業化が飛躍的に進みました。結果、“世界の工場”となったイギリスは繁栄の道を歩んでいきます。

綿工業での革命

1733年
「飛び杼」の発明

1764年頃
ジェニー紡績機の発明

1769年
水力紡績機の発明

1779年
ミュール紡績機の発明

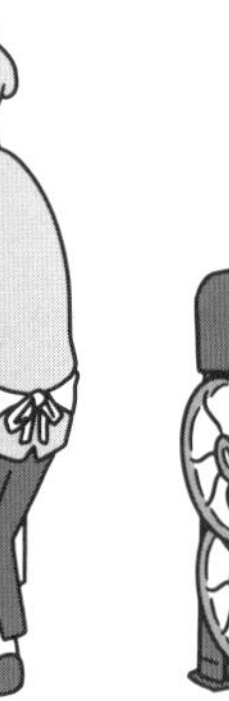

1785年
力織機の発明

　最初に技術革新が起きたのは、布を織る織機でした。ひもを引くと飛び出して横糸を通す「飛び杼」の発明で、作業能率が向上。それによって糸を紡ぐ紡績が追いつかなくなると、多軸紡績機（ジェニー紡績機）、水力紡績機、ミュール紡績機が開発されました。今度は織布が追いつかなくなり、力織機が開発されます。さらに蒸気機関が改良され、あらゆる機械に蒸気機関がとり付けられるようになりました。

動力革命

1765年～
蒸気機関の改良

　イギリスの発明家ジェームズ・ワットは、蒸気機関のシリンダーと冷却器を分離して熱効率を高め、ピストンの往復運動を回転運動に変えるシステムを開発。それにより、あらゆる機械の動力として活用できるようになりました。

導入

ジェームズ・ワット
（1736～1819年）

Column

新しい技術を独り占めしたいイギリスは……

産業革命に成功したイギリスの良質で安価な工業製品は、ヨーロッパ各国の産業を圧迫することになりました。イギリスは1774年に機械技術の輸出を禁止し、技術革新の恩恵を独り占めしようとします。しかし、1825年になるとそれを解禁。旧式の技術を伝え、他国の工業生産力を管理・抑制しようと考えたのです。これが、第2次産業革命（➡ P62）につながっていきます。

1793年

綿くり機の発明

大工場がふえる

蒸気機関の生産を支えるために、製鉄や機械工業が発達。

イギリスは“世界の工場”に！

良質で安価な工業品の大量生産が可能になり、ヨーロッパ市場で売りさばきました。

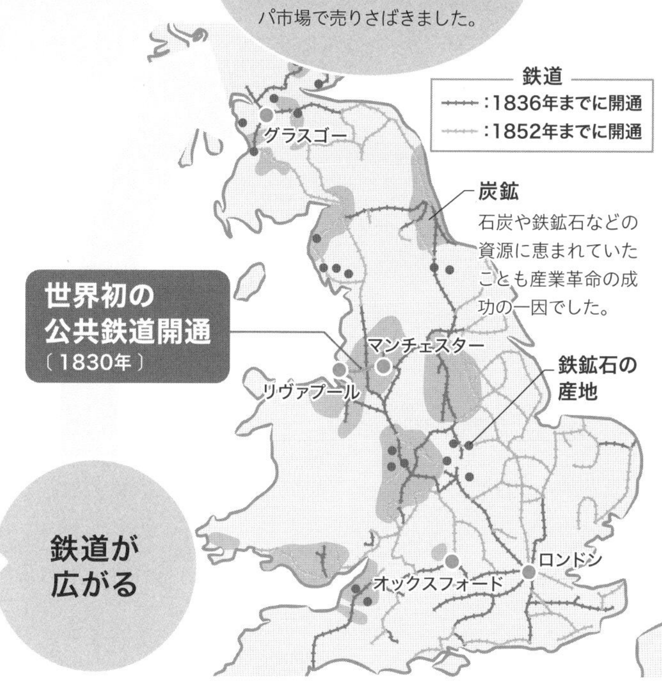

交通革命

1804年 蒸気機関車の発明

1807年 蒸気船の発明

1814年 石炭輸送用の蒸気機関車を発明

1825年 実用化

1830年 公共鉄道が開通

鉄道が広がる

蒸気機関車や蒸気船の登場で交通革命が起こりました。1830年に初の公共鉄道が開通すると、その後20年あまりでイギリス全土に鉄道網が張りめぐらされます。交通革命は世界各地を結ぶことで産業や貿易を発展させました。

Pick up!

強国なのになぜつかめない？ フランスの覇権

ヨーロッパの中でも広い国土を有するフランスは、強い陸軍をもつランドパワー大国。その一方で、地中海と大西洋に面したシーパワーの国でもあります。北米やインドなど海外進出にも力を注いだものの、覇権をつかむことはできませんでした。

17世紀に入ると、ヨーロッパの軍事大国フランスも海外に進出し、植民地争いに参入します。特にフランスと激しく対立したのが、イギリスです。両国とも9世紀に誕生して以来、戦い続けてきた間柄で戦力はほぼ互角。しかし、戦いを優位に展開するのは常にイギリスでした。

フランスはスペインやオーストリアなどと国境を接しており、海という自然の要塞をもつイギリスと比べ、本土防衛にも多くの戦力が必要でした。イギリスとの植民地争いだけに専念するわけにはいかなかったのです。この地政学的特徴が、フランスが覇権をつかめなかった一因かもしれません。

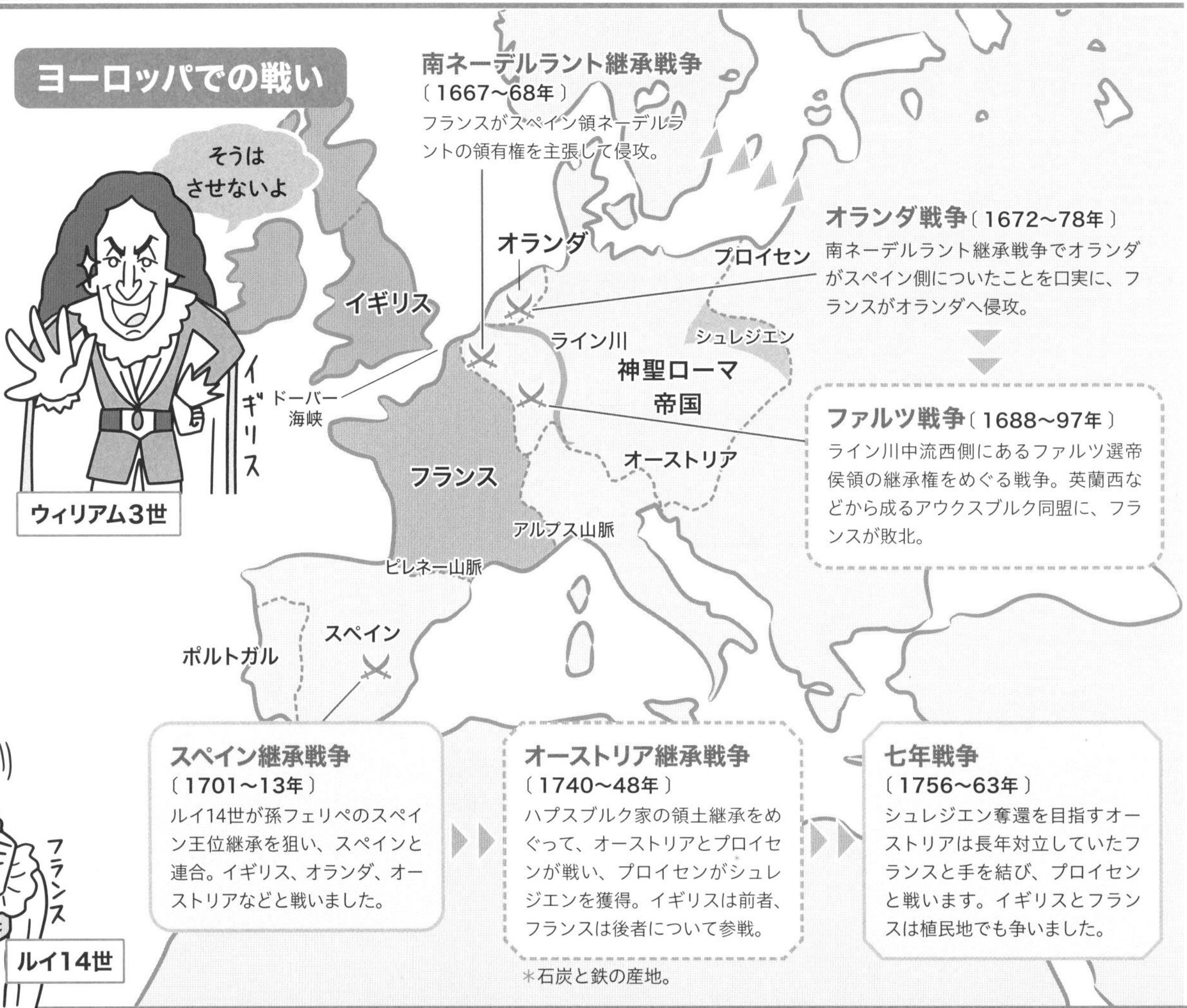
ヨーロッパでの戦い
そうはさせないよ
イギリス
ウィリアム3世
南ネーデルラント継承戦争〔1667〜68年〕
フランスがスペイン領ネーデルラントの領有権を主張して侵攻。
オランダ
プロイセン
オランダ戦争〔1672〜78年〕
南ネーデルラント継承戦争でオランダがスペイン側についたことを口実に、フランスがオランダへ侵攻。
イギリス
ドーバー海峡
ライン川
シュレジエン
神聖ローマ帝国
ファルツ戦争〔1688〜97年〕
ライン川中流西側にあるファルツ選帝侯領の継承権をめぐる戦争。英蘭西などから成るアウクスブルク同盟に、フランスが敗北。
フランス
オーストリア
アルプス山脈
ピレネー山脈
スペイン
ポルトガル
スペイン継承戦争〔1701〜13年〕
ルイ14世が孫フェリペのスペイン王位継承を狙い、スペインと連合。イギリス、オランダ、オーストリアなどと戦いました。
オーストリア継承戦争〔1740〜48年〕
ハプスブルク家の領土継承をめぐって、オーストリアとプロイセンが戦い、プロイセンがシュレジエンを獲得。イギリスは前者、フランスは後者について参戦。
七年戦争〔1756〜63年〕
シュレジエン奪還を目指すオーストリアは長年対立していたフランスと手を結び、プロイセンと戦います。イギリスとフランスは植民地でも争いました。
＊石炭と鉄の産地。

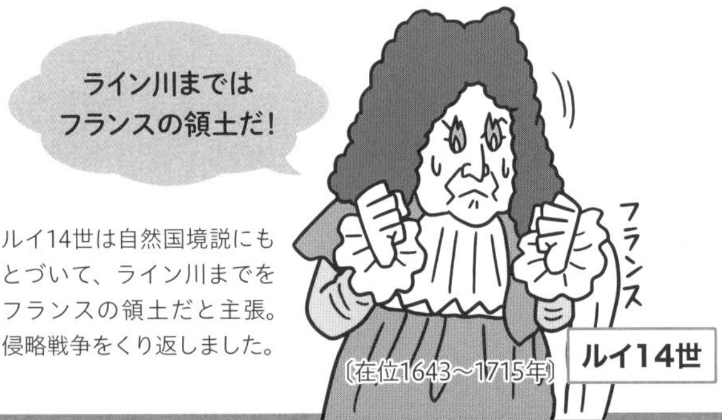
ライン川まではフランスの領土だ！
フランス
ルイ14世
〔在位1643〜1715年〕

ルイ14世は自然国境説にもとづいて、ライン川までをフランスの領土だと主張。侵略戦争をくり返しました。

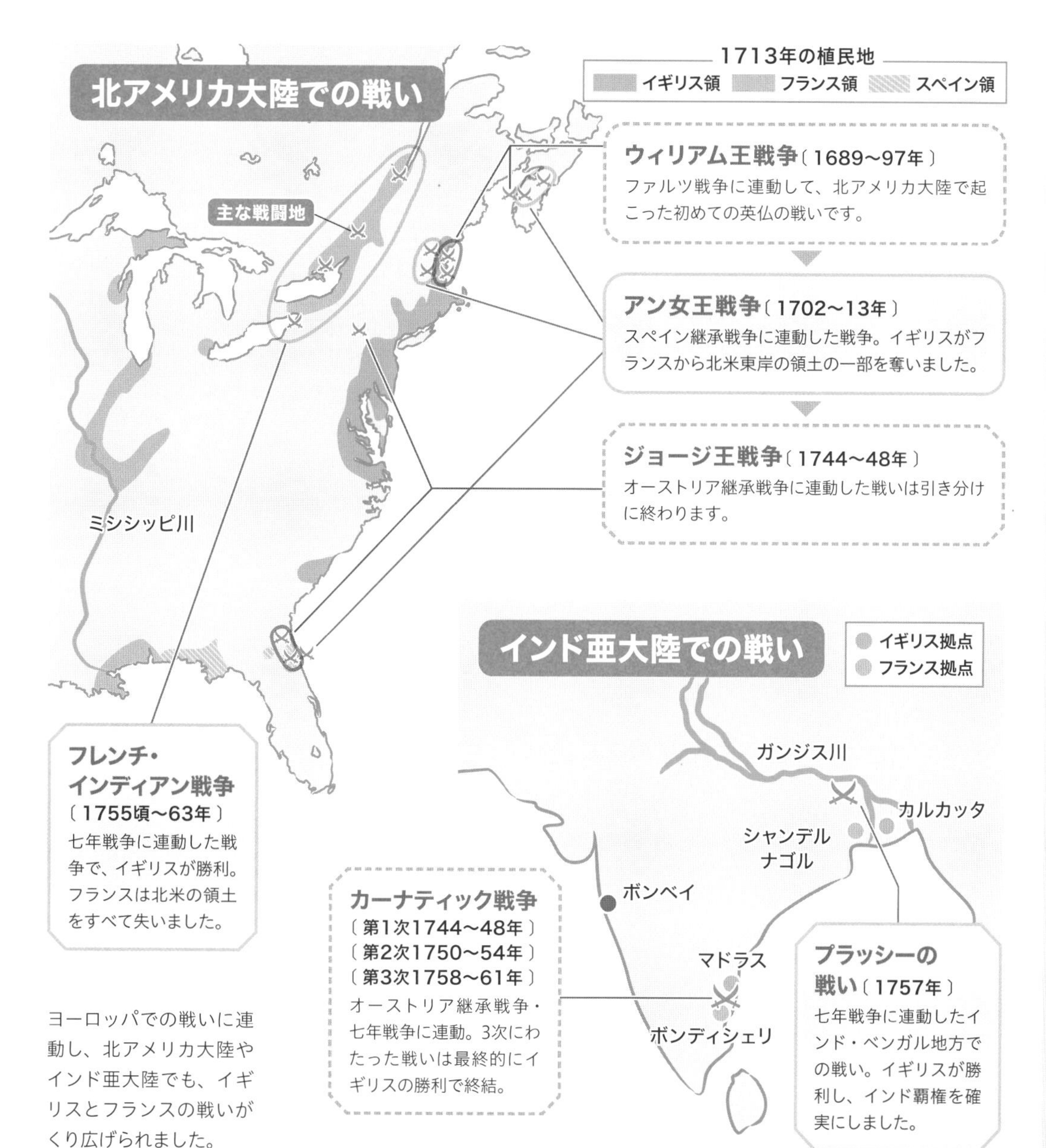

ヨーロッパでの戦いに連動し、北アメリカ大陸やインド亜大陸でも、イギリスとフランスの戦いがくり広げられました。

Column

ナポレオンが台頭するもイギリス同盟軍に負ける

フランス革命の最中に軍人として名声を高めたナポレオンは、対立していたイギリスと1802年に「アミアンの和約」を結び、講和を実現。独裁体制で内政を固めるとともに、周辺諸国を侵略し、ヨーロッパ全土をほぼ支配下におさめます。しかし、各地の反乱やロシア遠征の失敗で失脚。いったん復位するも1815年ワーテルローの戦いで、イギリス同盟軍に大敗しました。

アミアンの和約は、フランスの要求をイギリスがすべてのむ、という内容。そのため、宿敵イギリスにようやく勝利できたと民衆は熱狂しました。その熱狂を利用して、ナポレオンは皇帝に即位します。

Sea 5 独立・建国へ動き出すアメリカ

17世紀初頭、イギリスは北アメリカ東岸に最初の植民地ヴァージニアをつくりました。その後は、本国での迫害を恐れたピューリタン（イギリスにおけるプロテスタントのカルヴァン派）などが大西洋を渡って入植し、18世紀前半には、13の植民地が南北に並ぶかたちになっていました。

フランスとの植民地争いに勝利したイギリスは植民地を拡大するも、戦争による財政難に見舞われます。その立て直しのために植民地に対する課税を強化すると、植民地との対立が激化。アメリカ独立戦争へとつながっていきました。

イギリスによる13植民地

植民地におけるフレンチ・インディアン戦争とヨーロッパでの七年戦争（➡P52）で勝利し、イギリスは領土を広げました。しかし、戦争によって大きな財政赤字を抱え、その立て直しが必要でした。

イギリス領

スペイン領

❶ ニューハンプシャー
❷ マサチューセッツ
❸ ロードアイランド
❹ コネティカット
❺ ニュージャージー
❻ デラウェア
❼ ニューヨーク
❽ ペンシルヴェニア
❾ メリーランド
❿ ヴァージニア 1607年に建設された最初の植民地
⓫ ノースカロライナ
⓬ サウスカロライナ
⓭ ジョージア

13植民地に課された要求

砂糖法〔1764年〕	印紙法〔1765年〕	タウンゼンド諸法〔1767年〕	茶法〔1773年〕
砂糖の密輸のとり締まりを強化することで合法的な輸入をふやし、それに税金をかけて税収をふやそうとしました。	税収をふやす目的で、法律・商業関連の書類や刊行物に印紙を貼ることを規定した法律。植民地側は、植民地の代表を入れない「本国議会」には、植民地への課税を決める権利はない、と反発しました。	イギリスの財務大臣タウンゼンドが提案した植民地に関する法令の総称。貿易統制を進めることを目的としましたが、植民地は反発し、イギリス製品の不買運動につながりました。	植民地への茶の販売権をイギリス東インド会社に独占させる法律。本国議会の決定に怒ったボストン市民は、同社の船を襲撃し、積み荷の茶を海に投棄しました（ボストン茶会事件）。

1732年
イギリスが北アメリカ大陸の東岸に13植民地を建設する。

1755年頃
英仏の対立から、北米でもフレンチ・インディアン戦争がはじまる。

1773年
ボストン茶会事件が起こる。イギリス本国と植民地の対立が激化。

1775年
アメリカ独立戦争がはじまる。翌76年に13植民地が独立宣言を発表。

1783年
独立戦争に敗れたイギリスが、パリ条約でアメリカ合衆国の独立を承認。

1803年～
ミシシッピ川以西のルイジアナを買収。その後、領土を西へ拡大していく。

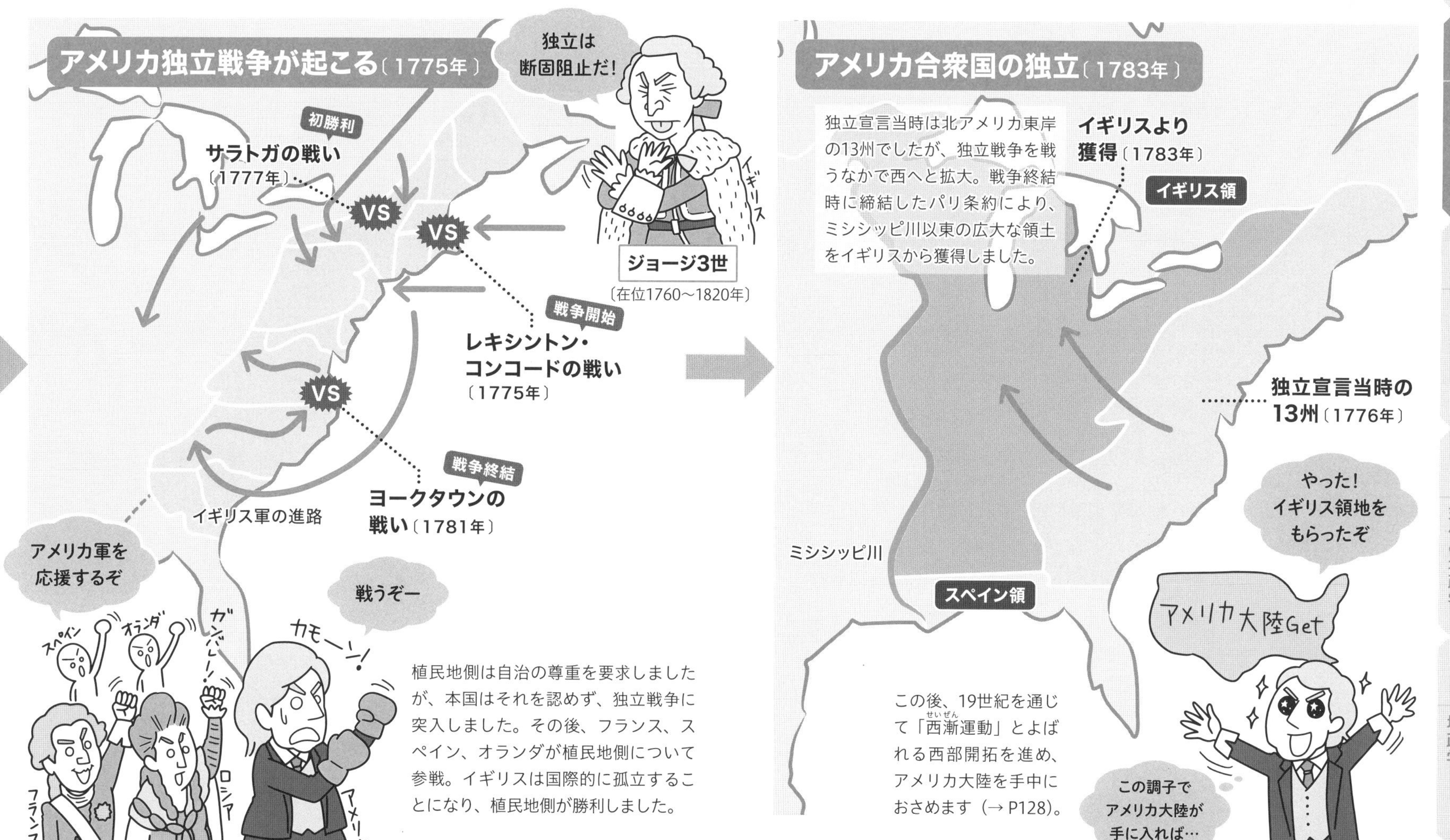

植民地側は自治の尊重を要求しましたが、本国はそれを認めず、独立戦争に突入しました。その後、フランス、スペイン、オランダが植民地側について参戦。イギリスは国際的に孤立することになり、植民地側が勝利しました。

この後、19世紀を通じて「西漸運動」とよばれる西部開拓を進め、アメリカ大陸を手中におさめます（→ P128）。

Sea 6 覇権をつかんだパクス・ブリタニカ

ヨーロッパの大部分を支配したナポレオン（➡P53）が失脚すると、ヨーロッパ諸国はウィーン会議を開いて領土分配について話しあい、列強の勢力均衡によって平和を維持するウィーン体制を成立させました。

イギリスは産業革命による経済的繁栄と強力な海軍力を背景に、19世紀の世界で大きな影響力を発揮。イギリスのもとで国際秩序が保たれた「パクス・ブリタニカ」を実現し、覇権国としてあらゆる国や地域へ介入し、領土を拡大していきました。

アイルランドを併合〔1801年〕

アイルランドはケルト系住民の多くがカトリック教徒で、イギリスから圧迫を受けていました。独立運動が起きましたが、正式にイギリスに併合されました。

イギリス

アイルランド

クリミア戦争に参戦〔1854年〕

クリミア戦争に参加してオスマン帝国を支援し、ロシアの南下政策を阻止しました。

オスマン帝国

ギリシアの独立を支援〔1827年〕

オスマン帝国の一部であったギリシアが独立戦争を起こしたとき、ロシアやフランスとともにギリシアを支援。強国ロシアの南下をけん制しました。

スエズ運河

エジプト

スエズ運河会社株を買収〔1875年〕

エジプトからスエズ運河会社株を買収し、重要な植民地インドへの航路を確保しました。

エジプトを保護下に〔1882年〕

1881年の列強支配に対する反乱（ウラービー運動）を鎮圧。エジプトを軍事占領して、翌82年に事実上の保護下におき、スエズ運河の支配を強めます。

ケープ植民地などを獲得〔1815年〕

ウィーン会議の結果、ケープ植民地、セイロン島など、沿岸の土地を獲得しました。

1770年頃
蒸気機関の改良などにより産業革命が本格化する(➡ P50)。

1814年
ナポレオンによる戦争の戦後処理のためウィーン会議が開かれる。

1821年
オスマン帝国内のギリシアが独立戦争を起こす。29年に独立。

1831年
エジプト・トルコ戦争。オスマン帝国とその支配下にあるエジプトが戦う。

1840年
イギリスが清に海軍を派遣してアヘン戦争が起きる。42年に終結。

1856年
イギリス・フランスが清に出兵しアロー戦争がはじまる。

Check!
東方問題

ある地域の支配力が弱まると、別の力が入りこむというのが地政学のセオリーです。18世紀後半、解体期を迎えたオスマン帝国に、英仏露などの列強が介入し、抗争をくり広げました。これを「東方問題」とよびます。

ロシア
日本
清
香港
インド
スリランカ
ペナン
マラッカ
シンガポール
オーストラリア
ニュージーランド

アフガニスタンを保護国に（1880年）

ロシアの南下政策に対抗して、イランとアフガニスタンに侵攻。アフガン王国の制圧を目指し二次にわたる戦争の末、強引に保護国にしました。

清に自由貿易を要求（1793年）

イギリスの外交官マカートニーは、清に対して多くの港を開放して自由貿易を行うことを迫りました。清はこれを拒否。しかしイギリスで茶の需要が高まり、貿易量はふえていきました。

アレクサンドル2世
〔在位1855～81年〕

ロシア
ドイツ
アメリカ

ビスマルク
〔➡ P61〕

このままでは終わらせない…

リンカーン
〔在位1861～65年〕

インド全体を植民地化（1860年頃）

東インド会社のインド人傭兵による大反乱が起こりました。反乱軍はムガル皇帝を擁立して戦いましたが、1858年に皇帝が流刑となって終息します。イギリスはインドの直接統治に乗り出し、1877年にヴィクトリア女王がインド皇帝に即位。インド帝国が成立しました。

海峡植民地が成立（1826年）

中国貿易で重要なマラッカ海峡を支配下におくため、マレー半島のペナン、マラッカ、シンガポールを海峡植民地として成立させました。のちに錫（すず）やゴムの重要な産地となります。

Column

イギリス拡大の背景にある大陸国家の衰退

イギリスの領土拡大には、オスマン帝国以外にインドのムガル帝国、中国の清といった大陸国家の弱体化が関係しています。ムガル帝国は16世紀に成立したイスラーム国家で、17世紀に最盛期を迎えました。しかし、非イスラーム教徒に対する寛容政策の廃止が反発を招いて、力を失います。清はイギリス・インドとの三角貿易で国力が低下し、アヘン戦争、アロー戦争をへて滅亡に向かいました。

Sea 7 ハートランドから海を探るロシア

15世紀末にロシア人のモスクワ大公国は、モンゴル人による支配からの独立を果たします。17世紀末の皇帝ピョートル1世は拡大政策を進め、ヨーロッパ列強の一翼を担うように。それを引き継いだエカチェリーナ2世はさらに領土拡大を図ります。

ロシアの南下政策は、19世紀後半、ニコライ1世の時代に本格化しました。しかし、南下して「不凍港」を手に入れたいロシアと、それを阻みたいイギリスが対立。現在まで続くシーパワー対ランドパワーの構図が生まれました。

静かに拡大するロシア〔1680年頃～〕

ロシアは17世紀にハートランドを征服したあとも領土拡大を図り、バルト海や黒海へと進出しました。

拡大するのだ!

初代皇帝

ロシア

ピョートル1世
〔在位1682～1725年〕

ノルウェー
スウェーデン
バルト海
デンマーク
プロイセン
ポーランド
オーストリア
ハンガリー
黒海
オスマン帝国
ロシア
清
日本

北方戦争をしかける〔1700年〕

バルト海を支配していたスウェーデンに対し、ロシアはポーランド・デンマークと組んで攻撃しました。最終的にはロシアが勝利し、バルト海への出口を手に入れます。

ポーランド分割で領土拡大〔1772年〕

国力の低下したポーランドの国土を、ロシア、プロイセン、オーストリアの3国が、それぞれの国境に近い部分を奪いました。1795年にポーランドは消滅します。

クリミア半島を奪う〔1783年〕

エカチェリーナ2世は、オスマン帝国に戦争をしかけます。これに勝利し、黒海への出口となるクリミア半島を奪いとりました。

清と国境を決める〔1689年〕

東方に進出して清とぶつかったロシアは、ネルチンスク条約によって国境を定めました。その後、両国の間で通商もはじまりました。

日本へ通商を求める〔1792年〕

東方での交易を増大させたいロシアは、エカチェリーナ2世の使節であるラクスマンを北海道に送り、日本へ通商を求めました。

Check! ロシア悲願のクリミア半島

北方にあるロシアが海に出るには、冬でも凍らない港（不凍港）が不可欠。不凍港のあるクリミア半島は、ロシアが黒海、地中海に出るために手に入れたい土地で、現代ロシアにもつながる悲願なのです。

エカチェリーナ2世
〔在位1762～96年〕

1700年頃
ピョートル1世が西欧諸国に学び軍備拡大にとり組む。

1762年
エカチェリーナ2世が即位。ピョートル1世の領土拡大政策を引き継ぐ。

1849年
ハンガリーの民族運動を制圧し「ヨーロッパの憲兵」とよばれるように。

1858年
アヘン戦争後の清に圧力をかけ、黒竜江以北の領土を奪う。

1878年
ロシア・トルコ戦争後のロシア拡大をおさえるため、ベルリン会議が開催。

1878年～
アフガニスタンでロシアとイギリスが対立し、駆け引きが続く。

本格化する拡大政策（1820年頃～）

イギリスはロシアの南下政策を、インド航路への脅威とみなし、激しく対立しました。

ギリシア独立戦争〔1821年〕

オスマン帝国からの独立を求めるギリシアの戦争です。ロシアはギリシア側について戦い、黒海とボスポラス・ダーダネルス海峡の自由通行権の承認を得ました。

クリミア戦争〔1853年〕

ロシアがオスマン帝国内のギリシア正教徒の保護を口実に開戦しました。オスマン帝国を支援する英仏と激しく戦った末に敗北。黒海は中立化されました。

清から領土を奪う〔1858年～〕

アヘン戦争で弱った清につけこみ、アイグン条約を締結して黒竜江以北を領土としました。60年には北京条約を結んで沿海州を手に入れ、ウラジヴォストーク港を開きます。

第一次エジプト・トルコ戦争〔1831年〕

シリアの領有権を求めたエジプトと、オスマン帝国の戦争です。ロシアはオスマン帝国側につき、ボスポラス・ダーダネルス海峡のロシア以外の外国軍艦の通行禁止に成功しました。

第二次エジプト・トルコ戦争〔1839年〕

エジプトがエジプト総督の世襲権を求めて、オスマン帝国と衝突。ロシアはオスマン帝国側で参戦しました。結果、両海峡の外国軍艦の通行は禁止され、ロシアの南下政策は阻止されます。

西アジア・東アジアへ侵攻〔1826年頃～〕

ロシアのアジア侵攻により、イラン・ロシア戦争やアフガン戦争が勃発。イギリスと激しく対立する様は「グレートゲーム」とよばれました。

Column

「ウラジヴォストーク」の意味は……

「ウラジ」は「征服する」という動詞、「ヴォストーク」は「東」という名詞で、「東の国を征服せよ」という意味をもつ地名です。ロシアの太平洋進出のカギをにぎる港で、日本を含めた東方の征服を目指していました。

Sea 8 列強の影で台頭するドイツ

現在、ドイツのあるヨーロッパ大陸中央部は、かつて神聖ローマ帝国がありました。帝国とはいってもまとまりは弱く、いくつもの領邦（有力諸侯が独自に統治する領地）が分立した状態でした。主権国家体制が整ったヨーロッパの中では大きく立ち遅れており、植民地支配でもシーパワーの国々に差をつけられていました。

18世紀になると、神聖ローマ帝国内外に領土をもつプロイセンが軍備を増強してランドパワーを発揮していきます。19世紀後半にはビスマルクが登場し、ドイツ帝国が成立。複雑な同盟網でドイツの安全を図るビスマルク外交で、国際的な存在感を高めていきます。

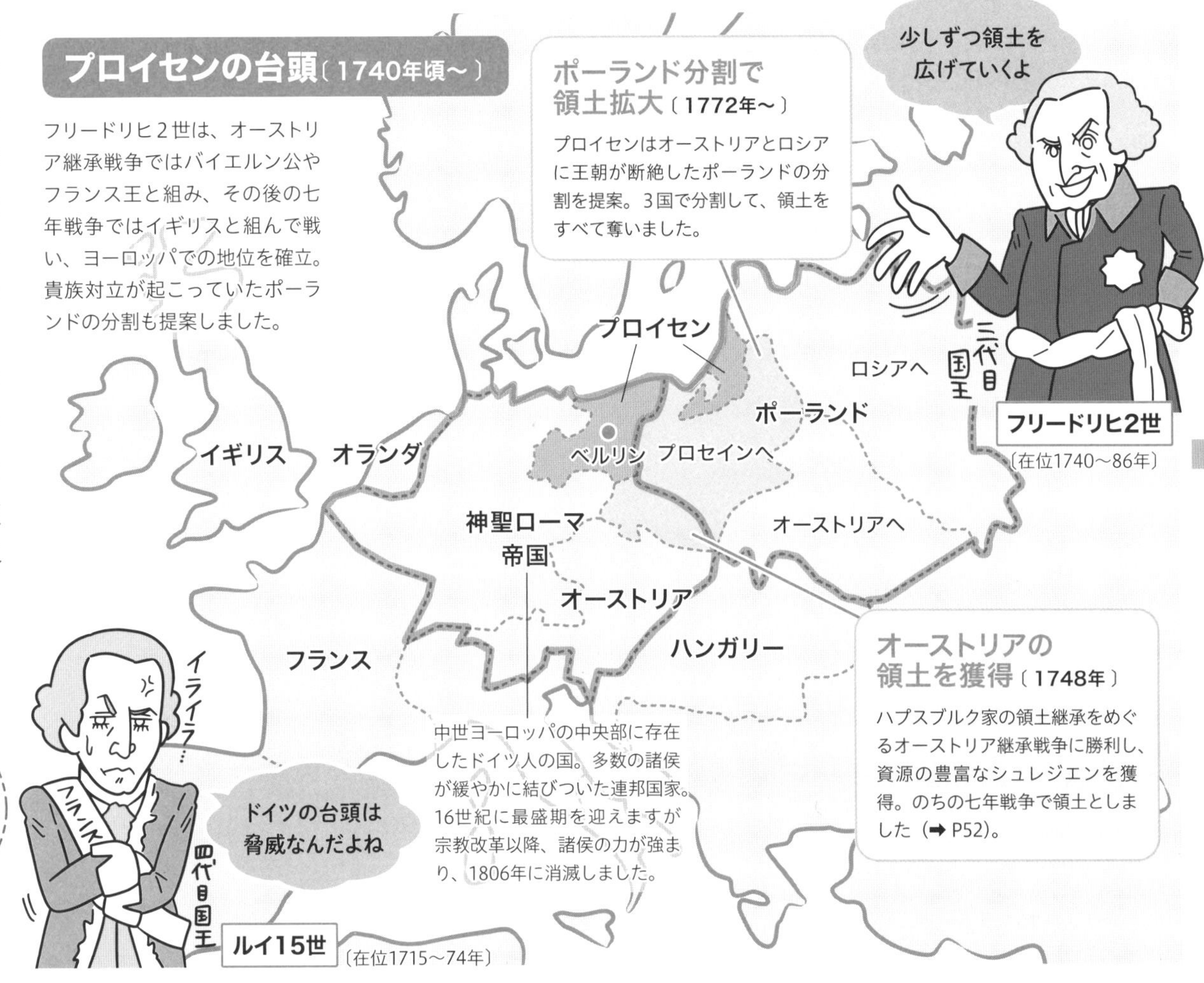

Memo

隣国フランスとの因縁

ドイツにとってフランスは常に脅威でした。三十年戦争では、同じ旧教国にもかかわらず、新教国側に加わったフランスに領土を奪われています。ナポレオンに攻めこまれた記憶もあり（➡ P53）、フランスは因縁のある隣国といえます。

1740年頃
フリードリヒ2世が即位し、ヨーロッパでプロイセンが台頭する。

1813年
ナポレオン体制下、プロイセンは対仏大同盟に加わる。

1815年
ウィーン体制下にイギリス・ロシア・オーストリアと四国同盟を結ぶ。

1862年
ビスマルクが軍備を拡張する「鉄血政策」をはじめる。

1870年
プロイセン・フランス戦争がはじまる。ナポレオン3世が捕虜に。

1873年～
三帝同盟を結ぶなど、ビスマルクが外交手腕を発揮。

ビスマルクによるドイツ統一（1870年頃）

ヴィルヘルム1世によって宰相に任じられたビスマルクは、独裁的権力をふるって軍備を増強し、拡大政策をとります。プロイセン・フランス戦争では隣国フランスを破り、厳しい条件の講和を結んでうらみをかいました。

普墺戦争で奪う〔1866年〕
オーストリアとの戦争に勝利し、領土を拡大。翌67年にプロイセンを盟主とする北ドイツ連邦が誕生しました。

フランスより獲得〔1871年〕
プロイセン・フランス戦争で勝利すると、フランスからアルザスとロレーヌを奪い、莫大な賠償金も課しました。

北ドイツ連邦と統一〔1871年〕
南ドイツの諸国もプロイセンと同盟を結び、ヴィルヘルム1世がドイツ皇帝に即位することで、ドイツが統一されました。

ドイツを列強におしあげた「ビスマルク外交」

フランス締め出し作戦

ビスマルクは隣国からドイツを守るため、イギリスとの親善を維持したまま、1873年にドイツ・オーストリア・ロシアの「三帝同盟」を締結。1882年には、ドイツ・オーストリア・イタリアで「三国同盟」を結び、フランスを孤立させる政策をとりました。

発言力アップ

ロシア・トルコ戦争後のロシアの勢力拡大にイギリス・オーストリアが反対したため、ビスマルクはベルリン会議を開き、列国の利害を調停。これにより、ドイツの国際的な発言力が強まりました。

Pick up!

列強を帝国主義へ進めた 第二次産業革命

第一次産業革命の成果を独占してきたイギリスが、
1825年に解禁政策に転じると、ヨーロッパ各国やアメリカに
産業革命が広がり、そのなかから第二次産業革命が起こります。
リードしたのは、ドイツとアメリカでした。
帝国主義の時代となり、海と陸の戦いは激化していきます。

アメリカ・ドイツを中心にはじまる〔1870年代以降〕

石油のくみ上げができるように！

ドレーク
〔1819～80年〕

アメリカで機械掘りによる石油の採掘に成功。

電磁誘導の発見で電力の実用化へ

ファラデー
〔1791～1867年〕

イギリスの化学者、物理学者。

　第二次産業革命の基礎を支えたのが動力の進歩でした。石炭による蒸気機関の時代から、石油による内燃機関と電力を使う時代になり、交通機関や通信手段に革命が起こり、大きな力を発揮できることで重化学工業が発達しました。

自動車・ディーゼル機関ができる

　蒸気機関より出力の大きな内燃機関の実用化により、自動車が登場し、のちに飛行機も登場。これにより「交通革命」が起こりました。

ベル
〔1847～1922年〕

スコットランド生まれの科学者、発明家。

電気通信・音声通信ができるように

　電信・電話などの技術が新たに登場し、「通信革命」も起こります。イギリス・フランス間のドーヴァー海峡に海底ケーブルが敷設されました。

重化学工業が発展

　大砲や軍艦などの兵器、アルミニウムなどの非鉄金属、電気機械、アスファルトなどの石油化学といった重化学工業が発展しました。

Column

これを機に変わった「植民地」の考え

第一次産業革命の際、植民地の主な役割は貿易の中継基地でした。しかし、第二次産業革命になると、原料を調達する場所としての重要性が高まります。第二次産業革命で必要な石油や錫、亜鉛、ゴムなどは、ヨーロッパでは入手できなかったからです。広大な植民地の獲得を目指す競争が激化し、帝国主義が生まれていきます。

資本主義が本格化する

一部の企業に資本が集まる

発展した重化学工業の工場建設や生産には巨額の資本が必要です。それを提供する銀行と結びついた巨大企業が、市場を支配しました。

資本の独占がおこる

中小企業を吸収合併して巨大化した独占資本が、国や政府とつながり、外交や内政にも大きな影響力を発揮するようになりました。

帝国主義が生まれる

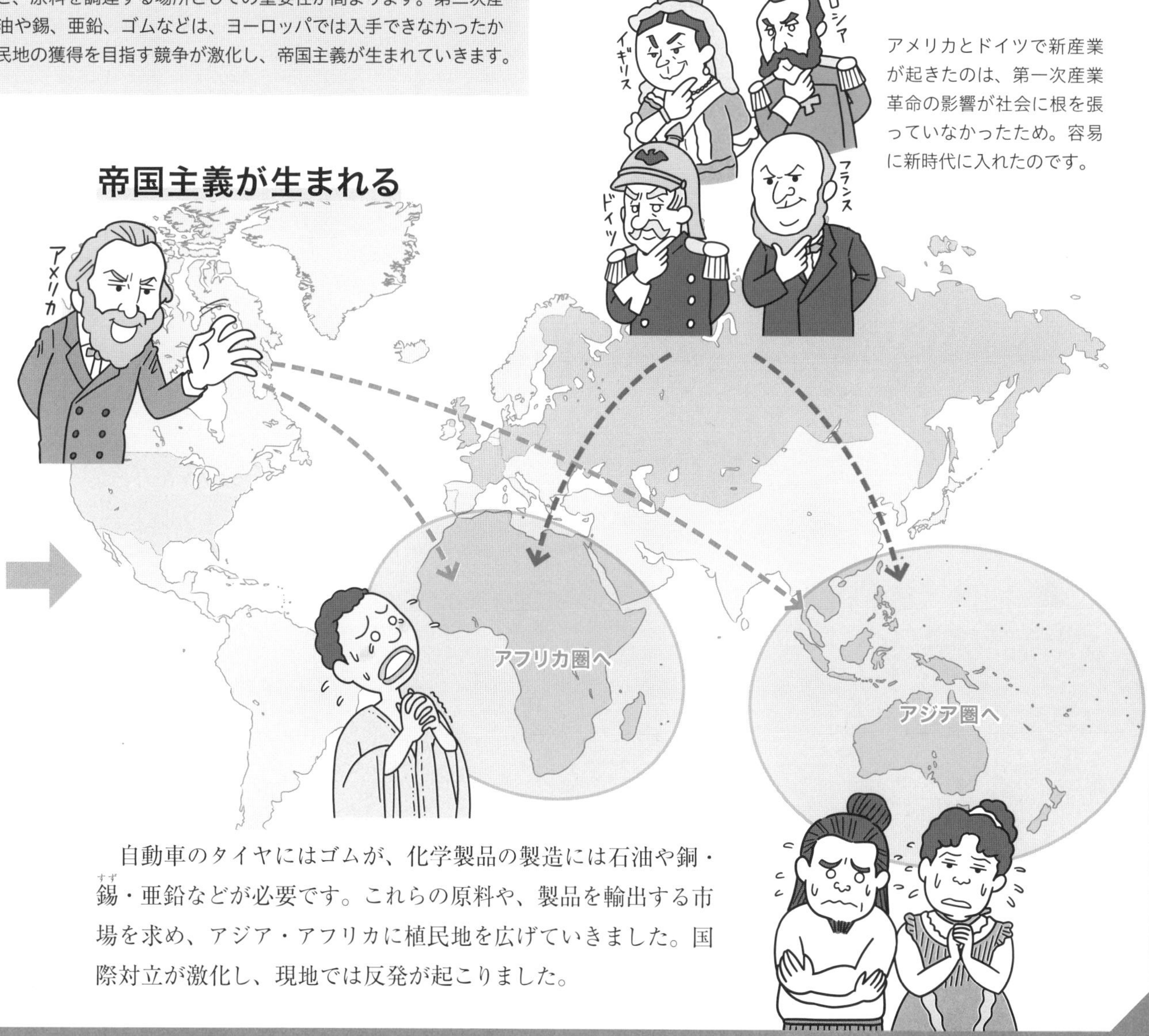

アメリカとドイツで新産業が起きたのは、第一次産業革命の影響が社会に根を張っていなかったため。容易に新時代に入れたのです。

自動車のタイヤにはゴムが、化学製品の製造には石油や銅・錫・亜鉛などが必要です。これらの原料や、製品を輸出する市場を求め、アジア・アフリカに植民地を広げていきました。国際対立が激化し、現地では反発が起こりました。

“勝って兜の緒をしめよ”は難しい

戦争に勝利すると、その勝ち方から離れるのは簡単ではありません。勝ったことでおごりが生まれ、この方法でまた勝てるはず、と考えてしまうからです。

一方、負けた相手や戦いを見ていた国々は、その戦い方に負けない方法を考え、新しい技術を開発します。そのため、勝利した方法から離れられないでいると、次は敗北を喫することになります。

勝ち続けるためには、勝って兜の緒を締め、新しい戦い方を研究する必要があるのです。しかし、それがなかなか難しいことを、歴史は証明しています。

〈 Case 1 〉 カルタゴ

〔前218年〕
アルプス越えでローマに大勝利

↓

〔前202年〕
ザマの戦いで大敗北

カルタゴ軍は戦象（軍事用の象）を連れてアルプスを越え、共和政ローマを攻めて大勝利をおさめました。北アフリカでローマ軍に相対したザマの戦いでも戦象を突撃させましたが、これは予測されて効果がなく、敗北を喫しました。

〈 Case 2 〉 スペイン

〔1571年〕
レパントの海戦での大勝利（➡P44）

↓

〔1588年〕
アルマダの海戦で大敗北（➡P46）

地中海を支配していたオスマン帝国に対し、スペイン艦隊は大型のガレオン船を使って勝利。ところがその無敵艦隊は、小回りのきく小型船中心のイギリス艦隊に敗れたのです。

〈 Case 3 〉 日本

〔1904年〕
日露戦争での大勝利

↓

〔1945年〕
太平洋戦争での大敗北

日本海海戦で勝利をおさめた日本は、巨艦巨砲主義から抜け出せなくなりました。航空戦力を活かす空母の時代になると、巨大戦艦は飛行機に対応することができず、敗れ去りました。

戦勝国のルール

❶ 勝利をおさめる

❷ その戦法に固執する

❸ 同じ方法で戦いを挑む

❹ 負ける

第 3 章

陸海がぶつかる地政学

19世紀後半、鉄道の普及で陸上輸送力が高まると、ランドパワー国家が巻き返しを図ります。
陸と海の領土をめぐって、ランドパワー国家とシーパワー国家が激しくぶつかり合い、
二度の世界大戦を引き起こしました。結果、世界のパワーバランスは大きく移り変わり、
シーパワー国家アメリカとランドパワー国家ソ連の東西対立に世界が翻弄されていきます。

年表でつかむ！

世界大戦からの地政学

20世紀の前半、ランドパワー国家やシーパワー国家が激しくぶつかりあい、二度の世界大戦がくり広げられました。どちらの大戦でも戦場となったヨーロッパは、帝国主義時代の勢いを失っていきます。第二次世界大戦後になると、米ソ対立が生まれ、世界は2つに分裂しました。

年号	主なできごと
1902	日英同盟が結ばれる
1904	日露戦争が起こる
1912	バルカン戦争がはじまる
1914	サライェヴォ事件から第一次世界大戦へ（P70）
1915	日本、中国へ二十一か条の要求
1917	アメリカが連合国側で参戦
1918	ドイツが休戦協定を結び、終戦
1919	ヴェルサイユ条約の締結（P73）
1920	スイスに国際連盟を設置（P74）
1921	米英仏日などでワシントン会議
1922	ソヴィエト社会主義共和国連邦が樹立
1929	ニューヨーク株価暴落、世界恐慌へ（P78）
1931	日本が満州事変を起こし、満州国を建国
1933	ドイツでナチ党ヒトラーが首相に
1934	ソ連が国際連盟に加入
1937	盧溝橋事件から日中戦争へ
1939	独ソが不可侵条約を結ぶ
1939	独のポーランド侵攻から第二次世界大戦へ（P80）
1940	日独伊三国同盟を結ぶ

バルカン諸国の領土争い

同盟4国（セルビア、ブルガリア、モンテネグロ、ギリシア）がオスマン帝国から領土を奪いましたが、その後、同盟国間で争いが勃発。

世界初の社会主義国

東欧社会主義国のリーダーとして、アメリカに対抗する一大勢力になります。

ファシズム化の要因に

英米仏はブロック経済を組みますが、植民地に頼れない日独伊は苦境打開のために独裁化していきます。

Keyword

【帝国主義】

近代文明の優越意識と、圧倒的な軍事力を背景に、欧米列強がアジア・アフリカ・太平洋・カリブ海などを侵略し、植民地を獲得しようとする政策です。

Keyword

【総力戦】

軍隊だけが戦うのではなく、国民を総動員して行う戦争。多くの工場を軍需工場に変え、日常生活を犠牲にしてでも武器をつくって戦争を行いました。

Keyword

【冷戦】

核兵器が実用化したことで生まれた新しい戦争の形態です。核兵器をもつ大国がにらみあい、それぞれの国がどちらかにつくことで、世界は二分されます。

Keyword

【地域統合】

同じ地域の国々と連携し、経済活動などで協力しあうことにより、それぞれの国の経済や社会を守ろうという動きです。冷戦後の世界で急速に進みました。

- 1941 太平洋戦争がはじまる（P80）
- 1945 米英ソのヤルタ会談・ポツダム宣言（P82）
- 第二次世界大戦、太平洋戦争が終結
- ニューヨークに国際連合を設置（P84）
- 1947 アメリカがマーシャルプランを発表
- ソ連・東欧諸国がコミンフォルムを結成
- 1948 大韓民国、朝鮮民主主義人民共和国が成立
- 1949 中華人民共和国が成立
- 1950 朝鮮戦争が起こる
- 1951 太平洋安全保障条約・日米安全保障条約ができる（P87）
- 1956 スエズ戦争が起こる
- 1960 ベトナム戦争が起こる
- 1962 キューバ危機が起こる（P88）
- 1963 米英ソが部分的核実験禁止条約を結ぶ
- 1966 中国で文化大革命がはじまる
- 1989 米ソがマルタ会談
- 1990 東西ドイツが統一される
- 1991 ソ連が崩壊、CIS（独立国家共同体）ができる
- 1993 EU（ヨーロッパ連合）ができる（P93）

米ソの対立が顕在化

アメリカのマーシャルプランを拒否したソ連はコミンフォルムを結成。米ソの対立が顕在化し、冷戦に突入します（➡ P86）。

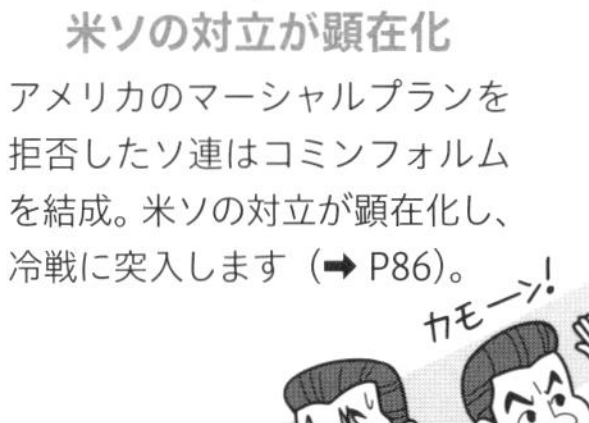

東西の代理戦争

米ソ間の冷戦が激化し、東西の境界となるリムランドで、朝鮮戦争やベトナム戦争、キューバ危機など、多くの代理戦争が起こりました。

冷戦の終結

米ソが共同で冷戦の終結を宣言し、約40年間続いた東西２大国の対立体制は終わりを迎えました。

多極化する世界

欧州、北米、南米、東南アジア、アフリカ、アジア太平洋などで地域統合が進みます。

Land and Sea 1

激しさをます列強の植民地支配

産業革命をへて圧倒的な軍事力と交通・通信技術をもつヨーロッパ列強は、帝国主義の時代を迎え、アフリカ、アジア、太平洋、カリブ海などで植民地を拡大していきました。アメリカも西部開拓が終了すると、植民地を求めて外に向かいはじめます（➡ P128）。

日清戦争で日本が清を破ると、欧米列強が中国に殺到して、それぞれ勢力圏を拡大していきました。日本もランドパワーを駆使して大陸で領土を拡大。それが南下を目指すロシアとの対立を生み出します。

イギリスを追う フランス

イギリスに対抗してアフリカに進出し、チュニジアとサハラ砂漠地域をおさえました。しかし、犬猿の仲にあったドイツへの警戒心（➡ P60）からイギリスに接近し、1904年英仏協商を締結します。

ジュール・グレヴィ
〔在任1879～1887年〕

ランドパワーの新興国 ドイツ

「世界政策」と称する強引な帝国主義政策を推進。海軍の拡大にもとり組み、イギリスを脅かすようになります。3B政策とよぶ鉄道建設も進め対抗しました。

ヴィルヘルム2世〔在位1888～1918年〕

シーパワー拡大を目指す イギリス

経済力と強力な海軍力によって、植民地のさらなる拡大を目指していました。スエズ運河会社を買収して経営権を獲得し、ロシア・トルコ戦争に干渉してインドへの通路を確保。アフリカ支配にも積極的で、ケープタウン・カイロ・カルカッタを結びつける3C政策を進めます。

ヴィクトリア女王

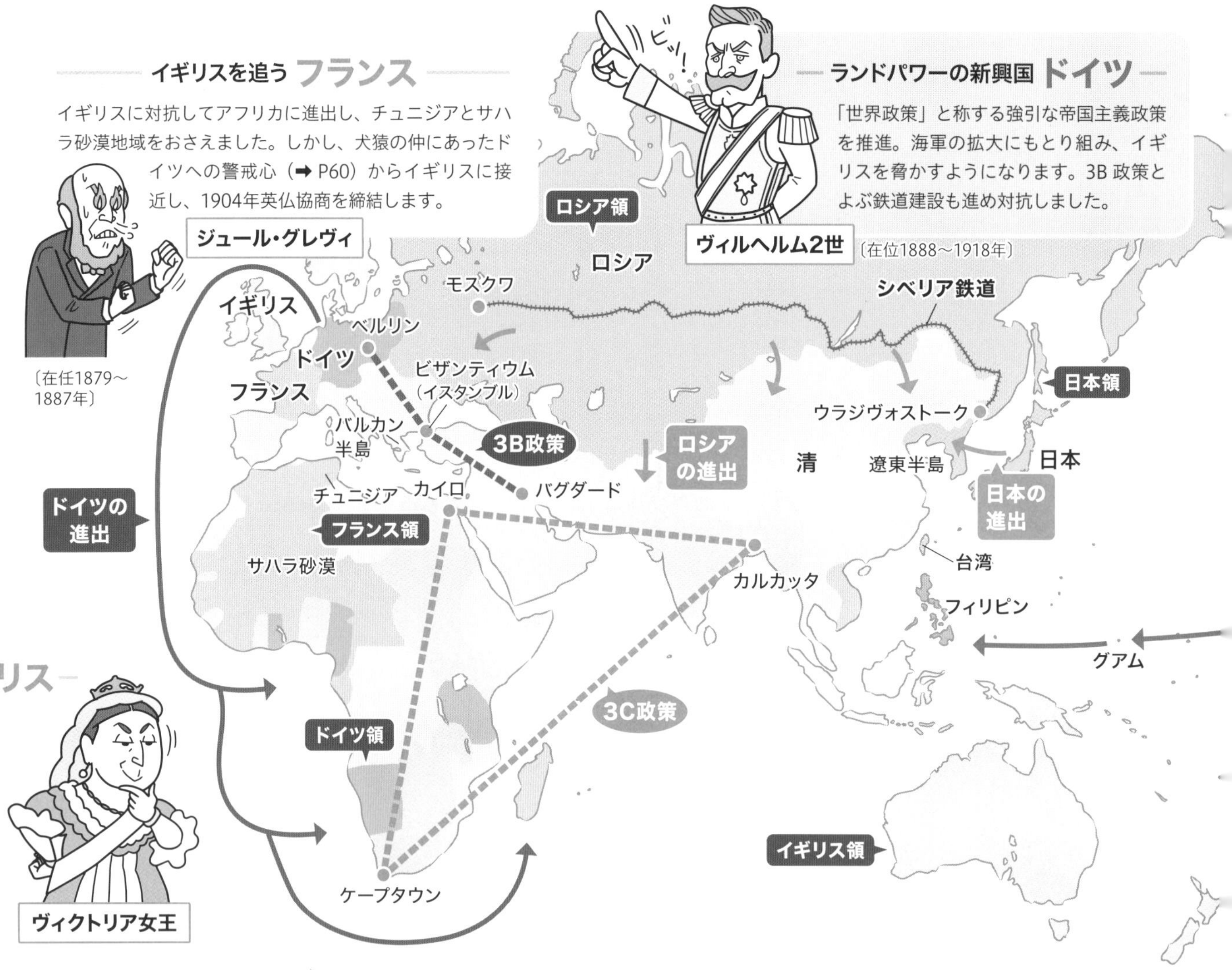

1884年
ベルリン・コンゴ会議をきっかけにアフリカ分割が本格化する。

1894年
朝鮮への介入をきっかけに、日本と清がぶつかり日清戦争がはじまる。

1895年
日本が日清戦争に勝つ。列強が清の領土にくり出し、ロシアと日本が対立。

1899年
アメリカが中国進出を狙い、中国の門戸開放・機会均等・領土保全を提唱。

1902年
日英同盟を締結。東アジアにおけるロシアの南下政策に対抗した。

1904年
イギリス・アメリカを味方につけた日本が宣戦し、日露戦争がはじまる。

ランドパワーで南下を狙う ロシア

国家事業のシベリア鉄道建設などを進め、アジアやバルカン半島方面への進出を探っていました。日清戦争に勝利した日本が遼東半島を獲得すると、ドイツとフランスとともに日本に圧力をかけ、遼東半島を清に返させました。力をつけた日本を警戒していたのです。

ニコライ2世〔在位1894〜1917年〕

海外進出を目指す 日本

ペリー来航によって開国し、近代化にとり組んできた日本は、列強に負けないように積極的に海外に進出していました。日清戦争に勝利して勢いづくと、南下を目指すロシアと対立するようになります。そこで、イギリスと日英同盟を結び、ロシアに対抗しようとしました。

明治政府

植民地を求める アメリカ

1890年代にアメリカ大陸の未開拓の地域が消滅すると、海外進出でシーパワー国家への転換を図ります。98年のアメリカ・スペイン戦争に勝利し、プエルトリコ、フィリピン、グアムを獲得。同年にはハワイも併合し、カリブ海やパナマ運河を支配下におさめていきます。

セオドア・ローズヴェルト〔在任1901〜09年〕

Column

「栄光ある孤立」の終えん

世界の覇権国家イギリスは、どの国とも同盟を結ばず孤立してきましたが、ロシアに対抗して日英同盟を、ドイツにそなえて英仏協商を結びます。日露戦争後には英露協商を結び、英仏露でドイツ・オーストリアに対抗。イギリス一国では対応しきれない時代になっていたのです。

Land and Sea 2

総力戦でぶつかった第一次世界大戦

ヨーロッパ列強の植民地拡大競争が激化し、イギリス・フランス・ロシアと、ドイツ・オーストリアが対立。日露戦争をへて、ヨーロッパの緊張が高まっていきました。その中心にあったのが、“ヨーロッパの火薬庫”とよばれたバルカン半島です。

1914年、オーストリア帝位継承者がセルビア人青年に暗殺されたサライェヴォ事件をきっかけにはじまった第一次世界大戦は、多くの国を巻きこみ、国力を総動員する総力戦となりました。

中立国

ヨーロッパでは、スペイン、スウェーデン、ノルウェー、デンマーク、スイスなどが中立を守り参戦しませんでした。

同盟国側

サライェヴォ事件をきっかけに、オーストリアがセルビアに宣戦布告。オーストリアと三国同盟（➡ P61）を結ぶドイツをはじめ、オスマン帝国・ブルガリアも同盟国側で参戦。総力戦で消耗し、さらに貿易を断たれる経済的打撃で、相次いで降伏や休戦に追いこまれました。

東部戦線

ドイツ・オーストリアとロシアとの戦い。当初はドイツが大勝しますが、ロシア領内で膠着状態に。

西部戦線

中立国ベルギーからフランスに侵攻したドイツと、イギリス・フランス連合軍との戦い。

Check! バルカン半島

ヨーロッパとアジア、地中海と黒海をつなぐバルカン半島は、古代から地政学的な要衝。20世紀初頭は弱体化したオスマン帝国から独立した小国が集まっていましたが、ロシア、ドイツ、オーストリアなどが後ろ盾となり、国境争いが頻発。常に戦争の危機にあったことから、ヨーロッパの火薬庫とよばれました。

Column

大戦によって生まれた「社会主義」

大戦が始まって以来、敗北が続いたロシアでは、都市の食料・燃料が不足し、民衆による大規模デモが起こりました。これに軍隊も加わったことで帝政は崩壊。

1917年から社会主義を掲げるレーニンが革命を進め、1922年にソヴィエト社会主義共和国連邦（ソ連）が誕生しました。

レーニン
〔1870〜1924年〕

1907年
日露戦争後のロシアが、日本と日露協約、イギリスと英露協商を結ぶ。

1910年
日本が韓国を併合。京城（現ソウル）に朝鮮総督府をおく。

1912年
セルビア・ブルガリア・モンテネグロ・ギリシアがオスマン帝国に宣戦。

1914年
サライェヴォ事件でオーストリアがセルビアに宣戦。第一次世界大戦へ。

1917年
ドイツが指定航路以外を航行する船を無警告で攻撃。アメリカが参戦。

1918年
同盟国側が次々と連合国側と休戦協定を結び、第一次世界大戦が終結する。

連合国側

セルビアを支援するロシアと、英露協商、露仏同盟、英仏協商でつながるイギリス・フランスを中心に、日本、イタリア、アメリカが加わりました。イタリアは、王国成立時から続くオーストリアとの領土問題から三国同盟を破棄し、連合国側に加わりました。

〈 極東の日本が参戦した理由 〉

はるか遠くヨーロッパで起きた大戦に、日本は日英同盟を口実に参戦。その裏には2つの思惑があります。

中国での勢力拡大

ドイツ支配下の山東半島に進出し、赤道以北のドイツ領南洋諸島の一部も占領。さらに、中国にドイツ権益の継承などの「二十一か条の要求」をつきつけ、その大部分を認めさせました。

不況からの脱却

大戦が総力戦になると、軍需工業優先となった欧州各国では日用品が不足しました。日本はそれを輸出することで、日露戦争後の不況から脱却しました。

イギリスの“ズル賢さ”が世界を翻弄

大戦がはじまると、イギリスは味方の国をふやすために“三枚舌外交”を展開。狙い通りの成果を得て戦争に勝利します。しかし、3つの協定は矛盾を内包する内容だったため、アラブ人とユダヤ人との間に深刻な対立を生み出しました。これが現代のパレスチナ問題のもとになっています（➡ P154）。

＼アラブ人へ／

フセイン・マクマホン協定〔1915年〕

アラブ人に協力してもらうため、オスマン帝国から独立してアラブ国家を建設する、と約束する協定を結びました。

＼ロシア・フランスへ／

サイクス・ピコ協定〔1916年〕

同盟国側に参戦したオスマン帝国の領土を、イギリス、ロシア、フランスの3国で分割することに決め、協定を結びました。

＼ユダヤ人へ／

バルフォア宣言〔1917年〕

ユダヤ人の協力を得るため、パレスチナにユダヤ人国家を建設することを約束し、宣言を出しました。

Land and Sea 3

ゆらぐヨーロッパ・台頭するアメリカ

第一次世界大戦の主戦場となったヨーロッパの国土は焦土と化し、敗戦国はもちろん、戦勝国も経済的な打撃を受け、戦後の不況にあえぐことになりました。世界の覇権をにぎっていたイギリスからも、力が失われていきます。

その一方、ロシアは大戦を機に社会主義国に生まれ変わり（➡ P70）、アメリカは新しい時代の国際秩序を構築していきます。特に国土が戦場とならなかったアメリカは、経済的な繁栄を謳歌し、国際的な存在感をましていきました。

大戦後のヨーロッパ

巨額の賠償金に苦しむ ドイツ

連合国との間で締結されたヴェルサイユ条約で巨額の賠償金を課されました。また、獲得した領土や植民地もすべて失うことになりました。

新興国ができる（➡P76）

ソ連（➡P70）

旧ドイツ

割譲地

イギリス

アイルランド

ドイツ

フランス

スイス

オーストリア

イタリア

不況が加速する イギリス

大戦で領土がふえたものの、戦争による経済の落ちこみは回復しないまま。自治領のアイルランドは本国と対等の地位を得ました。

小さな共和国となった オーストリア

旧オーストリア・ハンガリー帝国からハンガリーやチェコスロバキア、ユーゴスラビアが独立したため、ドイツ人のみの共和国になりました。

ドイツを敵視する フランス

戦場となった国土が甚大な被害を受けたことで、ドイツを激しく敵視。賠償金の支払いを厳しく要求する対ドイツ強硬外交を行いました。

終戦処理に不満 イタリア

戦勝国なのに期待していたほど領地がふえず、講和条約の内容に不満がありました。インフレで国民の政府への不信感も高まりました。

Column

ヨーロッパの没落は予測されていた!?

ドイツ人哲学者シュペングラーの著書『西洋の没落』は、大戦中に書かれ、戦後に刊行されました。ヨーロッパ人こそが優秀だとする文明観・歴史観を批判した内容で、大戦で焦土と化した国を前にしたヨーロッパの人々の危機感と一致して、広く受け入れられました。

シュペングラー
（1880〜1936年）

1918年
アメリカのウィルソン大統領による「十四か条」が発表される（➡ P74）。

1919年
連合国とドイツとの間でヴェルサイユ条約が締結される。

1920年
国際連盟が設置される。本部はスイスのジュネーヴにおかれた。

1921年
ワシントン会議で、アジア・太平洋地域の国際秩序を話しあう。

1922年
ソ連が誕生。イタリアでムッソリーニのファシスト党による独裁がはじまる。

1923年
日本で関東大震災が発生。明治以降では最大規模の被害が出た。

大戦後のアメリカ

平和をとなえるリーダーにアメリカ

大戦終盤に参戦しましたが、国土は戦場にならず、被害はありませんでした。戦後は平和的な国際秩序をとなえて、ヴェルサイユ体制やワシントン体制の構築に中心的役割を果たしました。

国際秩序をつくる平和的な行動に見えますが、ウィルソンもハーディングもアメリカ第一主義。アメリカがもうかり、イギリスを切り崩して世界の覇権をにぎることを目指していました。

〈国際秩序の“柱”を提案〉

＼ヨーロッパ／
ヴェルサイユ体制

パリ講和会議で締結されたヴェルサイユ条約で、新しい国際秩序が決定。列強の秘密外交や非民主的政治をやめ、自由主義経済のもとでの平和的な国際秩序の成立を目指すことに。ただし、これによって誕生した国際連盟にアメリカは参加しませんでした（➡ P74）。

＼アジア・太平洋地域／
ワシントン体制

アメリカ・イギリス・フランス・日本など９か国によるワシントン会議で、アジア・太平洋地域の国際秩序を決定。海軍軍備制限条約のほか、中国の主権尊重・領土保全や、太平洋諸島の現状維持を約束する条約が結ばれました（➡ P75）。

〈国際金融の中心に〉

大戦中のアメリカは、連合国に物資などを提供して利益を上げます。他国からの借金が多い債務国を返上し、貸しているお金が多い債権国に生まれ変わり、国際金融市場の中心になりました。この好景気は「永遠の繁栄」とよばれました。

Pick up!

平和・秩序の裏にある 締め出し&囲いこみ

平和と公平を掲げ、第一次世界大戦後の新しい国際秩序となったヴェルサイユ体制とワシントン体制。実はアメリカ、イギリス、フランスといったシーパワーの国々が、ドイツやロシアの力を削ぎ、アジアで台頭しはじめた日本を封じこめる戦略にもとづいていました。

ヴェルサイユ体制(国際連盟)

表向き 世界の恒久平和のための国際機構

本当は… "仲よし組"のヨーロッパ新秩序

ヴェルサイユ条約にもとづき、1920年に国際連盟が設立。世界の平和を目指す国際機関になるはずでしたが、英仏の意向でドイツなどの敗戦国と、社会主義国のソ連が排除されました。また、アメリカも参戦への反動から孤立主義が強まり、参加しませんでした。そのため、ヨーロッパ諸国にかたより、国際連盟の名に値しない機構となってしまいました。

Column

"パクス・アメリカーナ"を狙ったウィルソンの十四か条

アメリカ大統領ウィルソンが提唱した十四か条は、世界平和を目指したものとされています。しかしその裏には、ヨーロッパ列強をおさえこみ、アメリカ主導の世界をつくろうという意図が隠されていました。秘密外交の廃止、海洋の自由、植民地問題の公正な解決(民族自決)などは、列強の既得権益を奪うことを目指していたのです。

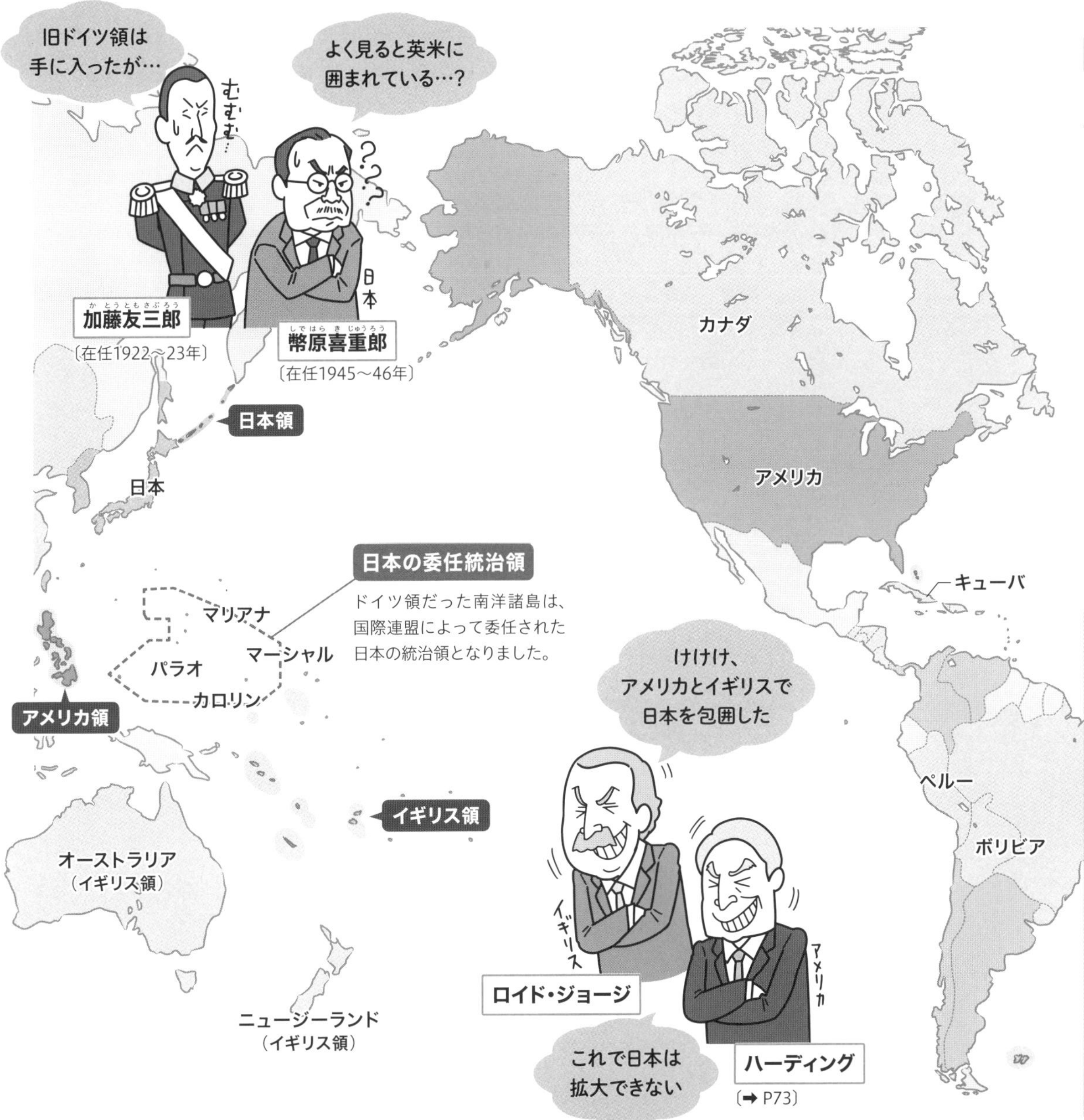

ワシントン体制

表向き アジア・太平洋地域の国際秩序

本当は… 太平洋地域での日本封じ

1921年に会議が開かれ、下記３つの条約が締結されます。日本は日露戦争でシーパワーをしめし、第一次世界大戦後にはマーシャル・カロリン・マリアナ・パラオなどの南洋諸島を統治することになりました。

ワシントン体制は、さらに拡大しようとする日本を封じこめることが重要な目的でした。アジア・太平洋における封じこめの対象が、ロシアから日本へと大きく転換したのです。

四か国条約

アメリカ・イギリス・フランス・日本で、太平洋諸島について話しあい、現状維持が決められました。周囲に植民地を抱えるイギリスやアメリカが、日本を封じこめるための条約です。これを機に日英同盟は解消されました。

九か国条約

アメリカ・イギリス・フランス・日本・イタリア・オランダ・中国・ポルトガル・ベルギーで、中国の主権尊重、領土保全などを約束しました。太平洋で封じこめられた日本が、中国に進出するのをおさえるためでした。

海軍軍備制限条約

アメリカ・イギリス・日本・フランス・イタリアの５か国で、主力艦の保有比率を、5：5：3：1.67：1.67に定めました。日本のシーパワーに制限をかけることで、太平洋への進出を封じこめる狙いがありました。

Pick up!

世界大戦後、リムランドで起こった 民族自決

第一次世界大戦でヨーロッパが焦土と化し、多くの人命が失われたことで、ヨーロッパ中心主義への疑問がわき上がりました。それを背景に、列強に翻弄されてきたリムランドの国々で自立を目指した民族運動が次々と起こりはじめます。

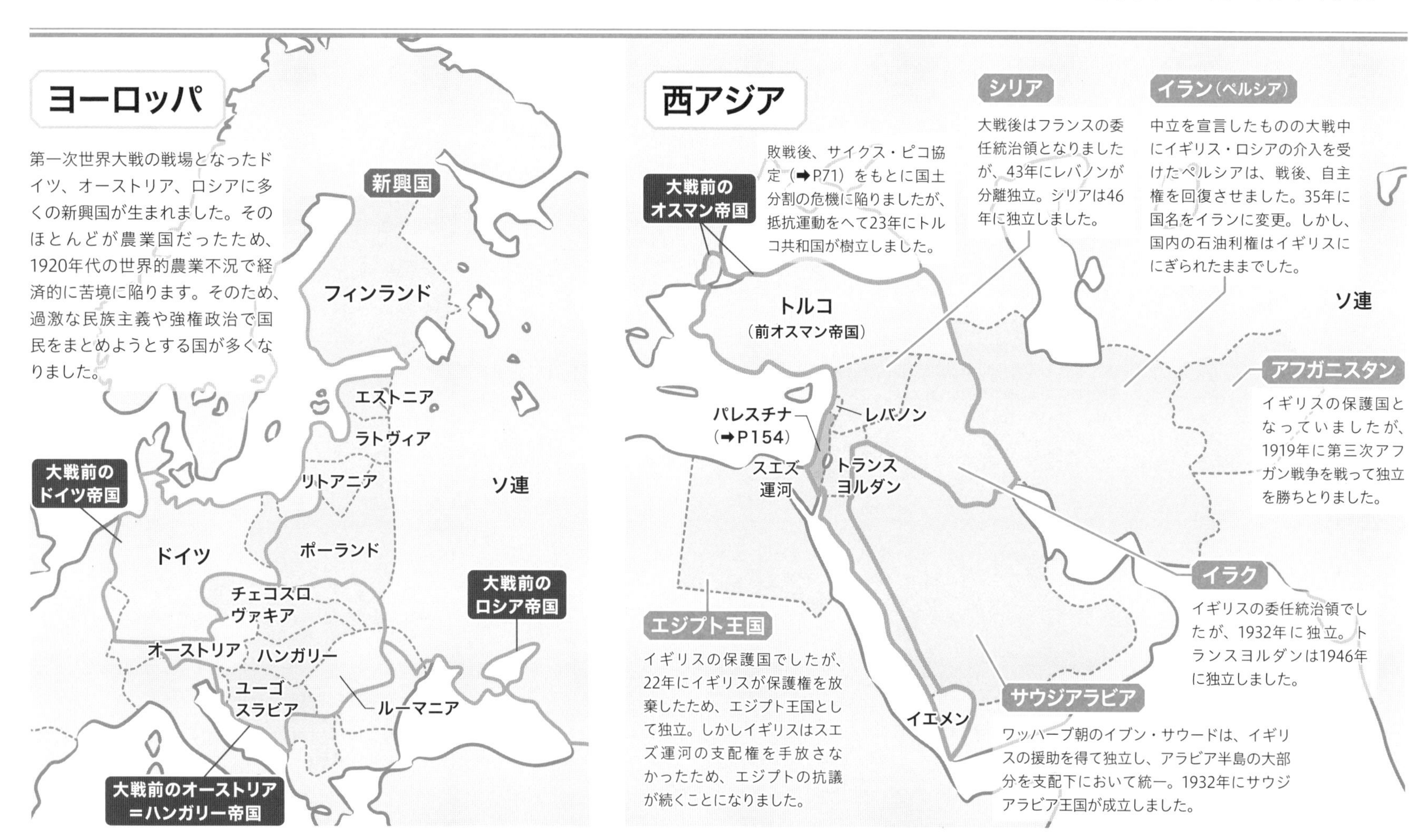

Column

東欧諸国だけがすぐに独立できた理由

ウィルソンが提唱した十四か条（➡ P74）の1つに、「民族自決」という理念があります。各地の民族運動はそれを体現するものでしたが、パリ講和会議で独立が認められたのは東欧諸国だけで、アジアやアフリカには適用されませんでした。英米仏は、旧ロシア・オーストリア＝ハンガリー・オスマン帝国の弱体化を図るために、東欧諸国の独立を認めたのです。また、レーニン政権による社会主義的改革の拡大を阻止すべく、対ソ連のバッファゾーンを設けるという狙いもありました。

インド・東南アジア

ビルマ

イギリス領でしたが、1920年代から民族運動が行われるようになりました。僧侶による啓蒙運動や、急進的民族主義者であるタキン党の活動が活発化しました。

タイ

国王による専制的統治が行われていましたが、大戦後は経済的混乱や王政への批判が高まり、1932年に立憲君主制になりました。

インドシナ

フランス領でしたが、1925年にホー・チ・ミンがベトナム青年革命同志会をつくり、それを母体としてベトナム共産党（インドシナ共産党に改称）が成立。党は独立運動を進めました。

インド

大戦中、イギリスはインドの自治を約束していましたが、大戦後にできたインド統治法は、自治とはほど遠い内容でした。ガンディーが民族運動を進めたものの、完全な独立には至りませんでした。

フィリピン

アメリカが統治していた1907年に議会が開設され、フィリピン人への権力移譲が行われましたが、経済は回復せず困窮が深刻化。1934年にフィリピン独立法が成立しました。

非暴力
不服従

ガンディー
（1869～1948年）

インドネシア

オランダ領でしたが、1920年にインドネシア共産党が独立を宣言しました。この独立運動は弾圧によって潰されますが、27年にスカルノがインドネシア国民党を結成。独立に向けた運動を続けていきます。

朝鮮・中国

朝鮮

日本の統治下にありましたが、独立を求める声が多く、1919年3月1日のソウルでのデモが朝鮮全土に広がりました（三・一独立運動）。同年4月には、独立運動の団体を統合して大韓民国臨時政府が設立されました。

中国

1919年、日本の二十一か条（➡ P71）の撤廃を求める民族運動（五・四運動）が勃発。その後、中国国民党と中国共産党が誕生します。当初は、軍閥政府打倒をめざして協力しますが、のちに分裂。蒋介石（しょうかいせき）率いる中国国民党はその後も北伐を進め、27年南京に国民政府を樹立しました。

Land and Sea 4

世界恐慌で対外進出する日・独・伊

アメリカは第一次世界大戦で国土が戦場とならなかったのに加え、連合国に物資や借款を提供して莫大な利益を上げました。企業は強気で設備投資と増産を続ける一方で、株式投資ブームが過熱します。経済実態に見合わない株価高騰が続くと、その反動から1929年10月に株価が暴落。たちまち世界中に広がって世界恐慌となりました。

この状況を乗り切るため、英・米・仏はブロック経済をはじめます。自国と植民地を囲いこみ、経済を安定させることにしたのです。植民地に頼れない日・独・伊は、ファシズム化して外に向かいました。

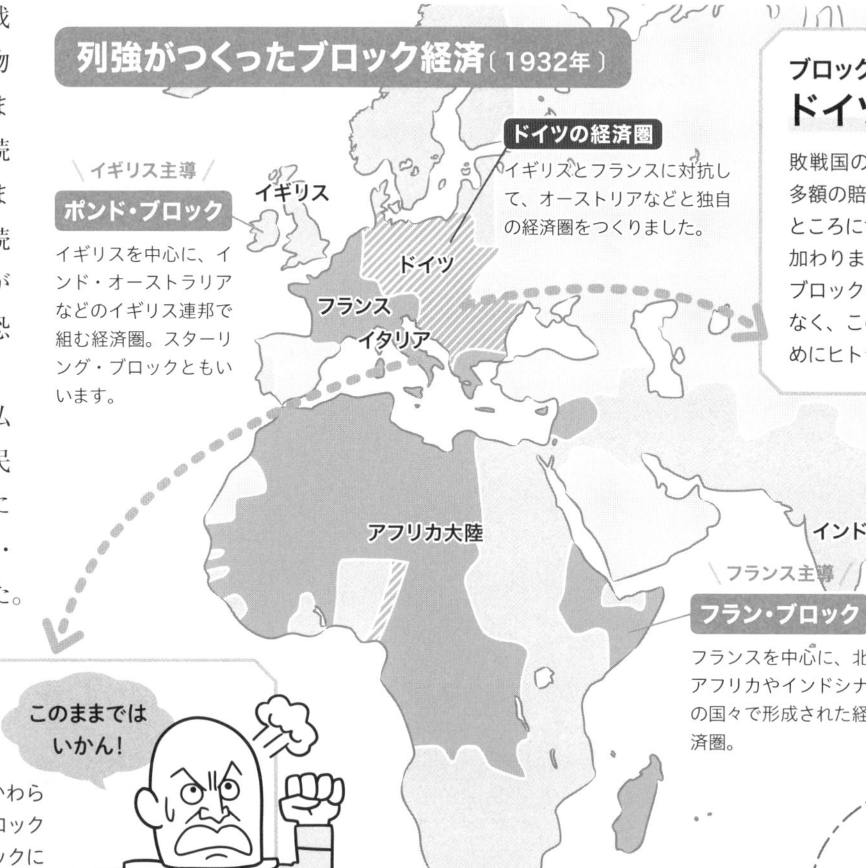

ブロック経済が組めない ドイツ

敗戦国のため植民地はなく、多額の賠償金を課されていたところに世界恐慌の大打撃が加わりました。列強のようにブロック経済をはじめる力はなく、この窮地を打開するためにヒトラーが登場します。

ヒトラー

ナチ党の指導者。ヴェルサイユ体制打破、ユダヤ人排斥などをとなえ、1933年に首相に。〔在任1933～45年〕

フラン・ブロック下に入った イタリア

第一次世界大戦の戦勝国であるにもかかわらず、植民地は圧倒的に少なく、独自のブロック経済は組めません。そこでフラン・ブロックに入りましたが、発展の見こみはなく、生き残るためには外に向かうしかありませんでした。

ムッソリーニ

〔在任1922～43年〕

議会制民主主義を否定するファシスト党の指導者。1922年に首相となり、一党独裁体制を確立。

Memo ブロック経済

植民地など自国と関係の深い国々だけで経済圏をつくって貿易を拡大する一方、他国の商品には高い関税をかけて締め出す方法。

1928年
中国国民党の北伐が完了。日本は張作霖(ちょうさくりん)を爆殺し、東北支配を図る。

1929年
ニューヨーク株式市場で株価が暴落し、世界恐慌に発展する。

1931年
アメリカが賠償金・戦債の支払い1年間停止を宣言するが経済は回復せず。

1932年～
アメリカがブロック経済とニューディール政策を開始。英・仏も続く。

1933年
満州国を建国した日本と、ナチスが国内を支配したドイツが国際連盟を脱退。

1935年
イタリアがエチオピアに侵攻。翌年、全土を征服する。

＼日本主導／
円・ブロック
日本を中心に、朝鮮や満州を含めて形成された経済圏。

＼アメリカ主導／
ドル・ブロック
アメリカを中心に、フィリピンや北米・南米諸国で形成された経済圏。

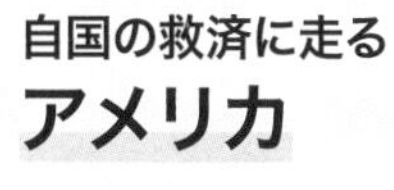

自国の救済に走る アメリカ

国内の経済復興政策として、ニューディール政策を実施しました。銀行を救済し、金の流出を防ぐために金本位制から離脱。農業や産業を保護する法律をつくり、公共事業で雇用をふやしました。イギリスが「世界経済会議」で協力を仰ぎましたが、賛同しませんでした。

フランクリン・ローズヴェルト

ダブル恐慌で苦しい 日本

英米による囲いこみと封じこめにより、太平洋や中国での発展が困難になりました。さらに関東大震災や国内の金融恐慌、世界恐慌の影響も受け、経済危機に陥ります。この状況を打開するため、陸軍が中心となって満州に手を伸ばしました。

犬養毅(いぬかいつよし)

1931年に首相に就任。陸軍が建国した満州国の承認に反対したことで、翌年暗殺されました（五・一五事件）。

Column

もしもこの時代にビスマルクがいたら…

ウィーン体制が崩れたとき、天才政治家ビスマルクは緻密な国際外交を展開し、ヨーロッパの秩序を維持しました（➡ P61）。世界恐慌のときにビスマルクのような政治家がいれば、独・伊の対外進出政策は防げたかもしれません。リーダーシップをとれるのはアメリカしかいませんでしたが、ブロック経済を主張して、自国を守ることに徹しました。

Land and Sea 5

東西でぶつかった第二次世界大戦

1938年ドイツはオーストリアを併合し、チェコスロヴァキアの解体と保護領化を進めました。さらに国際連盟管理下のダンツィヒの返還も求めましたが、ポーランドは拒否します。

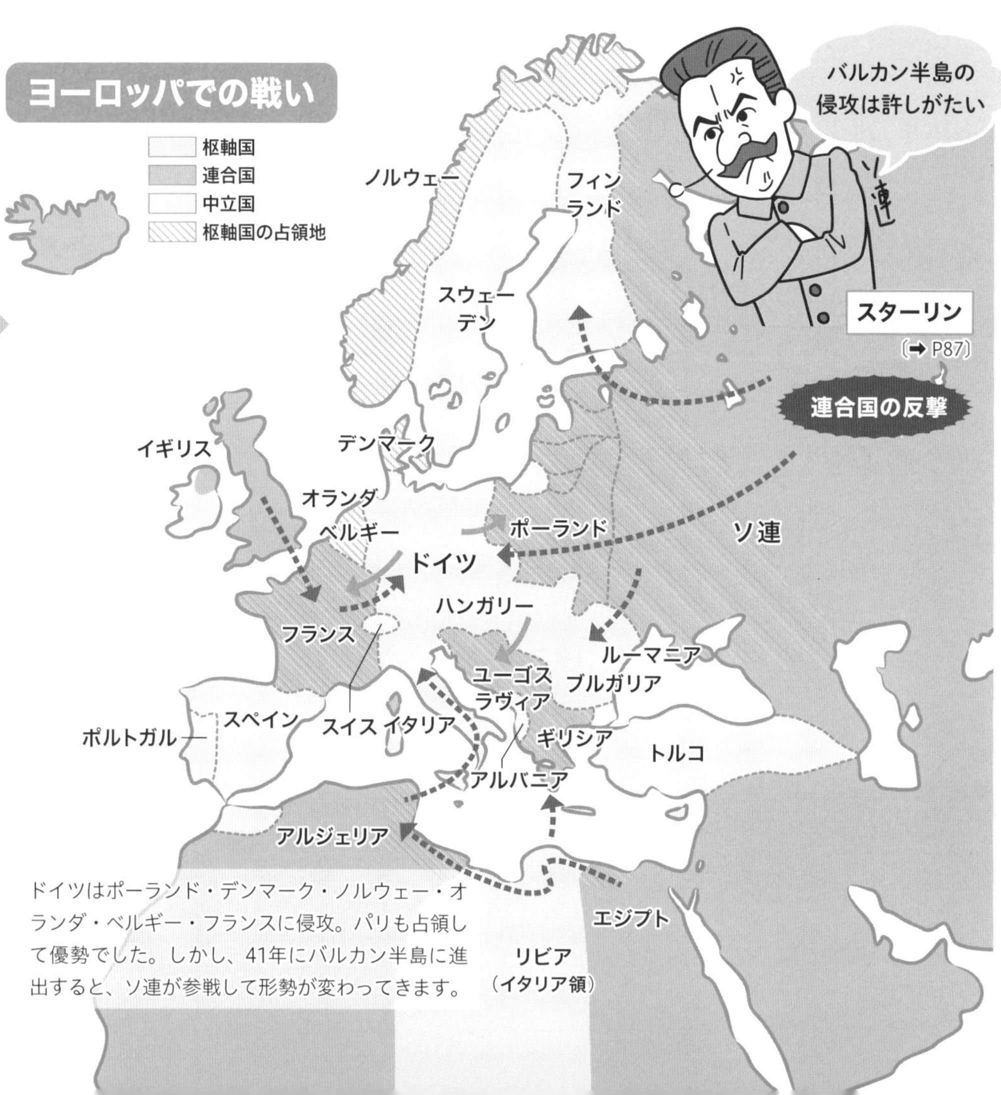

ドイツはポーランド・デンマーク・ノルウェー・オランダ・ベルギー・フランスに侵攻。パリも占領して優勢でした。しかし、41年にバルカン半島に進出すると、ソ連が参戦して形勢が変わってきます。

1939年にドイツがポーランドに侵攻し、イギリスとフランスがドイツに宣戦して、第二次世界大戦がはじまりました。40年にはイタリアがドイツ側で参戦。日本は37年の盧溝橋事件をきっかけに日中戦争をはじめ、41年の真珠湾攻撃で太平洋戦争に突入しました。

枢軸国対連合国の構図で、世界中を戦場とした世界大戦がはじまったのです。戦争による死者数は第一次世界大戦の５倍以上で、戦後も多くの難民を生むことになりました。

1937年	1938年～	1939年	1940年	1941年	1942年
日独の防共協定に伊が加わり三国防共協定に。イタリアが国際連盟を脱退。	ドイツがオーストリア併合から次々と拡大。英仏の宥和政策が限界に。	独ソ不可侵条約後、ドイツがポーランドに侵攻。第二次世界大戦がはじまる。	ドイツ軍の連勝を受け、連携強化のため日独伊三国同盟を結ぶ。	日本がハワイの真珠湾を攻撃。英米に宣戦し、太平洋戦争がはじまる。	長期戦で疲弊した日本はミッドウェー海戦で大敗。主導権を失う。

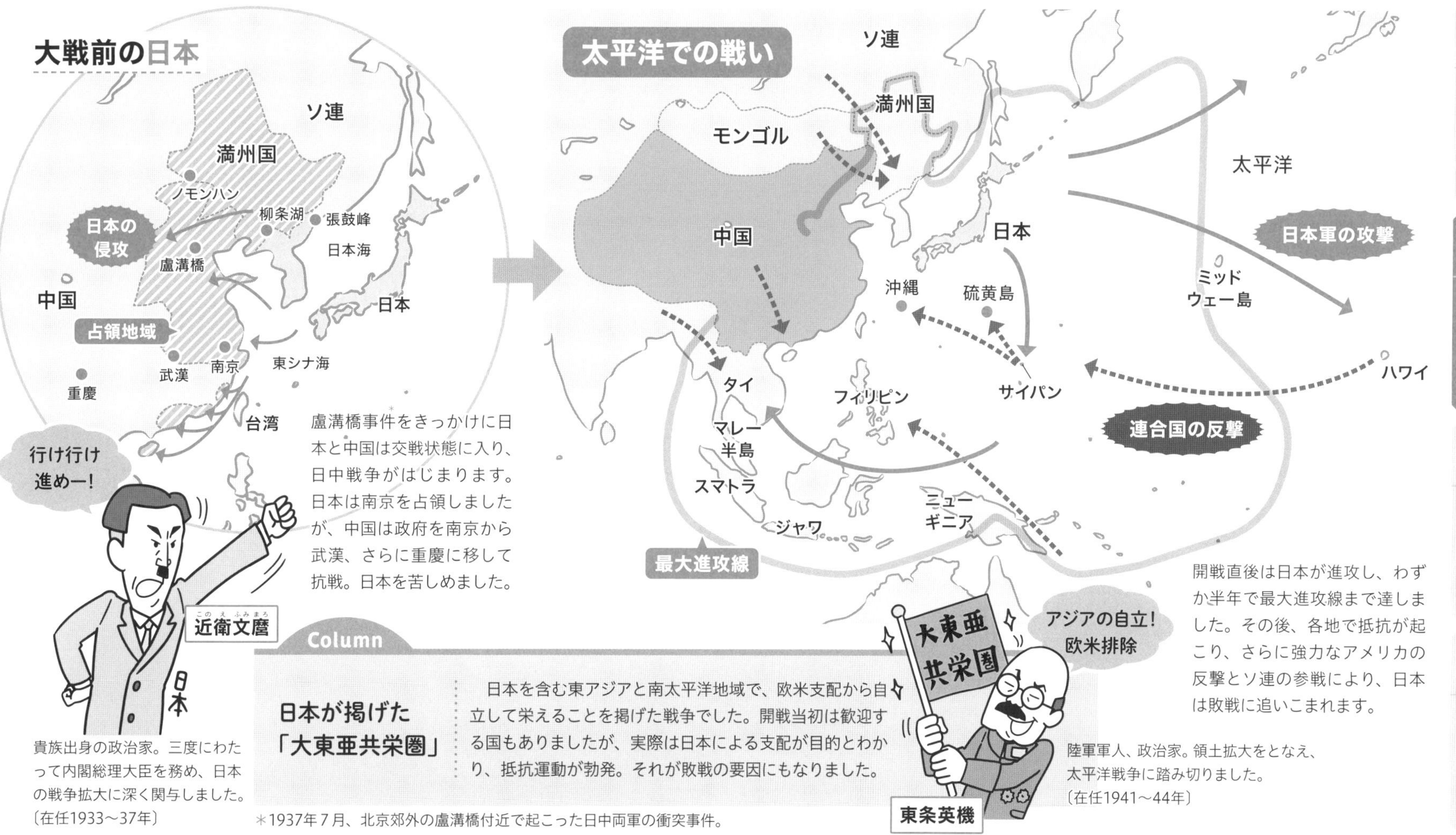

盧溝橋事件をきっかけに日本と中国は交戦状態に入り、日中戦争がはじまります。日本は南京を占領しましたが、中国は政府を南京から武漢、さらに重慶に移して抗戦。日本を苦しめました。

開戦直後は日本が進攻し、わずか半年で最大進攻線まで達しました。その後、各地で抵抗が起こり、さらに強力なアメリカの反撃とソ連の参戦により、日本は敗戦に追いこまれます。

近衛文麿

貴族出身の政治家。三度にわたって内閣総理大臣を務め、日本の戦争拡大に深く関与しました。〔在任1933～37年〕

東条英機

陸軍軍人、政治家。領土拡大をとなえ、太平洋戦争に踏み切りました。〔在任1941～44年〕

Column

日本が掲げた「大東亜共栄圏」

日本を含む東アジアと南太平洋地域で、欧米支配から自立して栄えることを掲げた戦争でした。開戦当初は歓迎する国もありましたが、実際は日本による支配が目的とわかり、抵抗運動が勃発。それが敗戦の要因にもなりました。

＊1937年７月、北京郊外の盧溝橋付近で起こった日中両軍の衝突事件。

米ソ対立がはじまる戦後処理

第二次世界大戦の連合国側の勝利が見えてくると、アメリカ、イギリス、ソ連、中国などの首脳陣はカイロ会談やヤルタ会談、ポツダム会談などを開き、大戦の終わらせ方や戦後処理について協議しました。

二度の大戦でヨーロッパの没落は決定的となります。それに代わって戦後世界の指導的地位を担ったのが、本土が無傷だったアメリカと、計画経済を強行し、多くの国民を犠牲にして世界恐慌をくぐり抜けたソ連です。両国はドイツや日本を封じこめ、国際連合を設置するなど、戦後の国際秩序をつくりあげていきました。しかし、社会主義拡大を目指すソ連を、アメリカが強く警戒。両国の対立は世界の分断を招きます。

連合国の分割・管理下に

ドイツ・オーストリア

ポツダム宣言にもとづき、ドイツはアメリカ・イギリス・ソ連・フランスの4か国に分割占領されました。オーストリアはドイツから分離され、4か国の分割占領下におかれました。

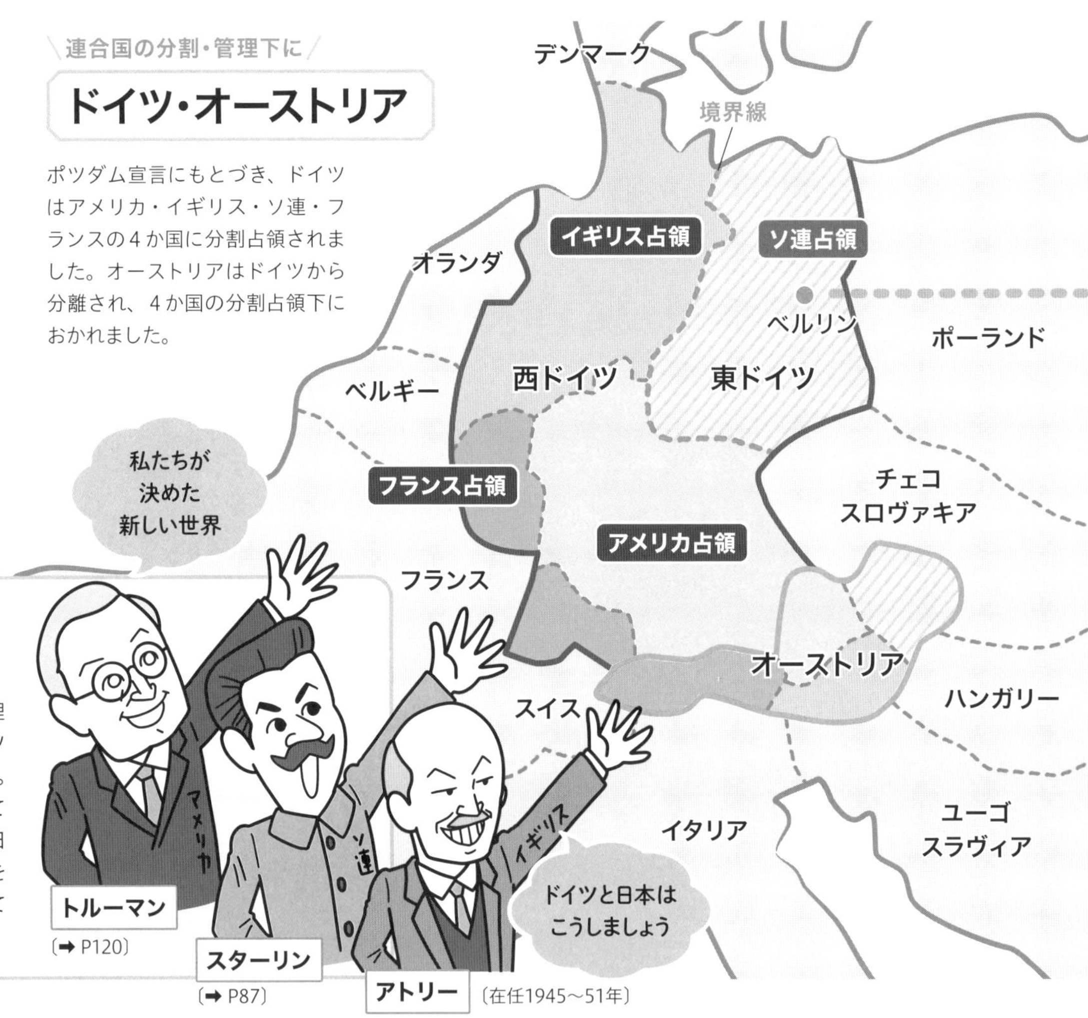

（➡ P120）

（➡ P87）

（在任1945～51年）

ヤルタ会談

〔1945年2月〕

米英ソの首脳は、クリミア半島のヤルタで会談し、ドイツの戦後処理などについての協定（ヤルタ協定）を結びました。日本に関しては、ドイツの降伏から3か月以内にソ連が対日参戦することが、秘密条項として加えられていました。

ポツダム会談

〔1945年7～8月〕

米英ソの首脳による、戦後処理に関する最後の会談で、ドイツのポツダムで開催されました。戦後のドイツ管理問題について協議しポツダム協定を締結。日本に対しては、無条件降伏を求めるポツダム宣言をまとめて発表しました。

1941年	1943年	1945年	1945年	1945年	1945年
英米で大戦後の平和構想を「大西洋憲章」としてまとめはじめる。	米英中で日本の無条件降伏を話しあうカイロ会談が開かれる。	2月、ヤルタ会談が開かれソ連が対日参戦へ。5月、ドイツが無条件降伏。	8月、日本に二度原子爆弾が投下され、ソ連が日本に宣戦して進攻。	8月、日本がポツダム宣言を受け、第二次世界大戦が終わる。	10月、51か国が参加して国際連合が発足(➡ P84)。

ドイツの首都ベルリンは、ソ連占領下の東ドイツ内にあり、アメリカ・イギリス・ソ連・フランスの4国で分割統治されることになりました。やがて東ベルリンと西ベルリンの経済格差が生じると、東ベルリンから西ベルリンへの亡命者が増加。これを防ぐために、東ドイツ（ソ連）は1961年に西ベルリンを取り囲む壁を建設しました。

Column

終戦直前の軍事行動には意味がある

アメリカは8月6日と9日に原子爆弾を投下し、ソ連は8月8日に宣戦して中国東北部・朝鮮・樺太に侵攻しました。終戦直前のこうした軍事行動は、大戦後の主導権争いを意識したものであったといわれています。

Pick up!

国際秩序の形成で勢いづく パクス・アメリカーナ

1920年代にアメリカは国際金融の中心となって繁栄を極めます。しかし、本当のパクス・アメリカーナを実現したのは第二次世界大戦後のことでした。戦後処理で主導権をにぎり、国際連合の設立や戦後の経済体制の構築をリードし、覇権国家へとのぼりつめていきます。

1 国際連合の設立

世界の平和と安全を実現するという大義名分のもと、アメリカを中心とする連合国が構想したのが「国際連合」です。1945年6月のサンフランシスコ会議で採択された後、10月に設立。国連としての武力行使を容認し、より実効的な機関となっています。発足当時の加盟国は51か国で、現在は193か国です（2023年9月現在）。

いいね

つくりましょう!

アメリカ

イギリス

フランクリン・ローズヴェルト

チャーチル

本部はアメリカのニューヨーク

総会

国際連盟に代わる新しい国際機関として誕生。総会には全加盟国が平等に参加することができます。

安全保障理事会

国際紛争を解決するため、経済的・軍事的制裁を決定します。米・英・仏・ソ（現ロシア）・中の拒否権をもつ常任理事国と、10か国の非常任理事国で構成されています。

「拒否権」もってます

事務局

国際連合の各機関の運営にかかわる事務を担当。事務総長と国際連合職員によって構成されています。

経済社会理事会

社会的不平等、貧困、衛生など、さまざまな問題にとり組んでいます。国際労働機関（ILO）、ユネスコ、世界保健機関（WHO）などの専門機関が活動しています。

国際司法裁判所

国際連合の司法機関で、国家間の法律的紛争などを裁判によって解決します。また、総会や安全保障理事会の要請により、勧告などを表明することもあります。

信託統治理事会

自立する能力をもたない人々が暮らす信託統治地域の施政監督などを行います。1994年のパラオ独立により、この理事会の仕事は事実上終了しています。

Column

現代にも続く国連の「拒否権問題」

安全保障理事会では常任理事国が拒否権をもち、1国でも反対すると議決できません。武力制裁などの強力な権限を与える代わりに、5大国の一致を求めたのです。しかし、自国の利益を優先した拒否権発動で安全保障理事会が機能不全に陥ることがあり、現在の北朝鮮やウクライナの問題でも見られます。

2 国際通貨基金・世界銀行の設立

1944年7月、連合国の代表が集まって国際通貨基金と世界銀行の設立に合意。45年12月に設立されました。戦後の国際金融における協力体制を築くのが目的です。ドルを基軸通貨とし、金1オンス＝35米ドルとする固定相場制を採用（ブレトンウッズ体制）。アメリカが経済的覇権をにぎりました。

3 関税と貿易に関する一般協定の成立

1947年10月、貿易の障壁となる関税などの撤廃を目指し、「関税と貿易に関する一般協定（GATT）」が成立。ブロック経済が国際的な経済対立を激化させた反省から、貿易の自由化を推進しました。1995年に世界貿易機関（WTO）に引き継がれています。

＼元覇権国家／

イギリスの思惑

2つの世界大戦でイギリスは国土も経済もボロボロ。アメリカが覇権国となるのは悔しいけれど、アメリカをもち上げておき、その保護下に入って恩恵を受けたほうがいいと考えました。

＼世界覇権を狙う／

ソ連の思惑

第二次世界大戦による戦死者は2660万人と、敗戦国のドイツや日本よりはるかに多く、ダメージは甚大。アメリカに覇権を渡す気はないが、しばらくはチャンスをうかがおうとしました。

Land and Sea 7

世界を分断したアメリカvs.ソ連

第二次世界大戦後、西欧諸国では共産党が躍進し、東欧では親ソ的な政権が次々と誕生していました。戦後の共産党拡大は経済的困窮が原因と考えたアメリカのマーシャル国務長官は、ヨーロッパ経済復興援助計画（マーシャルプラン）を発表します。

西欧諸国は援助を受け入れましたが、ソ連と東欧諸国はこれを拒否。対抗して各国共産党の情報交換機関であるコミンフォルムを結成しました。こうして冷戦とよばれる緊張状態が生まれたのです。各国は北大西洋条約機構やワルシャワ条約機構などで結びつき、世界は東西に大きく分断されました。

Check!

戦前から中立を貫くスイス

永世中立国のスイスは、第一次世界大戦に続き第二次世界大戦でも中立を守りました。急峻なアルプス山脈に要塞を構えるスイスに対し、ナチスドイツは攻めこむのは困難と判断したのです。列強に囲まれながら中立を貫けるのは自然の防御壁のおかげでした。

1947年
3月、アメリカがソ連封じこめ政策（トルーマン・ドクトリン）を発表。

1947年
6月、米がマーシャルプランを発表。9月、ソ連がコミンフォルムで対抗。

1948年
ソ連が西ベルリンへの交通を遮断するベルリン封鎖を実施。

1949年
ドイツが分裂し、ドイツ連邦共和国（西）とドイツ民主共和国（東）が誕生。

1949年
アメリカを含む12か国で北大西洋条約機構（NATO）を結成。

1955年
ソ連を中心に東欧諸国でワルシャワ条約機構を結成。

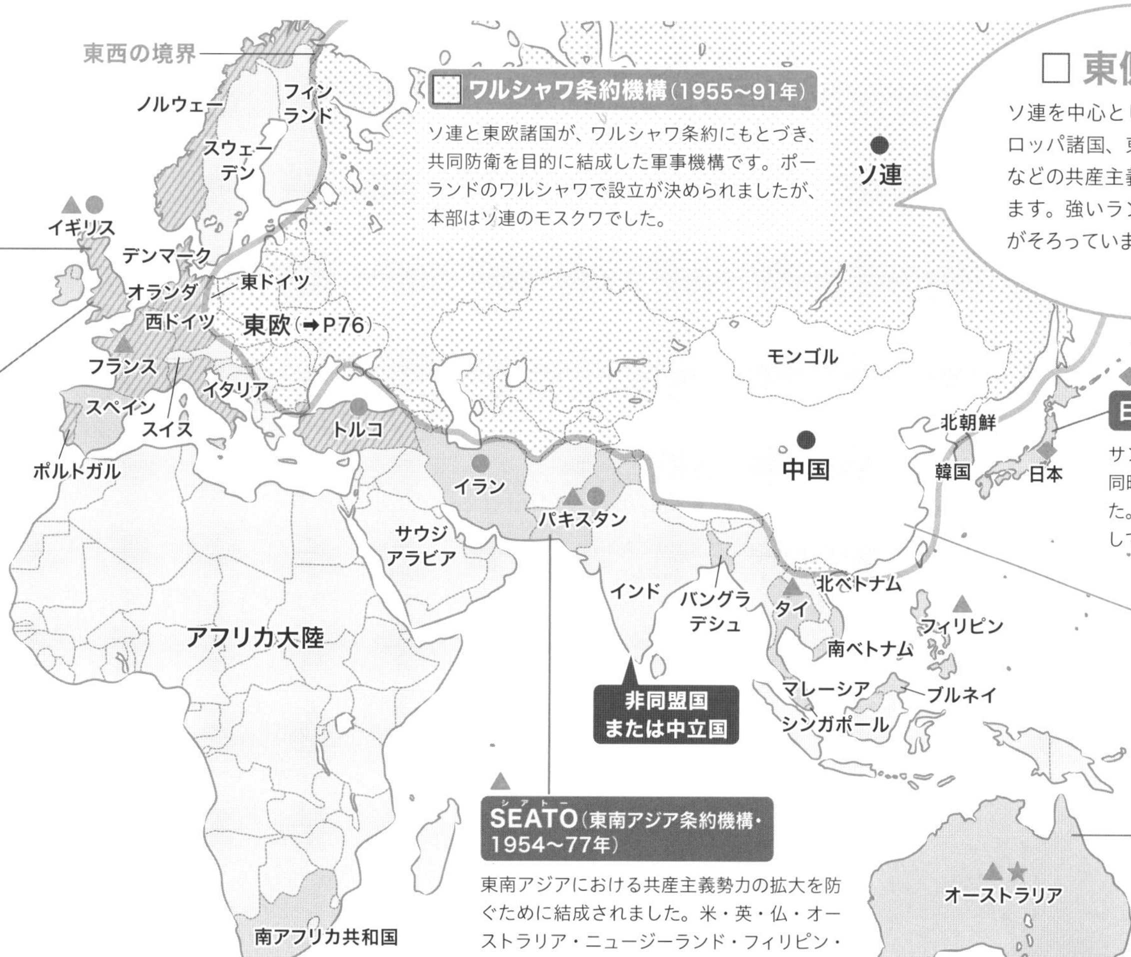

ワルシャワ条約機構（1955～91年）

ソ連と東欧諸国が、ワルシャワ条約にもとづき、共同防衛を目的に結成した軍事機構です。ポーランドのワルシャワで設立が決められましたが、本部はソ連のモスクワでした。

□ 東側諸国

ソ連を中心として、中国、東ヨーロッパ諸国、東ドイツ、キューバなどの共産主義国家が含まれています。強いランドパワーをもつ国がそろっていました。

スターリン
ソ連の最高指導者。急速な工業化と農業集団化を推進。〔1879～1953年〕

日米安全保障条約（1951年～）

サンフランシスコ講和会議で日本は独立を回復し、同時に締結されたこの条約で米軍の駐留を認めました。アメリカにとっては、台頭する中国の防波堤として日本に基地をおくことが重要でした。

中ソ友好同盟相互援助条約（1950～80年）

1949年に成立した共産党による中華人民共和国が、ソ連との間で締結した条約です。中国はこの条約によって社会主義陣営に属することを明らかにしました。

毛沢東

SEATO（シアトー）（東南アジア条約機構・1954～77年）

東南アジアにおける共産主義勢力の拡大を防ぐために結成されました。米・英・仏・オーストラリア・ニュージーランド・フィリピン・タイ・パキスタンが参加しました。

ANZUS（アンザス）（太平洋安全保障条約・1951年～）

軍事的相互援助のため、アメリカがオーストラリア、ニュージーランドと結んだ条約です。

Land and Sea 8

冷戦が招いたリムランドの熱い戦い

米ソ間の冷戦が激しくなると、両陣営の境界で紛争が起こり、代理戦争が行われるようになりました。地政学的に見れば、ハートランドから拡張を目指すソ連と、それをおさえこもうとするアメリカが、リムランドで対立。そこに位置する国が戦場となったのです。また、中立国や政策転換する国との衝突も起こりました。

こうした熱い戦いのなかには、ベトナム戦争のように泥沼化して莫大な犠牲を生み出してしまった戦いもあれば、パレスチナ問題のように現在まで続いている戦いもあります。

キューバ危機〔1962年〕

1959年のキューバ革命で反米に転じたキューバでは、ソ連の支援を受けて核ミサイル基地の建設が進められていました。アメリカは海上封鎖により、ソ連船による機材搬入を阻止。米ソ間の緊張が一気に高まり、核戦争勃発寸前の状態になりました。

ベルリン封鎖〔1948年〕

ソ連は西側の通貨改革に反対し、西ベルリンへの交通を遮断。ベルリンが分断されることに。西ドイツは49年にドイツ連邦共和国となり、経済復興と主権回復を進めました。

スエズ戦争（第二次中東戦争）〔1956年〕

エジプト革命を受けて英・米が経済援助を停止すると、エジプトはスエズ運河の国有化を宣言。英・仏・イスラエルが軍事行動を起こしましたが、国際世論に批判され撤退しました。

アジア・アフリカに第三勢力が登場

リムランドにある新興独立国の中には、東西冷戦に巻きこまれることを避けるため、“どちらの陣営にも属さない”という選択をする国々が登場。インド、インドネシア、ユーゴスラビア、ガーナなど、第三の勢力を形成する動きが生まれました。スエズ運河の国有化に成功したエジプトもリーダー的役割を果たし、1955年にアジア・アフリカ会議、61年には非同盟諸国首脳会議を開催します。

1946年
ベトナム民主共和国とフランスとの間でインドシナ戦争が起こる。

1948年
朝鮮が北緯38度線を境に朝鮮民主主義人民共和国と大韓民国に分裂。

1949年
中華人民共和国が建国される。主席は毛沢東、首相は周恩来。

1955年
インドネシアのバンドンでアジア・アフリカ会議が開催される。

1959年
キューバで親米政権が崩壊し(キューバ革命)、61年に社会主義を宣言。

1962年
キューバでソ連の核ミサイル基地が発見され、キューバ危機が起こる。

金日成

北朝鮮の初代最高指導者。軍事独裁体制を築きました。〔在任1948～94年〕

アフガニスタン侵攻（1979年）

親ソ派政権維持とイスラーム過激派勢力抑制のために、ソ連がアフガニスタンに侵攻。西側諸国はこれを非難し、アメリカはイスラーム過激派に武力支援をしました。内戦は10年以上にも及び、ソ連崩壊につながります。

朝鮮戦争（1950年）

北朝鮮が境界の北緯38度線を越えて侵攻。国連がこれを侵略と認めたことでアメリカを中心とする国連軍が韓国を支援します。中国は北朝鮮を支援して義勇軍を送りました。

ベトナム戦争（1960年）

独立と南北統一をめぐるベトナムの内戦に、北ベトナム(ベトナム民主共和国)の社会主義拡大を恐れたアメリカが軍事介入した戦争。南ベトナムの親米政権に対し、南ベトナム解放民族戦線が誕生すると、アメリカは北ベトナムへの爆撃を開始。ベトナムはソ連や中国の支援を受け、ゲリラ戦を展開しました（➡ P91）。

パレスチナ戦争
（第一次中東戦争）（1948年）

イギリスの三枚舌外交（➡ P71）で混乱した事態をおさめるために、国連がパレスチナ分割案を決議。ユダヤ人を優遇する内容だったため、アラブ人が反発し戦争となりました。100万人以上のアラブ人がパレスチナ難民となり、第三次・第四次中東戦争の火種となります。

Memo

帝国主義の終えん

ベトナム民主共和国の独立を認めずインドシナ戦争をはじめたフランスも、その後ベトナム戦争に突入したアメリカも、帝国主義的な考え方にもとづいていました。しかし、それが通用しない時代になっていたのです。

Land and Sea 9

冷戦緩和で独自に動き出す国々

冷戦時代の熱い戦いによる莫大な戦費は、アメリカの経済を悪化させました。さらに日本や西欧先進国の成長により、1世紀続いた貿易黒字が赤字に転換。加えてオイルショックによって、世界におけるアメリカの存在感は大きく下落したのです。

一方のソ連では、改革が進まず経済が停滞するなど、社会主義体制の行きづまりが生じていました。こうした状況によって冷戦は緊張緩和へ向かい、力をつけた第三勢力が世界の各地で登場してくることになりました。米ソ対立の二極化した世界から、多極化した世界に向かうことになります。

米ソの二極対立から多極化へ

アメリカ

貿易赤字…これじゃ経済がもたない

赤字

ドキドキ

ニクソン

ドイツ

1969年に西ドイツに社会民主党を中心とする政権が誕生。東欧の社会主義国との関係改善を目指す東方外交をはじめました。72年には東西ドイツが相互承認し、統一につながりました。

南ヨーロッパ

第二次世界大戦前から独裁体制や軍事政権が続いていましたが、植民地での独立運動などの影響もあり、民主化が進みました。

アメリカ

〔在任1969～74年〕

貿易収支の赤字で、ドルの金との交換停止などの措置をとり（金本位制停止）、国際的な信用が失墜。ドルを基軸通貨とするブレトンウッズ体制（➡ P85）が崩壊し、世界に君臨したアメリカの威厳は失われていきました。

（➡ P85）

アフリカ諸国

独立が相次ぐアフリカの協力機関として、1963年にアフリカ統一機構（OAU）が結成されました。しかし、新興国は経済基盤が弱く、インフラや社会制度が未整備で、政治も不安定だったため、国際機関や先進国の援助を必要とする国が多くありました。

変わりゆく世界に対し、アメリカは…

アメリカの威信に陰りが見えはじめた1981年に大統領に就任したレーガンは、軍備拡張などで"強いアメリカ"の復活をアピールしました。一方、85年にソ連の書記長に就任したゴルバチョフは、社会主義の行きづまりから改革を断行します。米ソ冷戦は、87年に終結しました。

〔在任1981～89年〕

〔在任1985～91年〕

1963年
アフリカ諸国の独立が進み、アフリカ統一機構（OAU）が32か国で結成。

1965年～
アメリカの爆撃でベトナム戦争が激化。67年には第三次中東戦争が起こる。

1970年
西ドイツが東欧諸国との関係正常化を図り、ソ連と武力不行使条約を締結。

1971年
アメリカの貿易収支が黒字から赤字に転換。ドルショックが起きる。

1972年
アメリカの統治下におかれていた沖縄が復帰。日中国交正常化。

1973年
第4次中東戦争から石油危機（オイルショック）が起きる。

東欧諸国
ハンガリーではソ連からの離脱を求める運動が起こり、ソ連が軍事介入。68年には、チェコスロヴァキアで民主化を求める市民運動が起こりました。

ソ連

イラン
1979年、近代化路線に反対するイラン革命が起こり、イラン・イスラーム共和国が誕生。革命を指導したホメイニ師が最高指導者につきました。以降、アメリカとの対立は激化します。

ソ連
スターリンの死後、フルシチョフはスターリン時代の個人崇拝や大量処刑などを批判。資本主義国家との平和共存を提唱しましたが、世界における社会主義離れは止められませんでした。

フルシチョフ
〔在任1953～64年〕

中国
反米でありながら、ソ連にも対立姿勢を明らかにし、独自路線を進みました。毛沢東は文化大革命をよびかけて指導力の回復を図りましたが、深刻な社会的混乱をもたらしました。

中国

イラク
1968年以降、アラブ統一と社会主義を掲げる政党が政権をにぎりました。79年に大統領についたサダム・フセインは、イラン・イラク戦争をはじめ、のちにクウェートに侵攻しました。

ベトナム
1960年からベトナム戦争が続いていましたが、1968年にアメリカが爆撃を停止。1973年に和平協定が成立し、アメリカ軍は南ベトナムから撤退しました。76年、南北を統一したベトナム社会主義共和国が成立しました。

日本
ベトナム戦争で沖縄の米軍基地が重要な役割を果たしたという批判が高まり、沖縄返還が求められるようになりました。1972年に返還が実現しますが、米軍基地は残りました。

毛沢東
中華人民共和国の初代主席。大躍進政策や文化大革命を指揮。〔1893～1976年〕

ラオス
政権をにぎる右派と、左派による内戦が続いていました。左派が勝利し、1975年にラオス人民民主共和国が成立。

カンボジア
親米右派勢力と解放勢力との内戦が続いていましたが、1975年に解放勢力が勝利し、民主カンボジアが誕生しました。

アジアの第三勢力
韓国やインドネシアなどのアジア諸国では、政治・社会運動をおさえて工業化を強行する開発独裁がはじまりました。また、ASEANを結成するなど、大国からの自立を目指す動きもありました（➡P93）。

イラン　イラク
イラクがアラブを統一する！

ホメイニ
〔1902～89年〕

フセイン
〔在任1979～2003年〕

Land and Sea
10 地域統合でバランスをとる世界

冷戦が終結し、1991年にソ連が解体することで、米ソ2大国が世界をリードするヤルタ体制（ヤルタ会談以降の国際秩序）が崩れました。

その後は資本主義・自由主義を掲げる超大国アメリカのもと、1つの世界になると思われました。しかし、ここで盛んになってきたのが、「地域統合」の動きです。第一次世界大戦後のヴェルサイユ体制が崩壊したときにブロック経済が行われたように、ヤルタ体制崩壊後の世界では、地域ごとに経済圏を構築して協力しあうことで、自分たちを守ろうとしたのです。

Column

ドル・ショックから首脳会議もはじまった

1971年のドル・ショック、73年のオイル・ショックで、先進国の経済は急激に減速。この危機を乗り切るため先進国に共通する課題について話しあおうと、75年から先進国首脳会議（サミット）が開かれるようになりました。現在はインド・中国などの有力新興国も含めたG20の会合も行われています。

1985年
ソ連のゴルバチョフが書記長に就任。社会主義を立て直すため改革を提唱。

1989年
11月、ベルリンの壁が崩壊。東西ドイツ間を自由に行き来できるように。

1989年
12月、マルタ会談が開かれ、米ソが冷戦の終結を宣言。

1991年
COMECON（経済相互援助会議）、ワルシャワ条約機構が消滅。

1993年
EC 諸国の物・人・金融の自由化のため EU（ヨーロッパ連合）が発足。

1994年
NAFTA（北米自由貿易協定）が発足。

＼欧州の復興を目指す／

□EU（イー・ユー）

（ヨーロッパ連合・1993年〜）

地域統合でヨーロッパを再生させようと、1952年に ECSC（ヨーロッパ石炭鉄鋼共同体）が発足。67年に３つの共同体が合併して EC（ヨーロッパ共同体）となり、93年に EU が誕生しました。27か国が加盟（➡ P102）。

＼旧ソ連国家の連合体／

□CIS（シー・アイ・エス）

（独立国家共同体・1991年〜）

ロシアを中心に、旧ソ連国家で結成。ロシアは歴史や文化のつながりを理由に、CIS 諸国を外交上の最優先地域としています。しかし、近年は反ロシア政権が相次いで登場し、2009年にジョージアが、2014年にウクライナが脱退しました（➡ P113）。

＼非公式の経済協力機関／

★APEC（エイペック）

（アジア太平洋経済協力会議・1989年〜）

EU、NAFTA の発足を受け、経済協力を目的として、オーストラリアが提唱してはじまりました。93年からは首脳会議も開かれています。主権国家として承認されていない台湾や香港が、単独で参加しているのも特徴です。

＼東南アジアの自立向上へ／

▨ASEAN（アセアン）

（東南アジア諸国連合・1967年〜）

インドネシア・マレーシア・フィリピン・シンガポール・タイの５か国で結成されました。現在の参加国は10か国。政府間協力を促進し、アジアの国々の間で、経済・政治・安全保障・教育などの統合を進めています。

＼統合を目指す第三勢力／

▥AU（エー・ユー）

（アフリカ連合・2002年〜）

1963年に結成された OAU（アフリカ統一機構）が発展的解消して結成された組織。アフリカ諸国における紛争の平和的解決や経済統合推進を目的とし、55の国と地域が参加しています。

Memo

GATTからWTOへ

貿易の自由化を目的にアメリカ主導で関税と貿易に関する一般協定（GATT（ガット））（➡ P85）がはじまりましたが、冷戦終結後のグローバル化に伴い、貿易の範囲が拡大。そこで1995年に GATT を発展させた WTO（世界貿易機関）が発足し、農作物や知的財産、サービスも自由貿易が可能になりました。

ヨーロッパ
ベラルーシ
ウクライナ
ジョージア
トルクメニスタン
★ロシア
★中国
★韓国
★日本
★香港
台湾★
インド
ミャンマー
★タイ
★ベトナム
★フィリピン
★シンガポール
カンボジア
ブルネイ★
★パプアニューギニア
★マレーシア
★インドネシア
アフリカ
★オーストラリア
★ニュージーランド

Pick up!

第二次世界大戦から変わる 戦争のかたち

戦争のかたちは時代の変遷とともに変わっていきます。文明が発達し、遠洋航海が可能になったり、産業革命で新しい技術が登場したりすることで、新しい戦い方が生まれてきます。特に、第二次世界大戦で誕生した新技術により、その後の戦争は大きく変わっていきました。

古代〔前3000年～1500年頃〕

領主の戦い

古代から中世までの戦争は領主の戦いです。領主とは土地とその住人を支配する階級の人のこと。領主は領土を拡大するため、あるいは侵略してくる敵から領土を守るために、主従関係を結んだ貴族や戦士とともに戦います。領主が討ちとられればもちろん、農繁期に入るか、戦費がつきれば戦いは終息に向かいます。

近世〔1500年～1900年頃〕

国王の戦い

近世から近代に入るまでの戦争は国王の戦いです。絶対的な権力と財力をもつ国王が、国土を拡張するために常備された軍隊で戦ったため、農繁期になっても戦いは終息しなくなります。絶対王政を背景にした大航海時代には、植民地を獲得するための戦いが行われました。国王の戦いは首都が陥落すれば終わります。

＼ターニングポイント／

近代前半〔1900年～1945年頃〕

総力戦

近代から第二次世界大戦までの戦争は、国民を総動員する総力戦です。国力のすべてを戦争に注ぐため、日用品の工場も軍需工場となり、非熟練工や女性労働者が武器の大量生産にたずさわります。

首都が陥落しても戦争は終わらず、国土が焦土と化すまで戦いが続きます。

Column

第四次世界大戦を予測したアインシュタイン

ハンガリー生まれの物理学者レオ・シラードらは、ドイツによる原子爆弾の開発を恐れて、1939年にアメリカ大統領宛に原子爆弾の開発を進言する手紙を出しました。相対性理論の生みの親として知られる、アインシュタインもその手紙に署名しています。戦後は核兵器廃絶を強く訴え、「もし第四次世界大戦が起これば、石とこん棒による戦いになるだろう」と発言。核兵器による第三次世界大戦が起これば文明は滅びてしまうという、人類への警告だといえます。

\P186へ続く/

登場①

原子力

第二次世界大戦では、ウランやプルトニウムの原子の核分裂で生じる膨大なエネルギーを利用した、原子爆弾が使われました。その後、水素爆弾や核弾頭搭載可能なミサイルの開発も進みました。

登場②

コンピュータ

第二次世界大戦中に、暗号を解読する目的でコンピュータが開発されました。ドイツの暗号を解読したイギリスの「コロッサス」が有名です。情報が大きな価値をもつようになりました。

登場③

プロパガンダ

国民を総動員するには、戦意を高揚させるための情報操作が大切。米政府は真珠湾攻撃の情報を現場に伝えず日本に攻撃させ、「リメンバー・パールハーバー」を合言葉にしたといわれます。

近代後半〔1945年～2000年頃〕

冷戦

第二次世界大戦以降、21世紀が到来するまでの戦争は、核兵器を向けあってにらみあう冷戦です。核兵器という“使えない武器”が登場することで生まれた戦争の形態です。冷戦を有利に運ぶためには、マスコミなどを利用し、都合の良い情報を民衆に提供する必要があります。

現代〔2000年頃～〕

テロ

21世紀を代表する新しい戦争の形態がテロです。最先端の武器が小型化して安価になったことで、大規模な軍隊をもたなくても他国に致命的なダメージを与えられるようになったのです。2001年９月11日の同時多発テロは、典型的な現代の戦争といえます。

このかたちが続くと思われていましたが、2022年に誰もが予想しなかった戦争が勃発。戦争のかたちも変化しています（➡ P186）。

歴史に学ぶ❸

戦争ははじめるより終わらせるほうが難しい

20世紀以降の戦争は総力戦になっています。第一次世界大戦も第二次世界大戦もまさにそうでした。国民を総動員し、物資も生産力も軍需産業に注ぎこみ、徹底的に戦うのです。こうした戦争は、どう終わらせるかを考えておかないと、いつまでも終わりません。そして、戦争が長引けば長引くほど、物資や保有する軍事力の差が勝敗をわけることになります。

戦争が泥沼化すれば、国土は焼け野原となり、多くの戦死者や難民を生み出すことにもなります。戦争をうまく終わらせることができないために、多くの犠牲を出して敗れ去った例はたくさんあります。戦争の終わらせ方が難しいのは、21世紀の現代でも同じです。

〈 Case 1 〉

日中戦争の日本
〔1937年〕

南京を攻略
↓
首都が武漢、重慶に
↓
長期化して敗れる

日本は当時の中国の首都だった南京が陥落すれば戦争は終わると考えていました。しかし、中国は首都を武漢に移し、そこも落ちると重慶に移して戦い続けます。戦争を終わらせることができず、日本は太平洋戦争につき進みました。

〈 Case 2 〉

第二次世界大戦のドイツ
〔1939年〕

ヨーロッパを支配
↓
ソ連にも奇襲
↓
長期化して敗れる

ドイツは短期戦でヨーロッパの大部分を占領した後、さらなる領土拡大を目指してソ連に攻めこみました。ところが、被害を出しながらもおし返すソ連の人海戦術によって長期戦となり、ドイツは敗れ去ったのです。

〈 Case 3 〉

ロシア・ウクライナ戦争のロシア〔2022年〕

首都攻略を狙う
↓
ウクライナ・世界各国が猛反撃
↓
終結が見えない

ロシアは首都攻略を狙いましたが、予想していなかったウクライナ軍の強力な反撃にあい、短期間では決着がつきませんでした。ウクライナには各国から武器や物資の援助が届き、長期戦が予想される展開になっています。

戦争泥沼化のルール

❶ 勢いではじめる

❷ 最初は順調

❸ 相手は“総力戦”

❹ 結着がつかない

第4章

国・地域で見る現代の地政学

各時代の地政学を踏まえたうえで、第4章では、ヨーロッパ、ロシア、アメリカ、
中国、中東、日本という5つの地域・国の現状を見ていきましょう。
それぞれの地域・国がシーパワーあるいはランドパワーをどのように使って、生き延びようとしているのか。
どのような問題を抱えているのか。現代の複雑な国際情勢の理解にも役立ちます。

年表でつかむ！

ヨーロッパの地政学

地中海統一を成し遂げた古代ローマ帝国から、1500年以上たってようやく、ヨーロッパは「大きな半島」の外に飛び出します。世界の海で覇権争いをくり広げますが、二度の大戦をへて凋落。その後は、1つの共同体としての意識を強めることで、存在感を発揮してきました。

年号	主なできごと
前800頃	ギリシア文明がおこる
前30頃	ローマ帝国が地中海を統一（P26）
476	ゲルマン人の大移動で西ローマ帝国滅亡
481	ゲルマン人がフランク王国を建国
840～	ノルマン人がヨーロッパ各地で建国
1096～	十字軍が遠征をはじめる（P32）
1339頃～	英仏百年戦争開始・中央集権化が進む
1415～	大航海時代がはじまる（P42）
1479	スペイン王国が成立（P32）
1581	オランダがスペインから独立を宣言
1618	ドイツで三十年戦争がはじまる
1648	ウェストファリア条約・ドイツも主権国家体制へ
1688～	フランスとイギリスの植民地戦争が起こる（P52）
1760頃	イギリスで産業革命がおこる（P50）
1772～	ポーランド分割がはじまる
1789	フランス革命がはじまる
1814	ウィーン会議・ウィーン体制へ
1842	イギリスがアヘン戦争に勝利
1853～	クリミア戦争がはじまる

侵入民族が建国
ノルマン人は海上で活動し、ヴァイキングとして恐れられました。

半島から世界の海へ
シーパワーで世界へ進出、力をふるいます。

強引な領土拡張
プロイセン、オーストリア、ロシアの３国でポーランドの領土は分割され、1795年までにポーランドは消滅しました。

アジアの半植民地化
アジアの大国・清に勝利したイギリスはアジアの半植民地化を進め、大英帝国を築きます。

Keyword

【世界島の半島】

ユーラシア大陸から突き出たヨーロッパは三方を海に囲まれた「半島」です。中世までは域外への進出が難しく、「発展性のない鳥かご」とよばれました。

Keyword

【海洋国家の道】

地中海や北海などで発展した航海術は大航海時代に花開きます。ポルトガル、スペイン、オランダなどが、シーパワー国家として歩きはじめます。

Keyword

【元覇権国のプライド】

2つの世界大戦で主戦場となったヨーロッパは焦土と化し、覇権を失いました。しかし、再び強いヨーロッパを復興させるべく、欧州統合を進めます。

Keyword

【地域統合】

冷戦下ではじまったヨーロッパ統合は、EU（ヨーロッパ連合）へと発展。しかし、経済格差やイギリスの離脱、反EU勢力の台頭など、厳しい状況にあります。

- 1871 プロイセンを中心にドイツ帝国が成立 （→P60）
- 1914～ サライェヴォ事件から第一次世界大戦へ
- 1918 第一次世界大戦終結 （→P72）
- 1939 第二次世界大戦がはじまる （→P80）
- 1945 第二次世界大戦終結
- 1967 3つの共同体からEC設立 （→P102）
- 1985 シェンゲン協定ができる （→P103）
- 1990 東西ドイツの統一
- 1991 バルト三国が独立・国連に加盟（エストニア・ラトビア・リトアニア）
- 1993 マーストリヒト条約によりEUへ （→P102）
- 1999 EUが統一通貨ユーロを導入
- 2004 東欧諸国がEU・NATOに加盟
- 2005 ロンドンで同時爆破テロが発生
- 2009 ユーロ危機が起こる （→P103）
- 2015 パリで同時多発テロが発生
- シリア内戦を受け欧州難民危機へ （→P103）
- 2016 イギリスがEU離脱を決定 （→P104）
- 2019～ 各地で反EU政権が成立 （→P107）
- 2020 イギリスがEUから離脱

地域統合で復興へ

大戦で凋落したヨーロッパは、地域統合で復興を目指します。

統合の拡大・深化

経済に加えて、安全保障や司法分野での統合を進めました。

ロシアとの緊張が高まる

バルト三国など北・東欧諸国がNATO、EUに加盟。西側勢力が拡大し、ロシアとの緊張が高まります。

EU史上初の離脱国

大国イギリスのEU離脱はEUの分断を象徴しています。

元覇権国がひしめく大きな半島

三方を海で囲まれた半島であるヨーロッパでは、古くから航海術が発達します。大航海時代になると、ポルトガルやスペイン、オランダが世界の覇権争いの主役に躍り出ました。世界初の産業革命を果たしたイギリスが大英帝国として君臨したのちには、ドイツが台頭。陸続きの大国ロシアとランドパワーで争い、世界大戦を引き起こしました。

2つの世界大戦で疲弊したヨーロッパは、統合を目指してEU（ヨーロッパ連合）を設立。元覇権国がひしめくヨーロッパの地位を守ろうとしています。

アメリカとの関係

戦後はアメリカの支援で復興を果たしましたが、対等な関係を保とうとします。軍事的にはアメリカ主導のNATOに加盟し、対ロシアの協力を続けています。

375年〜
フン族の侵入を契機に、開拓地を求めてゲルマン人が大移動を開始。

1488年〜
ポルトガルが喜望峰を発見。欧州列強は植民地開拓に乗り出す。

1618年〜
ドイツの宗教内乱に欧州各国が介入。30年間続く三十年戦争となった。

1914年〜
第一次世界大戦が勃発。敗戦国ドイツへの過酷な処置が次の大戦の火種に。

1949年
西欧とソ連の対立が激化し、欧米が共同で武力侵略に備えるNATOを結成。

1993年
EU発足。戦争の歴史を断ち、経済でヨーロッパ統合を目指す。

プーチン
ロシアの政治家。ロシア連邦第2代大統領(2000〜08年)を務めたあとに首相に就任。2012年に第4代大統領となり、長期政権を率いています。

ロシアとの関係

東西冷戦下、東ヨーロッパはソ連の衛星国でしたが、冷戦終結後は相次いでEUに加盟。なかにはロシアとの友好関係を保つ国もありますが、多くは敵対しており、緊張関係が続いています。

ほかの国々との関係

ヨーロッパ諸国と旧植民地国は、おおむね良好な関係を保っています。また、EU諸国は、アフリカを含むインド洋から太平洋にかけての地域とのパートナーシップ構築にも積極的です。

〈ヨーロッパの人々がもつ歴史観〉

「発展性のない鳥かご」とよばれた半島内で各国が対立し、争いをくり返してきた歴史から、統合に向かいます。

民族大移動
民族大移動をしたゲルマン人が、各地で建国。その中のフランク王国がキリスト教を受容したため、キリスト教的価値観がヨーロッパの基礎となりました。

戦争経験
陸続きで侵攻を受けやすく、領土問題や王位継承問題、宗教的対立などによる戦いが絶え間なく続きました。

敗戦・焦土
二度の大戦は国土を荒廃させ、多数の犠牲者を出しました。「二度と戦争をくり返さない」という非戦の思いから欧州統合へと進みます。

Column

戦い抜いてきた人々の「権利」

ヨーロッパでは、ある国が戦争に負けて領土を割譲すると、戦争相手ではない近隣国も領土割譲を要求するという行動に出ます(最恵国待遇)。彼らは、それが当然の「right(正しいこと)」だと考えているためです。日本語では「権利」と訳されていますが、各国が「正しさ」を主張したために、ヨーロッパ全体に戦争が広がったともいえます。

権利は大事! 主張しないと!

Europe 2 ヨーロッパの統合を目指したはずが

第二次世界大戦後、ヨーロッパ各国は、これまでのように争うだけでは、アメリカやロシアに対抗できないと考えました。そこで、経済による地域統合によって、平和的で強いヨーロッパの復興を目指したのです。米ソ冷戦の終結後、EUは東欧諸国を相次いで受け入れて勢力を拡大。しかし、EUが推進した「人、物、金」の移動の自由化は豊かな国への移民流入を促し、大混乱に陥ります。ヨーロッパ統合の理想と現実のひずみは深刻です。

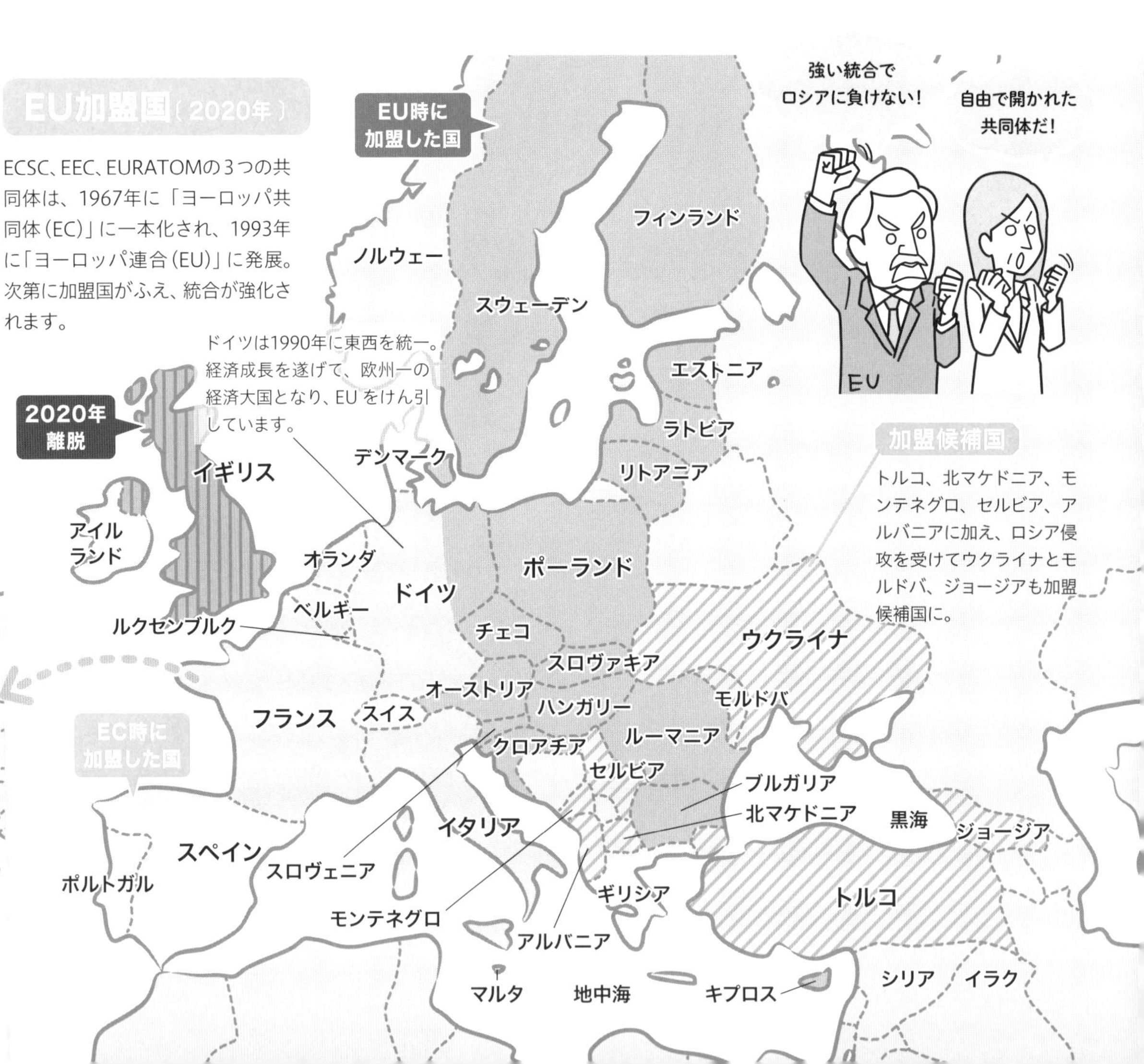

EUのはじまりは6か国

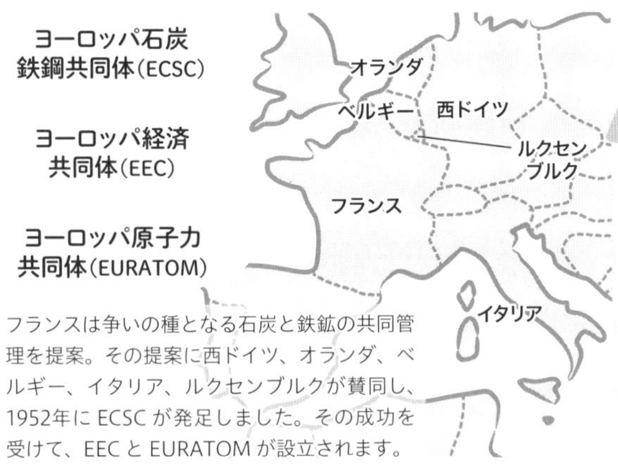

フランスは争いの種となる石炭と鉄鉱の共同管理を提案。その提案に西ドイツ、オランダ、ベルギー、イタリア、ルクセンブルクが賛同し、1952年にECSCが発足しました。その成功を受けて、EECとEURATOMが設立されます。

1952年
仏外相シューマンの提案に宿敵である西ドイツなどが賛同し、ECSC 発足。

1967年
ECSC、EEC、EURATOM を一本化し、ヨーロッパ共同体（EC）を結成。

1973年
EC にイギリス、アイルランド、デンマークが加盟し、計９か国に。

1993年
1990年に東西統一したドイツを取りこみ、欧州連合（EU）を発足。

2009年～
ギリシア財政赤字が発覚。南欧諸国を中心としたユーロ危機に陥る。

2015年
シリアなど中東から、過去最大の150万人もの難民が流入し、大混乱に。

イライラ

だんだん迫ってきたな

ロシア

ロシア

〈２つの統合政策が危機の原因に〉

①統一通貨「ユーロ」〔1999年〕

両替の手間や為替リスクがなくなって、経済活動が活発化し、物価も安定しました。ただし、ユーロ導入には「財政赤字が GDP 比３％以内」の規定があります。

ギリシアの赤字発覚で

ユーロ危機へ

ギリシアの赤字発覚で、金融危機が起こります。アイルランド、スペイン、ポルトガル、イタリアにも危機が拡大。EU は対ロシアの要衝であるギリシアを手放すことはできず、多額の資金援助を行いました。

②シェンゲン協定〔1985年〕

ヨーロッパ諸国間で出入国審査なしに、国境を越えることを認める協定です。現在 EU 加盟国の23か国と非 EU 加盟国４か国でシェンゲン圏を構成しています。

中東内戦から

欧州難民危機へ

シリアやイラクの内戦激化に伴って、欧州への難民が急増。ドイツを中心に難民受け入れを行っていますが、治安悪化や雇用減少への不安などから、加盟国内での反発が強まっています（➡ P106）。

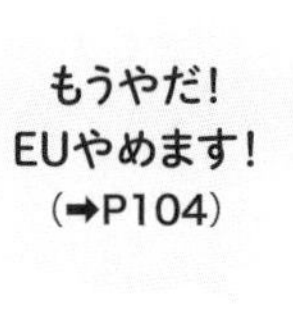

イギリス

Check!

EUがギリシアに「甘い」理由

黒海から地中海に抜ける地政学的要衝に位置するギリシア。地中海進出を狙うロシアとは、同じ宗教（東方正教会）でもあります。ギリシアが金融危機を契機にロシアに近づくのを恐れた EU は厳しい条件付きで、やむなく巨額の財政支援を実施したのです。

EU離脱で混乱するイギリス

島国であるイギリスは、伝統的なシーパワー国家。主にランドパワーで国土防衛に力を注ぐヨーロッパ半島諸国とは異なる路線を歩んできました。旧植民地のアメリカとも密接な関係を維持していたため、EC発足時にはフランスの反対で加盟できませんでした（➡P106）。1973年に加盟したあとも、通貨統合やシェンゲン協定には参加していません。

ユーロ危機以降、イギリス国内でEUに対する不満が高まり、2016年の国民投票でEU離脱を決定しましたが、それに伴って国内の問題も表面化しています。

〈 EUに対する不満 〉

拠出金の負担

EUの財源は主に、加盟国の国民総所得（GNI）に応じた拠出金で賄われています。イギリスは多額の拠出金を支払う一方で、受け取る支援額は少なく、負担となっていました。

移民問題

経済的に豊かなイギリスには、東欧からの移民が増加。作業員や技術者といったブルーワーカーや中高年層は移民に職を奪われたとして、EU域内の人の移動の自由に反発しています。

1960年
イギリスが EEC に対抗し、ヨーロッパ自由貿易連合（EFTA）を結成。

1966年頃～
北アイルランドでの宗教対立が激化。30年近く続き、多くの犠牲者を出す。

1973年
イギリスは EFTA を脱退。拡大 EC に加盟を認められる。

2004年～
東欧諸国が EU に相次いで加盟し、職を求める移民が西欧諸国に流入。

2016年
イギリスの国民投票で離脱51.9%：残留48.1% となり、EU 離脱を決定。

2020年
イギリスは離脱協定にもとづき、2020年1月末で完全に EU から離脱。

〈 離脱で表面化した問題 〉

賛成派vs. 反対派

イングランドやウェールズでは、若者や都市部の経営者、富裕層が EU 残留を支持。一方、労働階級や中高年層は EU 離脱派が多く、対立はしこりを残しました。

国際企業が国外へ

国境管理が厳しくなれば、物流の停滞やコスト増につながります。そのため、ヨーロッパ拠点をイギリスから移転する企業も現れました。ロンドンにある世界有数の金融街・シティへの影響をまぬがれません。

北アイルランドの帰属

北アイルランドでは、1960年代後半からカトリック系のアイルランド統一派と、プロテスタント系のイギリス帰属派の対立が激化し、多くの犠牲者を出しました（北アイルランド紛争）。
イギリスは EU 離脱にあたり、北アイルランド・イギリス本土間に通商上の国境線を設定しますが、これがイギリス帰属派の反発を招いて暴徒化。アイルランド統一派との対立の再燃が懸念されています。

スコットランドの独立

1960年代スコットランド沖で発見された北海油田をイングランドが活用。イングランド重視の政策への不満が募り、親 EU 派の多いスコットランドでは独立の声が高まっています。

Column

世界に広がるイギリス連邦にも“ゆらぎ”が…

イギリスは旧植民地や自治領とともに、「コモンウエルス・オブ・ネーションズ（英連邦）」を形成。象徴的な首長をイギリス国王がつとめ、カナダ、オーストラリア、ニュージーランドなど、現在56か国が加盟しています。しかし、加盟国の中には、英国王を元首とする君主制から共和制に移行する国家もあり、時代とともに英王室離れの動きが見られます。

ポピュリズム台頭でEU存続の危機!?

ギリシアに端を発したユーロ危機は、EU経済全体に大きな影響を及ぼしました。また、欧州難民危機やテロ事件の頻発、さらにロシアのウクライナ侵攻による物価上昇などが重なり、人々はEUへの不安や不満を募らせています。

その受け入れ先となったのが、反グローバリズムや反移民、反EUを掲げる、ポピュリズム政党です。長年EUをけん引してきたドイツでもポピュリズム政党が台頭し、メルケル政権（当時）が退陣を余儀なくされました。人々の不満がEU存続の危機を生んでいます。

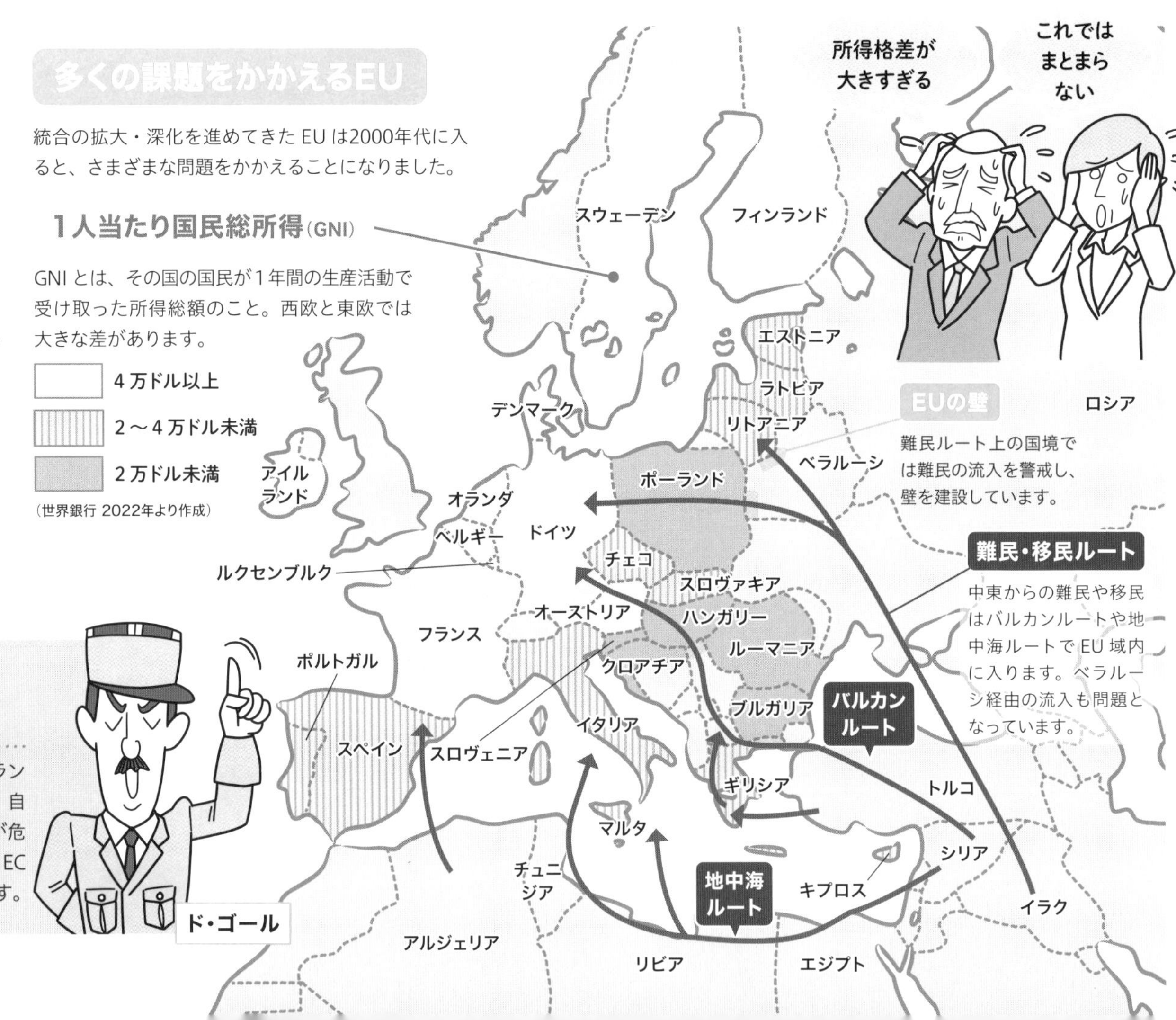

Column

イギリス離脱を察知していた!? フランス大統領ド・ゴール

EC発足当初、イギリスの加盟申請に対し、フランスのド・ゴール大統領は一貫して拒絶しました。自国第一主義の戦略家・イギリスの加盟で、ECが危機に陥ることを危惧したのでしょう。イギリスがEC加盟を果たしたのは、ド・ゴール没後のことです。

2005年
ロンドンの地下鉄で同時爆破テロが発生。実行犯４名を含む56人が死亡。

2013年
ドイツで、反EU・反難民を掲げる右派「ドイツのための選択肢」結党。

2015年
パリでイスラム過激派による同時多発テロが発生。130人が犠牲に。

2016年
ベルギーのブリュッセルで連続爆破テロが発生。32人が犠牲となる。

2017年
スペインのバルセロナで車暴走テロが発生。100人以上の死傷者が出る。

2019年～
EU加盟国の中で反EUを掲げるポピュリズム政党が躍進する。

① 国や人種による所得格差

EUの拡大と共通通貨ユーロによる統合は、国際競争を激化させました。その結果、国や地域、人種、宗教などによる所得格差が拡大。経済的に豊かな国でもEU拠出金の増加が問題になっています。

② 移民・テロ問題

近年、頻発する欧州のテロ事件の犯人は、欧州育ちのイスラム系移民の若者によるものが多く、「ホームグロウン・テロ」とよばれます。移民２世・３世でも差別は根強く、格差社会への不満がイスラム過激派思想に走る一因だと考えられています。

③ 難民・EUの壁問題

EU圏の境界上にある、ギリシアやハンガリー、ポーランド、リトアニアなどは、難民・移民の大量流入を防ぐために壁を建設（左図）。EUに対して費用負担を求めていますが、EUは人道主義の立場から拒否しています。

④ 加盟候補国・ロシアの問題

EUは、ロシアのウクライナ侵攻を受けてEU加盟を申請したウクライナとジョージアを加盟候補国に承認。また、EU諸国はエネルギー面の「脱ロシア化」を表明し、ロシアとの緊張状態が高まっています。

〈 勢いに乗るポピュリズム政党 〉

ハンガリーのオルバン政権やポーランドのモラヴィエツキ政権はLGBTをめぐる法律や司法の独立性について、EUとの対立を深めています。また、2022年に、フランスでは反EUの極右政党が第２党に躍進、イタリアやスウェーデンで右派連立政権が発足しました。

年表でつかむ！

ロシアの地政学

古代ロシアの建国当初は現ウクライナに位置する小国にすぎませんでしたが、次第にシベリアへと領土を拡大し、ハートランドの地を制するランドパワー大国となりました。たびたび侵略を受けた歴史から、周辺国をバッファゾーンとして、自国の守りを固める戦略をとります。

年号	主なできごと
862	ノヴゴロド公国ができる
882	キエフ公国ができる
1237	モンゴル人の侵攻を受ける（→P34）
1480	モンゴル人支配からモスクワ大公国が自立
1613	ロマノフ朝が成立
1772～	プロイセン・オーストリアとともにポーランドを分割
1821～	ギリシア独立戦争
1831～	第一次エジプト・トルコ戦争（→P59）
1839～	第二次エジプト・トルコ戦争
1856	クリミア戦争で敗れる（→P59）
1875	樺太・千島交換条約を結ぶ（→P171）
1877	ロシア・トルコ戦争
1905	日露戦争で敗れる
1914	第一次世界大戦がはじまる
1922	ソヴィエト社会主義共和国連邦が成立（→P70）
1932～	ウクライナで大飢饉が起こる（→P115）
1939	独ソ不可侵条約を結ぶ
	第二次世界大戦がはじまる

ほどなく現ウクライナへ

ノヴゴロド公国を建てたノルマン人はさらに南下し、現ウクライナの首都キエフにキエフ公国を建てました。

領土拡大で大国化

動乱後に成立したロマノフ朝が専制君主制を完成。領土を拡大し、ロシア帝国を築きます。

南下政策を推進

南方の不凍港を求めて、黒海や地中海への進出を図りました。

地中海ルートは断念

オスマン帝国と英・仏に敗北。パリ条約で黒海の中立化が決まり、地中海への南下ルートは阻止されました。

さらなる領土拡大を狙う

ポーランドとフィンランドに侵攻し、国際連盟から除名されます。

Keyword
【広大な領土】
約1710万 km²と世界一広大な領土をもつロシア。多くの国と国境を接しており、西側の草原地帯から侵入されやすいので、争いが絶えません。

Keyword
【不凍港】
ユーラシア大陸に面する北極海は凍結するため、冬でも凍らない不凍港を手に入れることはロシアの悲願。そのため、「南下政策」を基本としています。

Keyword
【3つの顔をもつ】
ロシアはノルマン人が先住のスラヴ人を征服して建てた国で、のちにモンゴル人の支配下に。北欧、東欧、アジアの3つの顔をもち、巧みに利用します。

Keyword
【社会主義】
ソ連は計画経済を行っていたため、世界恐慌の影響を大きく受けずに済みました。一方で、独裁的な政治体制は民主主義国家との対立を生みます。

- 1947 コミンフォルムを結成 (P86)
- 1948 ベルリン封鎖 (P88)
- 1950 中ソ友好同盟相互援助条約を結ぶ
- 1955 ワルシャワ条約機構を結成 (P87)
- 1962 キューバ危機が起こる (P88)
- 1979~ アフガニスタン侵攻を開始 (P89)
- 1986 チェルノブイリ原発事故が発生
- 1987 北極海航路の開放を宣言
- 米ソが中距離核戦力全廃条約を結ぶ
- 1989 マルタ会談で冷戦が終結
- 1990 東西ドイツが統一
- 1991 ソ連は解体し、CISを結成 (P93)
- 1994 チェチェン紛争がはじまる
- 1996 オタワ宣言で北極評議会設立
- 2000 プーチンが大統領になる
- 2004 東欧諸国がNATO・EUに加盟
- 2008 南オセチア紛争 (P113)
- 2014 クリミア半島を併合 (P114)
- 2017 ヤマル半島で液化天然ガス生産を開始
- 2022 ウクライナへ侵攻を開始 (P180)

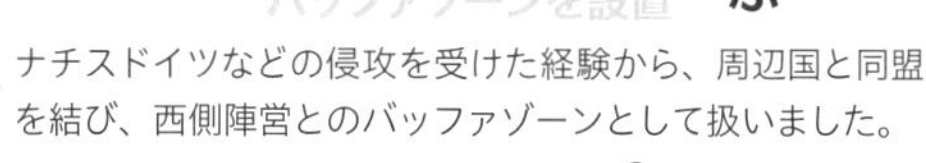

バッファゾーンを設置

ナチスドイツなどの侵攻を受けた経験から、周辺国と同盟を結び、西側陣営とのバッファゾーンとして扱いました。

武力で"ロシア離れ"を阻止

ロシアからの独立を求めるチェチェン共和国の武装蜂起を鎮圧。紛争は長期・激化し、2002年にはモスクワでテロ事件が発生しました。

バッファゾーンを失う恐怖

バッファゾーンの多くは、かつてはソ連の衛星国でした。侵略される恐怖から「奪われる前に奪う」という強硬姿勢に出ます。

Russia 1

強国再建を目指すランドパワー国家

社会主義を掲げた世界初の国であるソ連は1991年に崩壊し、15か国が独立を果たしました。ソ連の領土の大半を引き継いだロシアは、世界最大の領土をもつランドパワー国家です。ロシアは親欧米派のエリツィン大統領時代、計画経済から市場経済への急激な移行で、政治経済ともに大混乱に陥りました。2000年に大統領に就任した親スラヴ派のプーチンは、強いロシアをとり戻そうと拡大路線に転じ、欧米との対立姿勢を強めています。

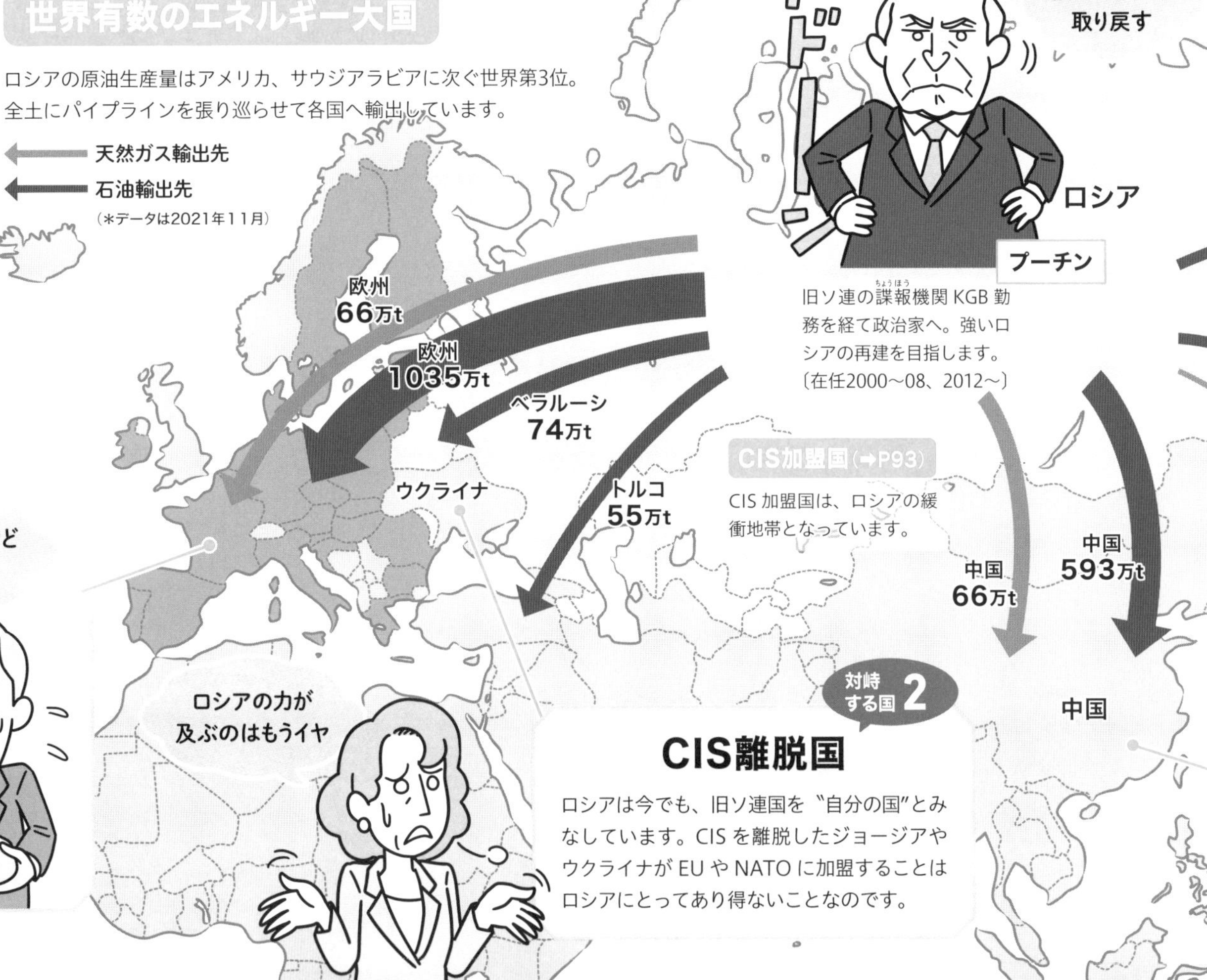

対峙する国 1

EU諸国

陸続きの大国ロシアの膨張政策は常に脅威です。冷戦終結後、東欧諸国は次々にEUに加盟し、両者の緊張が高まりました。エネルギーでロシアに依存するも、ウクライナ侵攻を受けて、脱ロシアを表明しています。

対峙する国 2

CIS離脱国

ロシアは今でも、旧ソ連国を〝自分の国〟とみなしています。CISを離脱したジョージアやウクライナがEUやNATOに加盟することはロシアにとってあり得ないことなのです。

1991年
ソ連崩壊。旧ソ連諸国のうち、バルト三国を除く12か国でCISを創設。

1994年
ロシアからの独立を求めるチェチェン共和国との間で民族紛争が勃発。

2000年
プーチンがロシア第2代大統領に当選。「強いロシア」の再建を目指す。

2009年
価格交渉が紛糾し、ロシアがウクライナへの天然ガス供給を停止。

2014年
ウクライナとクリミア帰属をめぐって対立。ロシアがクリミア併合を強行。

2015年
ベラルーシ、カザフスタンなどと「ユーラシア経済連合（EEU）」を創設。

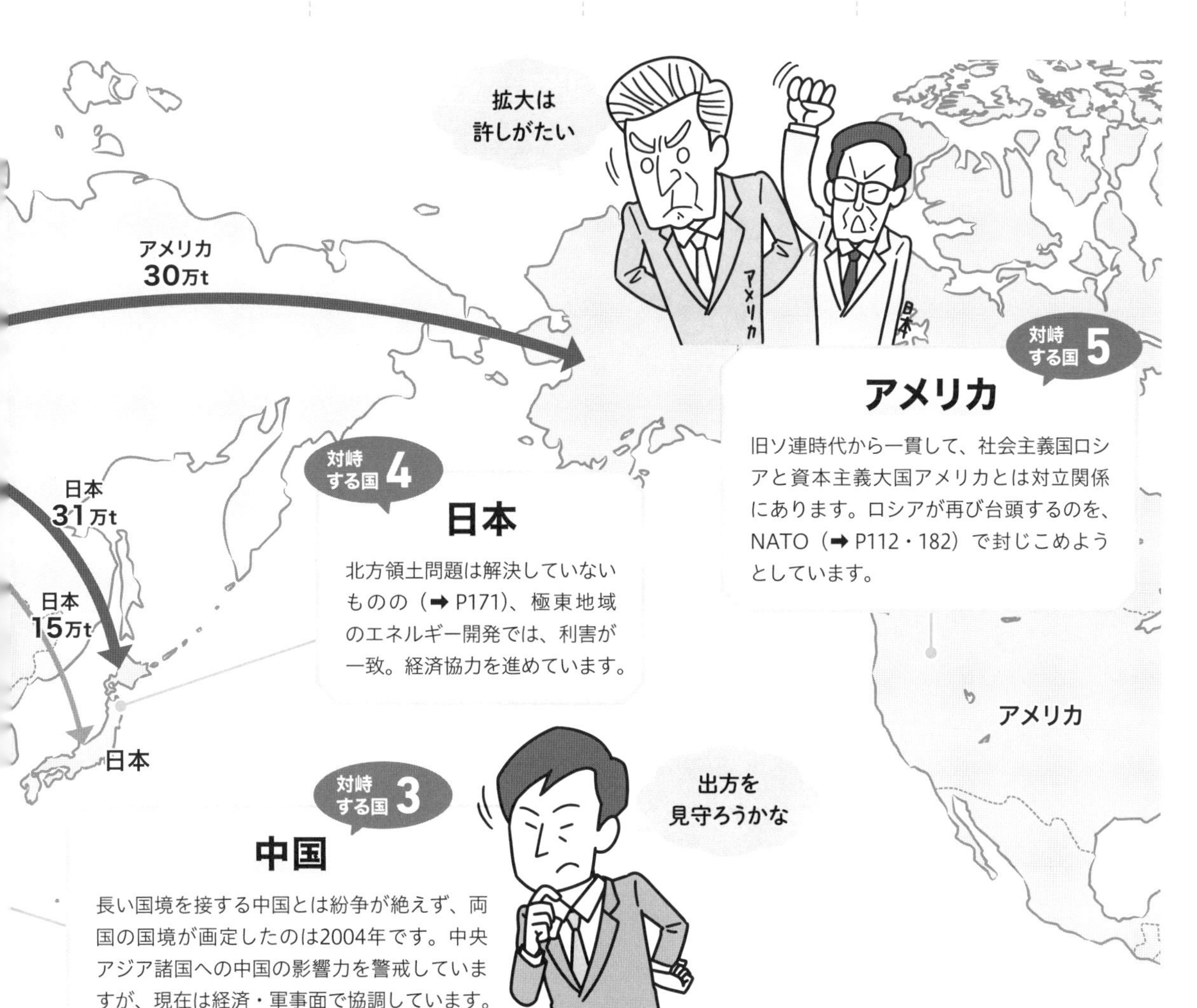

対峙する国5 アメリカ

旧ソ連時代から一貫して、社会主義国ロシアと資本主義大国アメリカとは対立関係にあります。ロシアが再び台頭するのを、NATO（➡P112・182）で封じこめようとしています。

対峙する国4 日本

北方領土問題は解決していないものの（➡P171）、極東地域のエネルギー開発では、利害が一致。経済協力を進めています。

対峙する国3 中国

長い国境を接する中国とは紛争が絶えず、両国の国境が画定したのは2004年です。中央アジア諸国への中国の影響力を警戒していますが、現在は経済・軍事面で協調しています。

〈 強硬姿勢を見せる理由 〉

侵略の恐怖

モンゴル人の襲来や東方植民など、幾度も他国の侵略を受けたロシアが安心を得るには、“奪われる前に奪う”しかありません。この価値観がロシアの膨張政策につながっていきます。

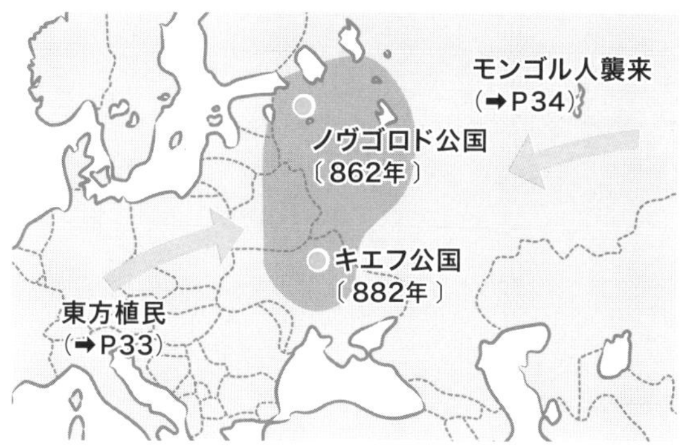

ソ連時代の輝き

リーダーとしてソ連を率いたことから、旧ソ連国は「ロシアのもの」という意識を強くもちます。特に同じスラヴ系民族のウクライナやベラルーシは「同族」だと考えています。

豊富な資源

ロシアは石油や天然ガス、石炭など豊富な天然資源をもつエネルギー大国。特に世界の埋蔵量の約25%を保有する天然ガスは、欧州諸国との重要な外交手段となっています。

RANK 2 NATOの拡大で高まる防衛危機

第二次世界大戦後に西側諸国は軍事同盟NATO（➡P86）を設立。対するソ連もワルシャワ条約機構（➡P87）を設立し、周辺国を緩衝地帯に仕立てました。どちらに加盟しているかで、東西陣営の防衛ラインが決まったのです。ソ連崩壊後、防衛ラインはCIS（➡P93）加盟国の国境に引き継がれますが、東欧諸国が続々とNATOやEUに加盟したことで、ロシアはかつての領土と緩衝地帯の多くを失いました。追いつめられたロシアが攻撃に転じたのがクリミア併合です（➡P114）。

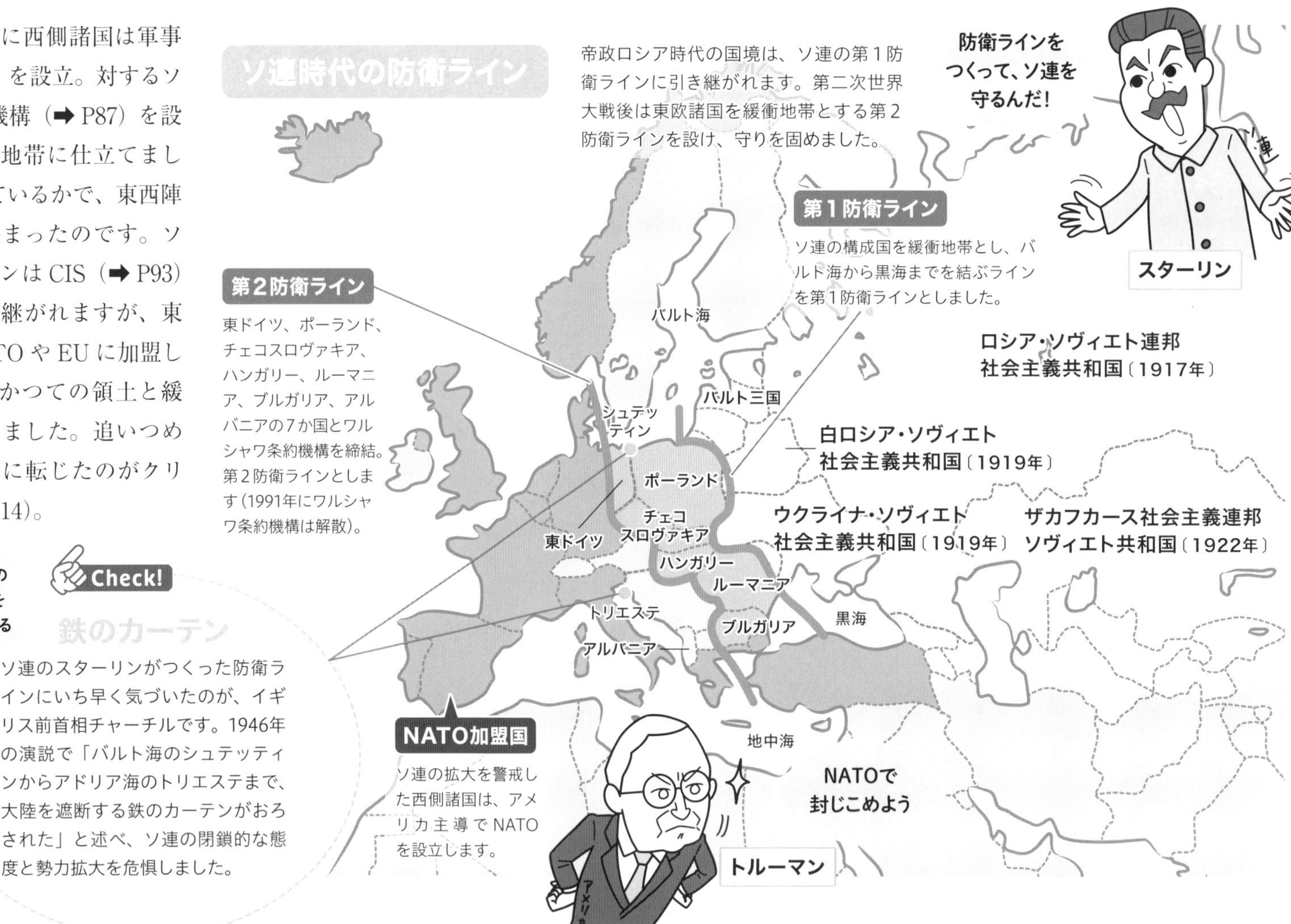

1991年
ソ連崩壊。バルト三国を除く旧ソ連諸国でCISを設立。

2004年
ポーランドなど東欧10か国がEU加盟。ロシアとの間に緊張が高まる。

2008年
NATO首脳会議がウクライナとジョージアを将来加盟国として承認。

2008年
南オセチアの独立をめぐって、ジョージアとロシアが軍事衝突。

2014年
ウクライナ、ジョージア、モルドバがEUとの連合協定に署名。

2014年
ロシアがウクライナのクリミア半島に侵攻し、強引に併合（➡P114）。

NATOの東方拡大

トルーマン米大統領によるソ連封じこめ作戦でNATOは東方へ拡大します。一方、ワルシャワ条約機構はソ連崩壊に伴って解体。２つの防衛ラインは消滅し、絶対防衛ラインだけが残りました。

CIS加盟国
ソ連崩壊後、ロシアの緩衝地帯の役割はCIS加盟11か国が担っていました。

南オセチア
ロシア領とまたがるかたちで、オセット人が居住する地域です。2008年に独立を宣言すると、それを認めないジョージアが侵攻。南オセチアを支援するロシアと衝突しました。

NATO加盟国
1999年にポーランドなど３か国が、2004年にはバルト三国など７か国が加盟し、NATOは急拡大します。

〈追いつめられるロシア〉

2008年NATOはジョージアとウクライナを将来加盟国として承認。ロシアは絶対防衛ラインの崩壊を防ぐため、動き出します。

もー許さん！ウクライナへ侵攻する！

ジョージアがCIS脱退

2008年、ジョージア政府軍は独立を求める南オセチアへ攻撃。ロシアは大量の兵力を投入して介入し、ジョージア領土の一部を占拠しました。翌年ジョージアはCISを脱退します。

2014年

ウクライナがCIS脱退

ウクライナで親欧米政権が発足し、CIS脱退を宣言。西部の親欧米派と、ロシアが支援する東部の親ロシア派の対立が深まります。

Column

そのほかのCIS加盟国は大丈夫?

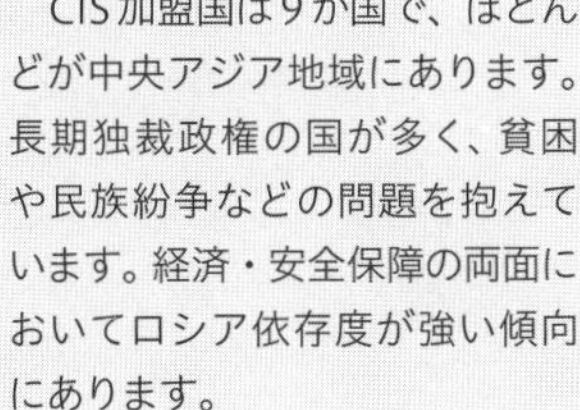

CIS加盟国は９か国で、ほとんどが中央アジア地域にあります。長期独裁政権の国が多く、貧困や民族紛争などの問題を抱えています。経済・安全保障の両面においてロシア依存度が強い傾向にあります。

Russia 3

親欧米政権樹立でクリミア併合へ

ロシアの隣国ウクライナでは長年、親ロシア派と親欧米派の対立が続いていましたが、2014年の政変で親欧米政権が樹立。親欧米政権のEU加盟への動きは、ロシアにとって到底許せるものではありませんでした。

豊かな穀倉地帯で黒海に面したウクライナは、19世紀以降ロシアの領土であり、重要拠点だからです。強いなわばり意識をもつロシアはクリミア半島を併合。租借料を支払うことなく、軍事拠点の維持強化を実現します。さらに国連やEUの制裁にも動じず、ロシア・ウクライナ戦争へと突入していきます（➡ P180）。

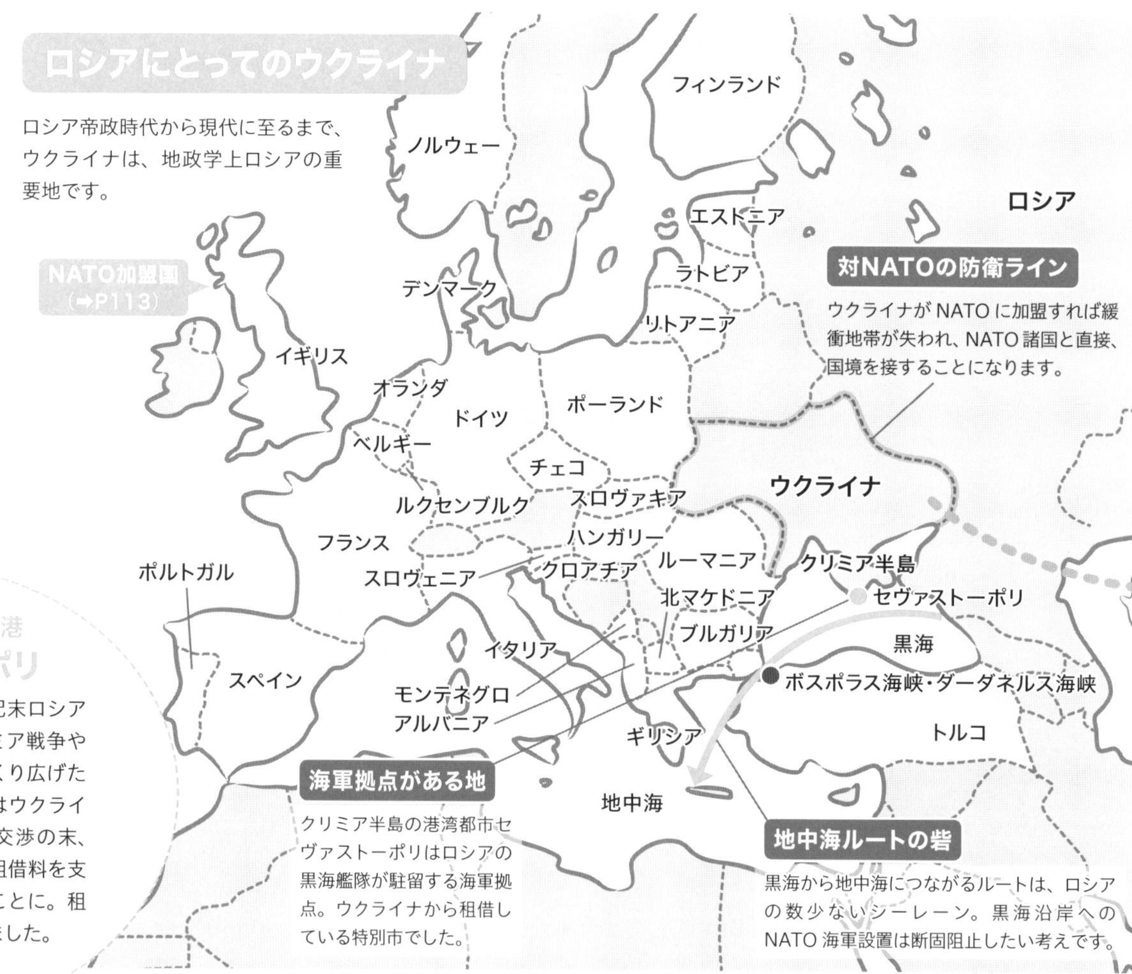

Check!

ロシア念願の不凍港 セヴァストーポリ

セヴァストーポリは、18世紀末ロシアが手に入れた不凍港。クリミア戦争や第二次世界大戦でも激戦をくり広げた軍事拠点です。ソ連崩壊後はウクライナの領土となりましたが、交渉の末、ロシアが年間9800万ドルの租借料を支払って軍港として使用することに。租借期限は2042年とされていました。

1928~32年
スターリンが「五か年計画」により、重工業化と農村の集団化を強行する。

1932~33年
過酷な穀物徴収のためウクライナで大勢の餓死者が出る（ホロドモール）。

2004年
ウクライナ大統領選挙の不正疑いで再選挙に。親欧米派政権が発足。

2010年
ウクライナの親ロ派政権がセヴァストーポリのロシアの借地期限を延長。

2013年
ウクライナの親ロ派政権がEU加盟を撤回。大規模な反政府デモが起こる。

2014年
ウクライナ親ロ政権が崩壊し、親欧米政権発足。ロシアがクリミアを併合。

欧米との代理戦争の地に

2014年の親欧米政権発足を契機に、親ロシア派との内戦が勃発。この混乱に乗じて、ロシアはクリミア半島を併合します。翌年ロシア、ウクライナ、ドイツ、フランスで停戦合意（ミンスク合意）がなされたものの、戦闘は間欠的に続きました。

2014年
親欧米政権発足

チョルノービリ（チェルノブイリ）
キーウ
キーウ州
ドニプロ川
ルハンスク州
ドネツク州
マリウポリ
ザポリッジャ州
ヘルソン州
クリミア半島
クリミア大橋
ロシア
セヴァストーポリ
手伝いますよ～

親欧米派の地域
西部を中心に、ウクライナ人が多い地域です。宗教は東方カトリックおよび、ウクライナ正教が中心。

親ロシア派の地域
大勢の餓死者を出したホロドモール後に入植したロシア人が多く住んでいます。宗教はロシア正教会が主流。

Column

スターリンが生んだウクライナの東西分裂

旧ソ連の最高指導者スターリンは五か年計画のもと、大凶作にもかかわらず、ウクライナに過酷な穀物徴収を課しました。多くの農民が飢えに苦しみ、少なくとも400万人が餓死したといわれています（ホロドモール）。

スターリンはその後、ウクライナ東部にロシア人を移住させます。さらに1944年にはクリミア半島のクリミア・タタール人やトルコ人ら、約20万人を強制追放し、ロシア人を移住させました。

このスターリンの移住政策が、ウクライナ分裂の契機となったのです。

クリミア半島併合の動き

ロシア軍動員の住民投票 → **ロシアが受け入れ併合** → **クリミア大橋の建設**

ロシア軍動員の住民投票
2014年3月16日、ロシア軍監視下でロシア編入を問う住民投票が行われ、住民の約97%がロシア編入を支持。本来はウクライナ全土での国民投票や議会の承認が必要です。

ロシアが受け入れ併合
住民投票の結果を受け、2014年3月18日にクリミア自治共和国とセヴァストーポリ特別市をロシアの領土とする条約に調印。しかし、ウクライナや西欧諸国は認めていません。

クリミア大橋の建設
クリミア半島とロシア本土間の交通手段は海峡フェリーでしたが、プーチンは欧州最長となるクリミア大橋を建設。2018年に開通し、車両・鉄道輸送が実現しました。

温暖化で利用価値がます新航路

近年、ロシアが開発を進めているのが「北極海航路（北方航路）」です。地球温暖化で北極海の海氷が減少し、通年の航行が可能になったため、新たな貿易ルートとして急浮上してきました。ランドパワー大国・ロシアがシーパワーを手に入れれば、世界の勢力地図が大きく変わる可能性があります。また、北極海の海洋資源をめぐる開発競争もはじまっています。北極海沿岸諸国は「北極評議会（AC）」を設け、ロシアや中国をけん制する構えです。

ロシアのシーパワー戦略

北極海
新航路
北極海航路
約1.3万 km で海賊のいない安全なルートで、オランダ－日本間の場合、スエズ運河経由ルートよりも6～9日航行日数が短縮できるとされています。しかし、コストのかかる耐氷船が必要で、ロシアへの通行料や補給基地等は不透明です。

ヤマル半島沖に天然ガス資源があり、開発が進んでいます。

北極海沿岸諸国
フィンランド
ヤマル半島
ギダン半島
アイスランド
スウェーデン
サンクトペテルブルク
ノルウェー
ロシア
南下ルート❶
宗谷海峡
セヴァストーポリ
ウラジヴォストーク
南下ルート❷
南下ルート❸
従来航路
ジブラルタル海峡
スエズ運河

スエズ運河経由航路
約2.1万 km と長いルートです。燃料コストが高く、紅海やマラッカ海峡などの海賊多発海域を通るため、安全面での心配もあります。

バシー海峡
バブ・エル・マンデブ海峡
マラッカ海峡

Check!

北極海を開発していいのは？

北極海における資源開発や環境保護に関する国際ルールを評議するのが、北極評議会です。ロシア、アメリカ、カナダ、デンマーク、フィンランド、アイスランド、ノルウェー、スウェーデンの8か国で1996年に設立されました。しかし、2022年2月のロシアのウクライナ侵攻を受けて、ロシア以外の7か国は評議会の一時停止を宣言しています。

【北極点から見る世界】
カナダ
アメリカ
北極点
グリーンランド（デンマーク）
アイスランド
ロシア
ノルウェー
北極圏
スウェーデン
フィンランド

1878年	1987年	1996年	2010年	2014年	2014年
探検家ノルデンショルドが北極海航路でベーリング海峡を通過。	ゴルバチョフが北極海航路を商業航路として開放。他国籍船の入港を認める。	北極の環境保護などに関するオタワ宣言を採択し、北極評議会を設立。	北極海航路の国際的な商業利用が行われるようになる。	日ロ共同でヤマル半島に天然ガスプラントの建設を開始。	クリミア併合によるロシアへの経済制裁で北極海航路の利用が低迷。

不凍港を求める南下政策が、ロシアの基本戦略です。サンクトペテルブルクにバルト艦隊、セヴァストーポリに黒海艦隊、ウラジヴォストークに太平洋艦隊を設置。さらに北極海航路の開発を進めています。

Memo

北極圏の海洋資源

米国地質調査所（USGS）によると、世界の未発掘の資源のうち、北極圏には石油が13%、天然ガスが30%あると推定されています。

〈南下から東方へ！？〉

ロシア主体のエネルギー開発

ロシアの天然ガスの生産が進み、北極海航路を独占できれば、アジア諸国とのエネルギー貿易も期待できます。中東にエネルギーを頼る日本も、輸送コストが減ることから、開発プロジェクトにかかわっています。

南下政策の緩和

19世紀以来、中東への南下政策を進めたロシアですが、北極海航路開発により、中東介入の優先度は下がると考えられます。

東方シフト

現在、ロシア人口の約８割はヨーロッパ側に偏っています。そこでロシアは資源豊富な極東やシベリアを開発して、人口や国家中枢を移す「東方シフト」を計画しています。中国や日本の経済力のとりこみを図っています。

年表でつかむ！

アメリカの地政学

アメリカの特徴は、ランドパワーとシーパワーの巧みな使いわけです。まずはランドパワーで国土を拡張し、「巨大な島国」を完成させます。次はシーパワーでカリブ海や太平洋に進出。世界一のシーパワー国家となりました。しかし冷戦終結後、国力は衰え、世界への影響力は弱まっています。

年号	主なできごと
1620	イギリス人が北米に移住
1688～	英仏の植民地戦争がはじまる（→P53）
1732	イギリスによる13植民地成立（→P54）
1775	独立戦争が起こる
1776	13植民地で独立宣言
1812	米英戦争が起こる
1823	モンロー教書で米欧の相互不干渉を表明
1848	金鉱を発見しゴールドラッシュに
1861	南北戦争が起こる
1898	ハワイを併合、米西戦争に勝利
1899	中国に門戸（もんこ）開放を宣言
1903	コロンビアからパナマを独立させる
1917	第一次世界大戦に参戦
1918	ウィルソンの十四か条（→P74）
1929	ニューヨーク株価暴落・世界恐慌へ（→P78）
1933	ニューディール政策をはじめる
1941	太平洋戦争がはじまる（→P80）
1945	広島・長崎に原爆を投下
1947	マーシャルプランを発表

植民地から巨大な島へ
虐殺や戦争などで国土を拡大していきます。

一気にシーパワー国家に
キューバを保護国とし、フィリピン、グアムなどを領有。

中米諸国への武力介入
武力を背景にパナマを独立させ、パナマ運河地帯の利権を獲得します。

世界のリーダーとして君臨
欧州に経済支援を行い、ソ連の勢力拡大を阻止。

＊アメリカ大統領が連邦議会に対して示す方針。

Keyword
【巨大な島国】
アメリカは大西洋と太平洋に挟まれており、隣接する国々とも敵対関係にはありません。ランドパワーがぶつかり合う大陸とは異なる、巨大な島国なのです。

Keyword
【移民】
「移民の国アメリカ」はヨーロッパ系白人、アフリカ系黒人、アジア系、ヒスパニック系などの多民族国家。しかし差別意識は根強く、貧困も問題です。

Keyword
【明白な天命】
1823年モンロー宣言により、欧州諸国にアメリカ大陸への不干渉を求めます。その後、「神が与えた明らかな使命」だとして、西部開拓に邁進しました。

Keyword
【世界の警察官】
世界の秩序を守るという名目で中東などの紛争地帯に軍を派遣します。しかし、アメリカの価値観は必ずしも受け入れられず、財政負担は増す一方です。

- 1949 NATOができる (→P86)
- 1950 朝鮮戦争へ介入 (→P89)
- 1951 日米安全保障条約を結ぶ
- 1962 キューバ危機が起こる (→P88)
- 1965 ベトナム戦争へ介入 (→P89)

代理戦争をくり返す
ソ連との冷戦開始。代理戦争をくり返しました。

- 1979 米中国交正常化

対ソ連で協調
泥沼化したベトナム戦争の局面打開のため、ソ連との国境問題を抱える中国に接近しました。

- 1987 米ソが中距離核戦力全廃条約を結ぶ
- 1989 マルタ会談で冷戦終結
- 1991 湾岸戦争に多国籍軍を送る
- 1994 NAFTAができる (→P92)

世界の警察官を自任
世界各地への介入が反米勢力を生むことに。

- 2001 同時多発テロが起こる
- 2003 イラクを攻撃、イラク戦争に (→P121)
- 2008 リーマンショックで世界的金融危機に
- 2013 オバマが「世界の警察ではない」と宣言 (→P120)

世界戦略を転換
反米勢力が拡大、国内の分断も深刻です。

- 2015 キューバと国交を回復
- 2017 TPP・パリ協定から離脱を表明
- 2018 中国との貿易戦争がはじまる (→P124)
- 2019 中距離核戦力全廃条約から離脱
- 2020 人種差別抗議運動が全米に広まる (→P129)

世界警察で疲弊した超大国

アメリカが介入した戦争・紛争

シーパワーとエアパワーを誇るアメリカは、ランドパワー大国・ソ連との対立を背景に、「自由と民主主義を守る」という名目で、各地の戦争や紛争に介入。冷戦終結後は「テロとの戦い」を掲げて介入を続けました。

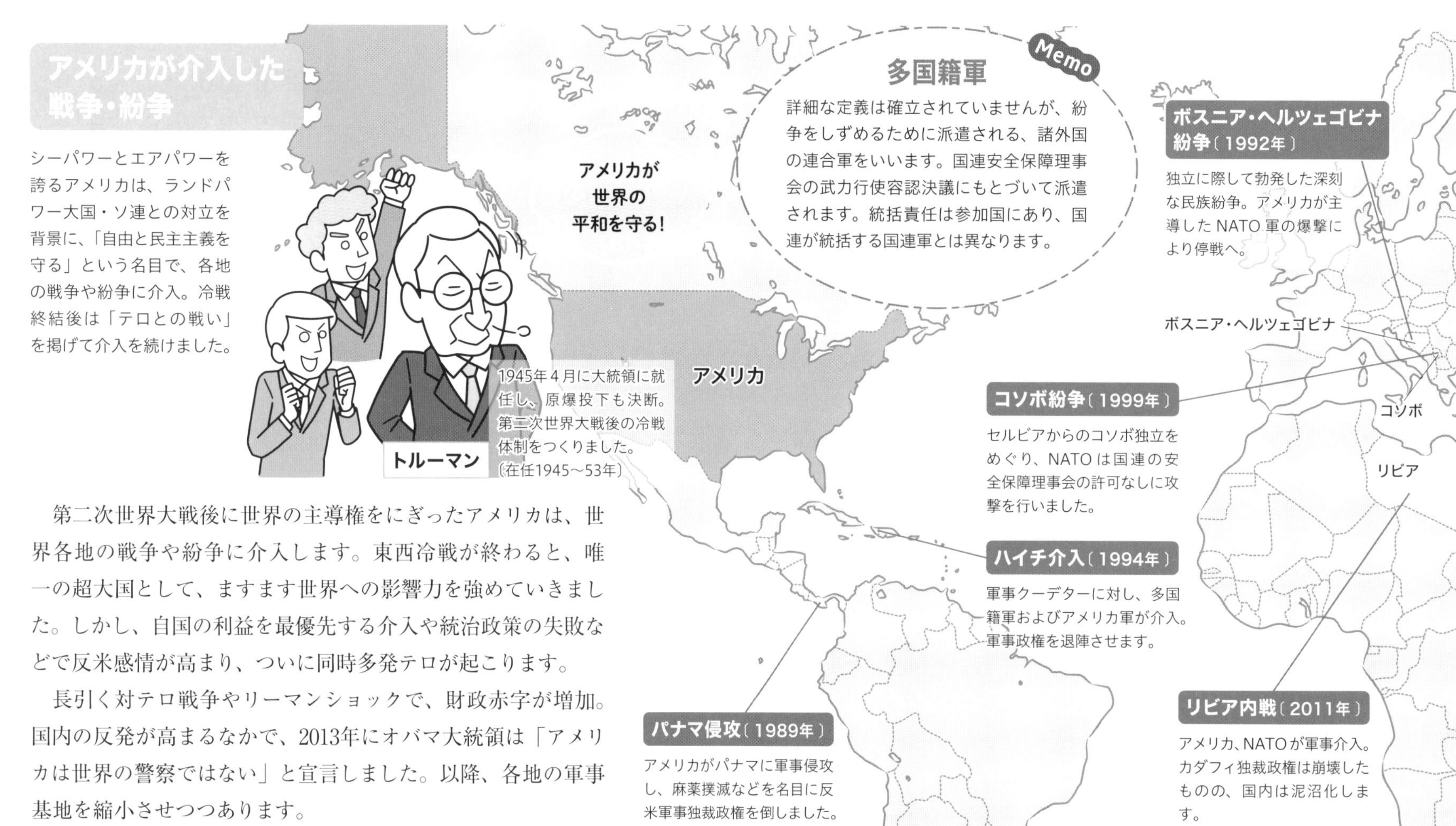

第二次世界大戦後に世界の主導権をにぎったアメリカは、世界各地の戦争や紛争に介入します。東西冷戦が終わると、唯一の超大国として、ますます世界への影響力を強めていきました。しかし、自国の利益を最優先する介入や統治政策の失敗などで反米感情が高まり、ついに同時多発テロが起こります。

長引く対テロ戦争やリーマンショックで、財政赤字が増加。国内の反発が高まるなかで、2013年にオバマ大統領は「アメリカは世界の警察ではない」と宣言しました。以降、各地の軍事基地を縮小させつつあります。

*エアパワー…空軍力を中心とした、航空に関する総合的な力。機動力に優れているが、滞空時間に制限があり、航空基地や空母が必要。

1949年
NATO（➡ P86）を創設。疲弊したヨーロッパに代わり世界のリーダーに。

2001年
9.11同時多発テロで国内に初めて攻撃を受け、対テロ戦争のきっかけに。

2008年
米国の投資銀行リーマンブラザーズの破綻が世界的な金融危機を招いた。

2013年
オバマ大統領（当時）がテレビ演説で「世界の警察ではない」と宣言。

2017年
アメリカ第一主義を掲げるトランプが白人労働者層に支持され、大統領に。

2020年
バイデンがトランプに勝利。分断ではなく団結を目指すと宣言。

〈アメリカ第一主義へ転換〉

オバマに替わってアメリカ大統領となったトランプは、世界警備の縮小を実行。さらにアメリカ第一主義へと方針を大転換しました。

移民・難民の拒否

非常事態宣言を発してメキシコに壁を築き、中南米からの不法移民を阻止（➡ P126）。さらにテロ対策としてイスラム圏からの入国を一方的に規制しました。

米軍の撤退

“世界警察”は多額の財政支出に加え、多くの米軍兵士が犠牲に。国民の厭戦（えんせん）気分も高まっていました。そこでアフガニスタンなど中東への軍事介入を縮小する計画を立てました。

パリ協定の離脱

地球温暖化対策の国際的枠組み「パリ協定」から離脱します。アメリカ国内でのシェールガス革命を背景に、自国の雇用促進や利益を優先しました。

自由貿易をやめる

貿易に制限をかけることで海外の安い製品から国内産業を保護する狙いがあります。TPP離脱（➡ P125）を表明し、NAFTA（➡ P92）に代わる協定USMCA（➡ P126）に合意しました。

＊地下深くのシェール（頁岩（けつがん））層に閉じこめられた天然ガスや石油を採掘する技術革新のこと。

Pick up!

それでも世界警備を続ける 現代のアメリカ軍

オバマの発言以降、撤退した地域もありますが、米軍基地や軍事施設は世界中に配備され、依然として圧倒的な軍事力を維持しています。トランプに替わったバイデン政権は「単に力を示すだけではなく、模範としての力をもって主導する」という姿勢を示しています。

アメリカ軍の配備状況（2022年）

アメリカの陸・海・空軍の基地や施設、キャンプが世界中に配備されています。

アメリカが世界の警察をやめるといっても、そう簡単ではありません。アメリカ軍は地域別に6つの統合軍をもち、日本やドイツはじめ各国に軍事施設があります。また、6つの艦隊が世界の海を網羅し、にらみをきかせています。

アメリカ軍が縮小すれば、地域のパワーバランスが崩れて、空白地帯を狙うロシアや中国の台頭が懸念されます。さらにイランや北朝鮮などの暴走も、アメリカが世界の警察を担っているからこそ、おさえられているといえます。

Column

宇宙コマンドの発足で宇宙空間も警備

宇宙空間は平和利用が原則ですが、実際は軍事利用目的の衛星が数多く打ち上げられています。アメリカは2019年に宇宙コマンドと宇宙軍を創設。軍事的な宇宙開発を進めるロシアや中国をけん制し、宇宙空間の警備強化を目指します。

軍事基地はリムランドに多い

アメリカの軍事拠点は、日本やドイツを中心に、リムランド（➡P 6）に展開されています。リムランドを制することでロシアや中国の拡大阻止を狙う軍事戦略は、スパイクマンの理論に沿っているといえます。（➡ P11）

国防支出額は世界１位！

アメリカの国防費は、他国を圧倒していますが、中国の国防費も年々増加傾向にあります。中国の数字は非公表の部分もあり、実際は下記の1.1～２倍とも考えられています。

【国別国防支出額】（SIPRI 2022年）

何としてもおさえたい中国覇権

アメリカが現在最も警戒しているのは、中国です。アメリカに次ぐ世界第2位の経済大国となった中国は、軍事拡張を着々と進めています。オバマ政権が対テロ戦争から手を引き、トランプ政権が「アメリカ第一主義」によって国内に目を向けていたすきをつくように、中国の勢いは増大。一帯一路(いったいいちろ)構想(➡P136)で周辺諸国をとりこみ、シーパワーで南シナ・東シナ海域をおびやかしています。これは"引いたらおされる"という地政学のセオリー通りだといえるでしょう。

アメリカと中国が互いにシーパワーと外交政策でけん制し合う様子は「米中新冷戦」ともよばれています。

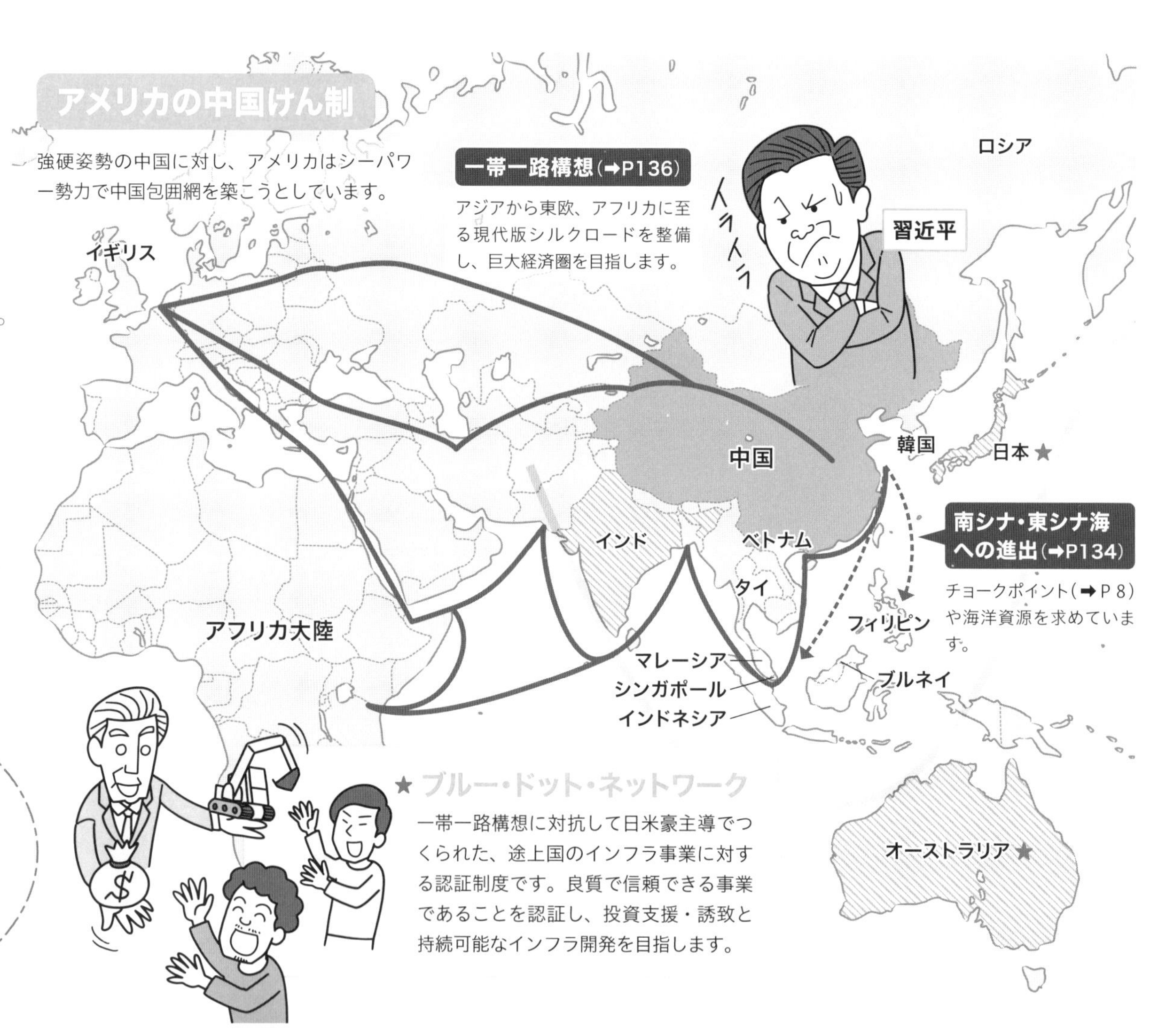

Memo

米ソ冷戦とのちがい

米ソ冷戦では両国に経済格差があり、人的交流も途絶えていました。しかし、米中の経済力はほぼ匹敵しており、人的交流も活発です。経済的依存関係が深いことから、対立が激化すれば世界恐慌につながる恐れもあります。

2013年
アメリカが「世界の警察ではない」と宣言。中国は一帯一路構想を発表。

2016年
自由貿易を推進するTPPに12か国が署名。アメリカは翌年に離脱を表明。

2018年
7月に米露首脳会談でトランプとプーチンが協調を確認。

2018年～
対中貿易赤字の解消のために関税引き上げ。米中で経済制裁の応酬に。

2018年
中国通信機器を政府機関から締め出すNDAA（米国国防権限法）成立。

2019年
一帯一路構想に対抗するブルー・ドット・ネットワークを創設。

□ インド太平洋経済枠組み(IPEF)

2017年トランプ政権が離脱したTPP協定に代わり、バイデン政権が発表した枠組みです。FOIP実現のため、デジタル技術を駆使した貿易のルールづくりや半導体などの供給網の構築などに取り組みます。TPPとは異なり、関税撤廃は協議対象外です。

〈経済でも中国を攻撃〉

トランプ政権が実施した中国に対する経済制裁策は、バイデン政権でも維持されています。

関税制裁

アメリカは、産業機械や電子部品などに25%の追加関税を実施。対する中国は大豆や自動車、エネルギー製品などに25%追加課税を行いますが、互いに最大の貿易相手なので状況は泥沼化。世界経済への悪影響も懸念されています。

通信・IT制裁

トランプ政権は2018年に政府機関による中国製通信機器使用を禁止、各国によびかけて5G通信網からの締め出しを図ります。バイデン政権も2021年に中国製通信機器の販売認証を禁じる法案を成立させました。

〈ロシアと組んででもけん制？〉

2018年の米露首脳会談で、中国に対する懸念から両者が協調する方向に向かいました。しかし、成果は上がりませんでした。一方、中国とロシアは2022年に日本海で合同軍事演習を行うなど、急接近しています。

America 3

緊張関係が続くアメリカの裏庭

アメリカにとって、中国の台頭と並んで脅威となるのは、国の裏庭にあたるカリブ海、中米、南米諸国の動向です。アメリカは「南北アメリカ大陸は自分たちのもの」という意識から、中南米諸国への介入を続けてきました。特に米ソ冷戦時代は、軍事独裁政権であっても、反共であれば支援し、中南米諸国の経済的自立や民主化を妨げてきたのです。

冷戦終結後、アメリカが介入の手を緩めると、反米の左派政権が台頭。中国やロシア、イラン、EUなどとの関係を深めています。

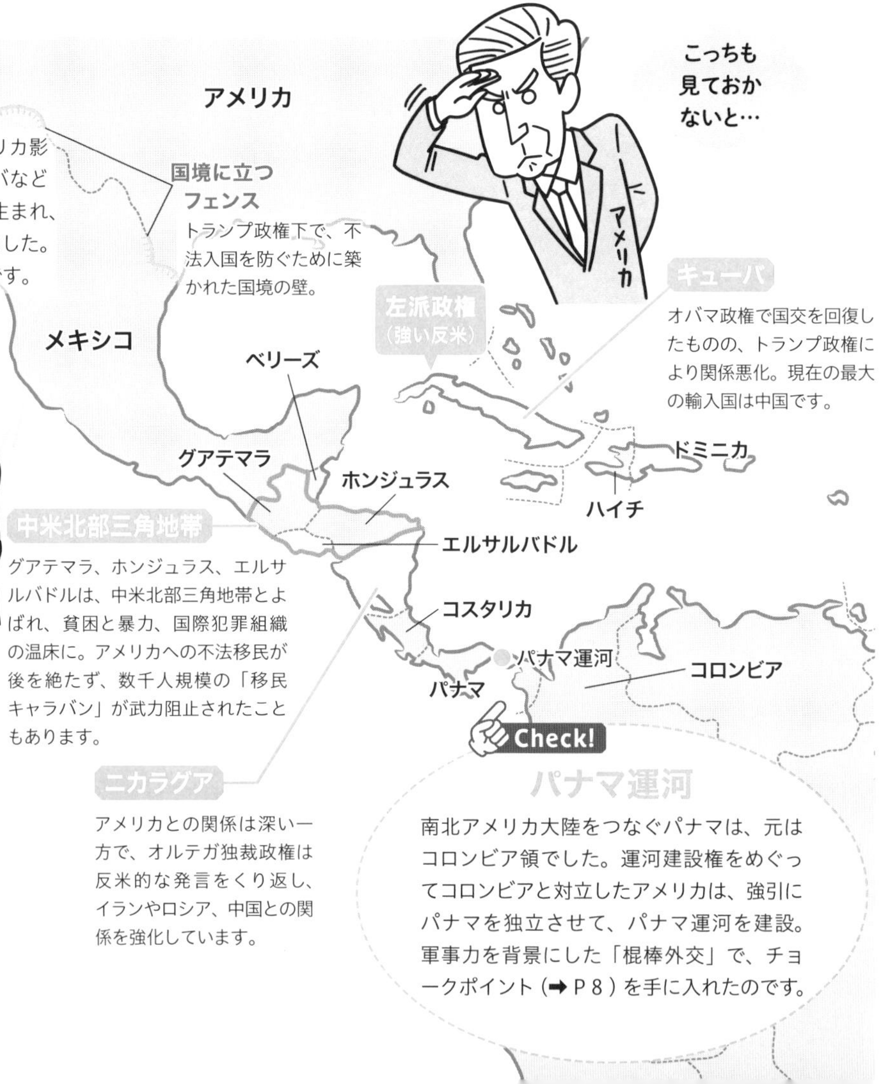

中米との関係

スペインから独立後、アメリカ影響下に入りますが、キューバなどの反米的な社会主義政権が生まれ、米ソ代理戦争の舞台となりました。現在も反米政権が多い地域です。

国境に立つフェンス

トランプ政権下で、不法入国を防ぐために築かれた国境の壁。

キューバ

オバマ政権で国交を回復したものの、トランプ政権により関係悪化。現在の最大の輸入国は中国です。

中米北部三角地帯

グアテマラ、ホンジュラス、エルサルバドルは、中米北部三角地帯とよばれ、貧困と暴力、国際犯罪組織の温床に。アメリカへの不法移民が後を絶たず、数千人規模の「移民キャラバン」が武力阻止されたこともあります。

ニカラグア

アメリカとの関係は深い一方で、オルテガ独裁政権は反米的な発言をくり返し、イランやロシア、中国との関係を強化しています。

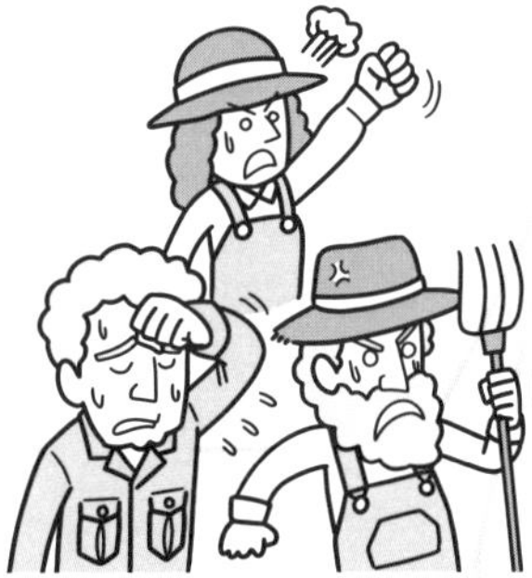

隣国メキシコとの問題も山積み

メキシコは、米墨戦争でアメリカに国土をとられたという歴史をもつ国です。2018年に史上初の左派政権が誕生。トランプ政権による厳格な移民政策（➡ P121）で、悪化した両国の関係が注目されています。

NAFTAの影響（➡P92）

自動車産業が成長する一方、アメリカから安い農産物が大量に輸入されました。困窮した小規模農民による麻薬栽培がふえ、治安悪化を招いています。

不法移民

経済・治安の悪化により、メキシコからアメリカへの不法入国者が急増。トランプ政権下では、不法入国を防ぐため、国境沿いにフェンスなどが築かれました。

USMCA（ユーエスエムシーエー）（アメリカ・メキシコ・カナダ協定）

NAFTAに代わる新協定で2020年に発効。アメリカの利益を優先して関税ゼロ条件を厳格化したもので、カナダとメキシコは不信感を強めています。

Check! パナマ運河

南北アメリカ大陸をつなぐパナマは、元はコロンビア領でした。運河建設権をめぐってコロンビアと対立したアメリカは、強引にパナマを独立させて、パナマ運河を建設。軍事力を背景にした「棍棒外交」で、チョークポイント（➡ P8）を手に入れたのです。

1804年
イスパニョーラ島西側でフランス軍を破り、初の黒人共和国ハイチが誕生。

1819年～
南米諸国が相次ぎ独立。アメリカはモンロー宣言で欧州の干渉を遮断した。

1953年～
キューバ革命が勃発。キューバは社会主義国となり、アメリカと国交断絶。

1989年
米ソ冷戦が終結。アメリカは中南米諸国に対する介入の手を緩める。

1991年
MERCOSUR 発足を規定するアスンシオン条約に、ブラジルなどが署名。

2019年
MERCOSUR と EU 間で、自由貿易協定の交渉が行われ、政治合意に至る。

南米との関係

南米はスペインやポルトガルから独立した後、中米と同様、アメリカの影響下に。冷戦時代はアメリカが支援した軍事政権が大半でしたが、冷戦終結後は民主化が進みました。近年は経済格差などを背景に、左派政権の誕生が続いています。

左派政権（強い反米）

中道左派政権（緩やかな反米）

コロンビア
2022年ペトロが勝利し、史上初の左派政権が誕生。

ベネズエラ
1998年に誕生したチャベス政権は反米を掲げ、イラン、ロシア、中国との関係を強化しましたが任期途中で死去。2013年マドゥロ大統領が就任。

エクアドル

ブラジル
“ブラジルのトランプ”とよばれた右派のボルソナーロ大統領に、ルーラ元大統領が勝利し、2023年に６年ぶりの左派政権が発足。

ペルー
2021年、カスティージョ左派政権が誕生。

ボリビア
左派モラレス長期政権が大統領選挙の不正疑惑で辞任。右派の暫定大統領をへて、2020年左派アルセ政権に。

パラグアイ

ウルグアイ

チリ
2022年、元学生運動リーダーの左派ボリッチ氏が大統領に就任。

アルゼンチン
2019年の大統領選でフェルナンデス元首相が勝利し、４年ぶりの左派政権に。

私たちの国とも意外と近いよね

一帯一路でお手伝いしますよ

〈アメリカ離れの国際機関を創設〉

自由貿易を促進
南米南部共同市場（MERCOSUR）

1995年に発足した関税同盟（➡ P92）。米国依存経済からの脱却を目指して、EU（➡ P93）との自由貿易協定交渉を進め、2019年に政治合意に至りました。

EUを目指す
南米諸国連合（UNASUR）

2008年に発足した経済連合で、南米12か国が加盟。貧困や不平等根絶、民主主義の強化を目指します。2010年代の活動は停滞していましたが、2023年にブラジルのルーラ左派政権主導で首脳会談が開かれました。

反米を強調
米州ボリバル同盟（ALBA）

アメリカの経済支配に対抗して、2004年にベネズエラとキューバ間で成立した経済同盟。現在はボリビア、ニカラグアなどの反米的な中南米諸国10か国が加盟し、貿易や社会開発面での関係強化を図っています。

再び生まれた国内の分断

アメリカは、イギリスで迫害されたキリスト教プロテスタント・カルヴァン派（ピューリタン）が入植して築いた国です。彼らは新大陸で理想の国家をつくろうと、西部を開拓していきました。しかし、この西漸（せいぜん）運動の過程で南北の経済格差が生まれ、南北戦争を引き起こします。現在も、人種や世代、地域などによる経済格差は非常に大きく、多民族国家であるアメリカの分断は深まっています。

分断を生んだ西漸運動

東部13州からはじまったアメリカ（➡ P54）は、先住民の殺戮（さつりく）、土地の譲渡や買収、戦争などで領土を拡大。1890年にフロンティア（未開の地）は消滅し、アラスカを含む現在の国土が確立しました。

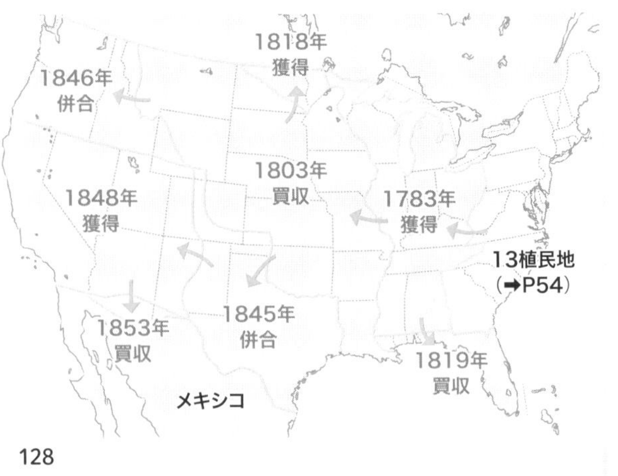

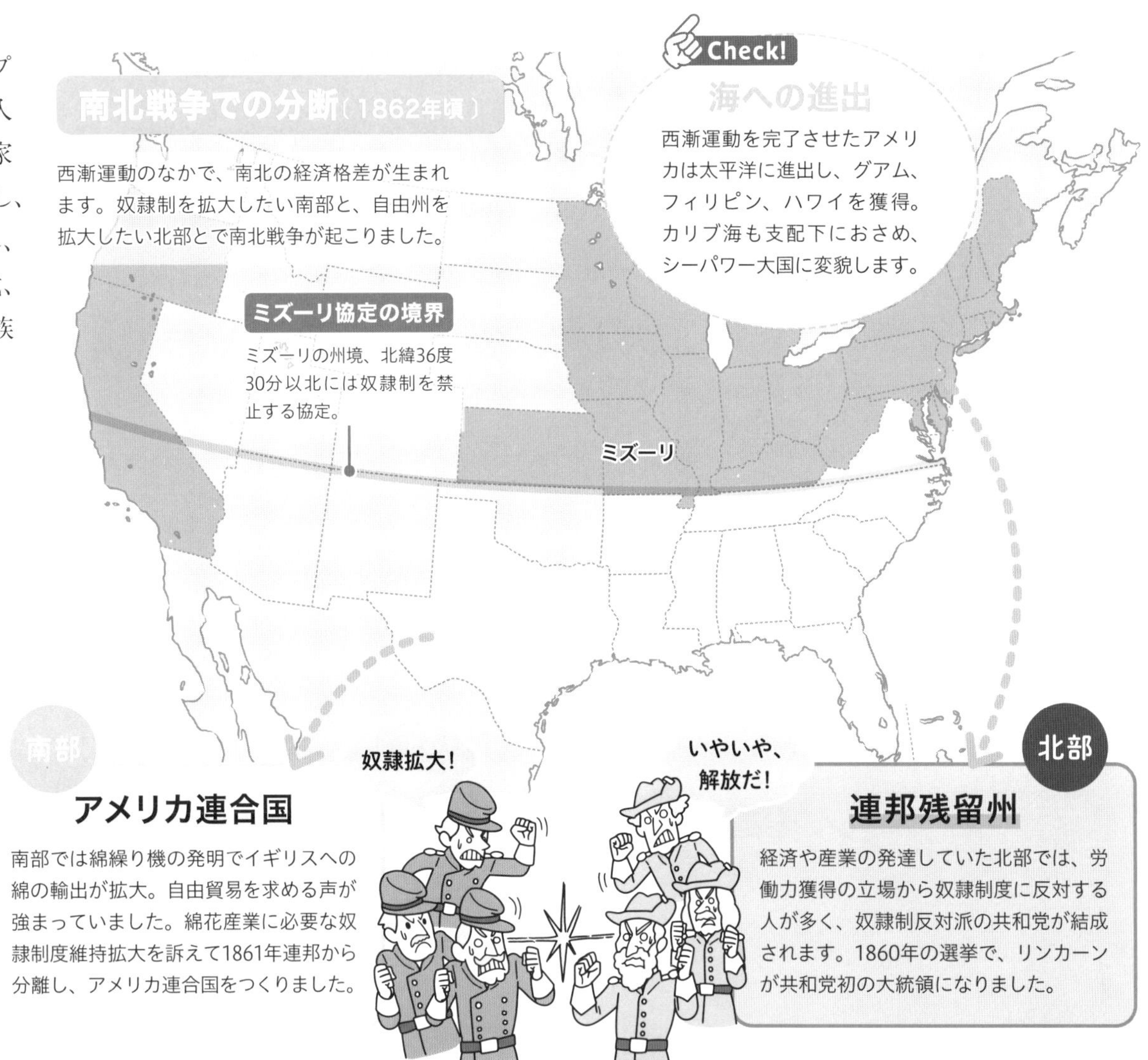

南部

アメリカ連合国

南部では綿繰り機の発明でイギリスへの綿の輸出が拡大。自由貿易を求める声が強まっていました。綿花産業に必要な奴隷制度維持拡大を訴えて1861年連邦から分離し、アメリカ連合国をつくりました。

北部

連邦残留州

経済や産業の発達していた北部では、労働力獲得の立場から奴隷制度に反対する人が多く、奴隷制反対派の共和党が結成されます。1860年の選挙で、リンカーンが共和党初の大統領になりました。

1783年～
イギリスから独立後、「明白な天命」のもと、国土拡大の西漸運動を開始。

1861年
奴隷制度継続派の南部諸州がアメリカ連合国をつくり、南北戦争へ。

1890年
国土が太平洋岸に達し、開拓するべきフロンティアが消滅する。

2009年
アメリカ初の非白人大統領として、民主党オバマ大統領が誕生。

2017年
共和党トランプが大統領に。移民の排斥や銃規制の緩和を訴える。

2021年
民主党のバイデンが大統領選を制したものの、社会の分断は収まらず。

現代の分断（2020年）

アメリカの白人層の割合は2050年に半分以下になる予想です。人種、世代、性別、地域、宗教による差別や経済格差が拡大し、深刻な分断は2020年の大統領選にも表れました。特に激戦だったのが、アリゾナ、ジョージア、ウィスコンシン、ミシガン、ペンシルベニアの5つの州です。

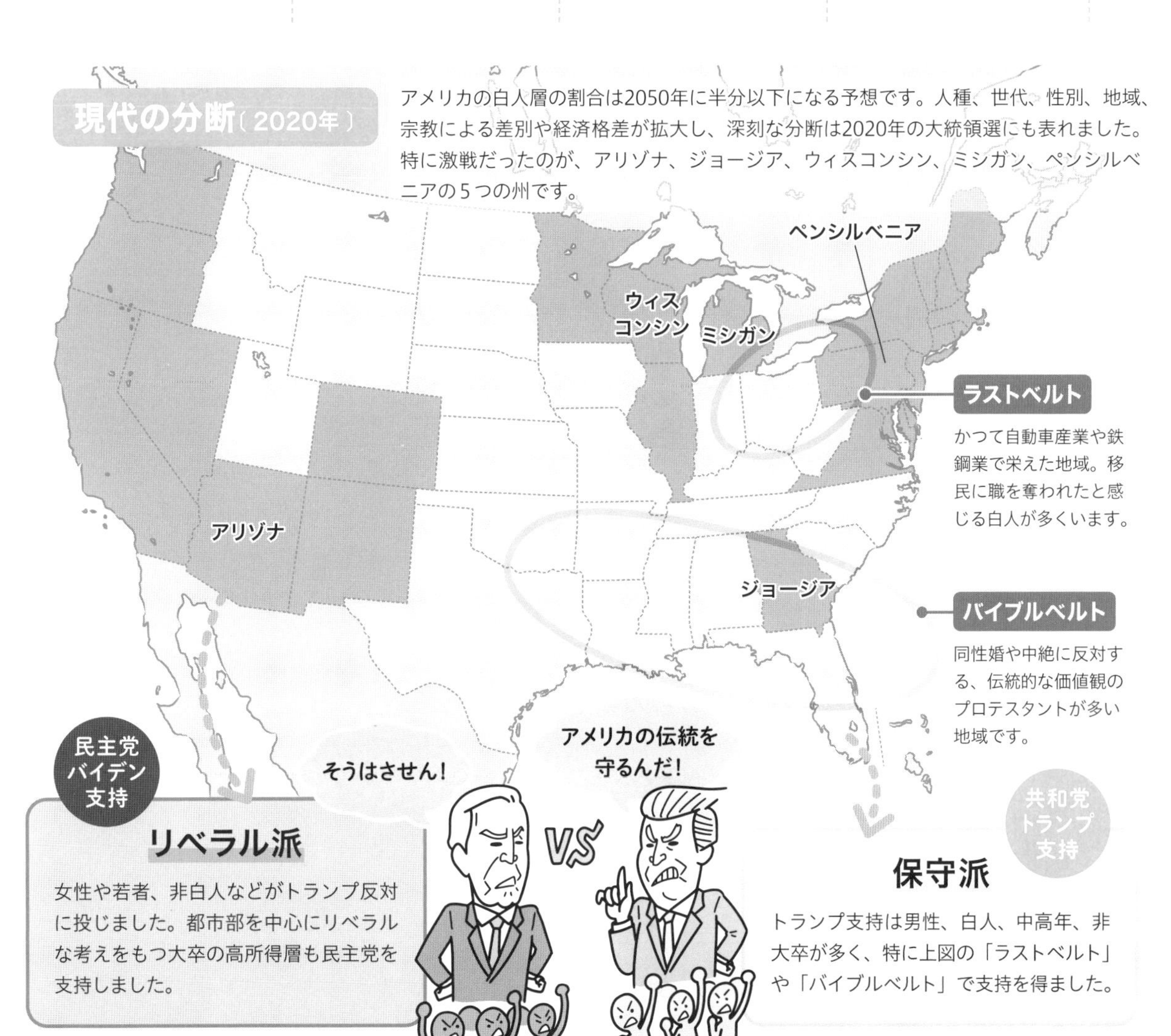

ラストベルト
かつて自動車産業や鉄鋼業で栄えた地域。移民に職を奪われたと感じる白人が多くいます。

バイブルベルト
同性婚や中絶に反対する、伝統的な価値観のプロテスタントが多い地域です。

民主党バイデン支持
リベラル派
女性や若者、非白人などがトランプ反対に投じました。都市部を中心にリベラルな考えをもつ大卒の高所得層も民主党を支持しました。

共和党トランプ支持
保守派
トランプ支持は男性、白人、中高年、非大卒が多く、特に上図の「ラストベルト」や「バイブルベルト」で支持を得ました。

〈拍車をかける国内の問題〉

移民問題
メキシコからの不法移民はNAFTA締結以降増加しました。白人の低所得層は移民に職を奪われたと考え、不満が募っています（➡ P126）。

黒人差別
2014年、黒人が白人警察官に命を奪われる事件が多発し、「Black Lives Matter（ブラック・ライブズ・マター）」をスローガンに抗議運動が起こります。2020年抗議運動が再燃し、SNSを介し世界中に広がりました。

銃規制
乱射事件の悲劇が続くなかでも、銃規制に対する保守派の抵抗は根強く、州によって規制が異なっています。しかし、2022年に超党派で銃規制強化の法案が成立しました。

Column
深刻な分断が生む国内テロ

民主党バイデンの勝利が確定すると、2021年1月6日に共和党トランプ支持者が選挙の不正を訴えて連邦議会議事堂を襲撃。議会機能は一時中断し、5人が犠牲となりました。「国内テロ」やトランプが扇動した「クーデター未遂」ともいわれています。

年表でつかむ！

中国の地政学

ユーラシア大陸の東側に位置する中国は、アジア最大で世界第3位の広大な国土を有するランドパワー国家です。古くから周辺の異民族や隣接国との争いが絶えず、近代には西欧列強の半植民地となりました。冷戦下で驚異的な経済発展を遂げ、悲願のシーパワー獲得に向けて突き進んでいます。

年号	主なできごと
前5000頃	中国文明がおこる（➡P21）
前1050頃	周が華北を統一・封建体制がはじまる
前221	秦が中国を統一する（➡P24）
前202	漢王朝ができる
581	魏晋南北朝時代をへて隋ができる
618	隋が滅び、唐ができる
1000頃	羅針盤・活版印刷術・火薬を発明（➡P37）
1271	フビライ・ハンが元を建国（➡P35）
1368	明ができる・朝貢貿易の開始
1371	明の洪武帝が海禁令を出す
1616	清ができる
1689	ネルチンスク条約を結ぶ
1842	アヘン戦争で敗れる
1851	太平天国の乱など各地で反乱が起こる
1860	アロー戦争で敗れる
1895	日清戦争で敗れる
1912	辛亥革命をへて中華民国が成立
1937	日中戦争がはじまる
1941	太平洋戦争がはじまる

遊牧民の脅威からランドパワー国家に

北方の騎馬遊牧民族の侵攻に悩まされ続けた結果、ランドパワー国家の道を進みます。

海洋進出は封印

倭寇の襲来に悩まされた明は、民間の交易や海上交通を禁止。朝貢貿易のみにとどめ、シーパワーを手に入れようとはしませんでした。

シーパワーに敗北

英仏露独日が中国を分割支配し、利権を獲得。アメリカも介入し、中国は半植民地状態に陥ります。

アジア初の独立共和国に

清朝を倒したものの、軍閥、中国国民党、中国共産党による混乱の時代が長く続きます。

Keyword
【海をもつ大陸国家】
東に長い海岸線をもちますが、海の脅威は16世紀まで現れません。古くから内陸の遊牧民が脅威となり、ランドパワー国家として発展します。

Keyword
【中華思想】
漢民族の中国こそが世界の中心であり、その周辺の野蛮な民族は貢物をすることで、中国の一員になるという考え方をもっています。

Keyword
【急激な経済成長】
1980年代に改革開放政策を進めた中国は「世界の工場」として急成長。GDPはアメリカに次ぐ第２位となりますが、近年その勢いは衰えています。

Keyword
【シーパワーの欲】
ランドパワー大国でありながら、シーパワーも兼ね備えた大国を目指しています。その強硬姿勢は米国との対立を深め、世界の脅威となっています。

- 1949 中華人民共和国を建国
- 1950 新疆（しんきょう）を併合
- 1950 朝鮮戦争へ介入
- 1955 チベットを併合
- 1956～ チベット反乱（→P141）
- 1966 文化大革命がはじまる
- 1969 ソ連との国境紛争
- 1972 日中国交正常化
- 1979 米中国交正常化
- 1982 第一・第二列島線を提唱（→P134）
- 1989 天安門事件（第二次）が起こる
- 1992 韓国と国交を結ぶ
- 1997 イギリスから香港が返還される（→P185）
- 1999 ポルトガルからマカオが返還される
- 2001 上海協力機構（SCO）ができる（→P141）
- 2009 ウイグル騒乱が起こる
- 2010 尖閣諸島沖で日本船と衝突（→P171）
- 2010 GDPが世界で第2位に
- 2013 「一帯一路（いったいいちろ）」構想を発表（→P136）
- 2018 アメリカとの貿易戦争がはじまる（→P125）
- 2021 ウイグル族弾圧がジェノサイドと認定（→P140）

共産党の勝利
国民党との内戦を制し、社会主義国として歩みはじめます。

領土拡大を強行
かつて清が支配した領土を回復すべく、新疆とチベットを併合。しかし現在も独立運動が続いています。

日米に接近し、海洋進出を狙う
アメリカのベトナム戦争介入により、南はアメリカ、北はソ連の脅威にさらされた中国は、日米関係を改善。経済力をつけたうえで海洋進出を目論みます。

巨大経済圏を目指す
中国からアジア、欧州、アフリカ大陸にまたがる広大な経済圏を構想。この構想にもとづき、2014年アジアインフラ投資銀行を設立します。

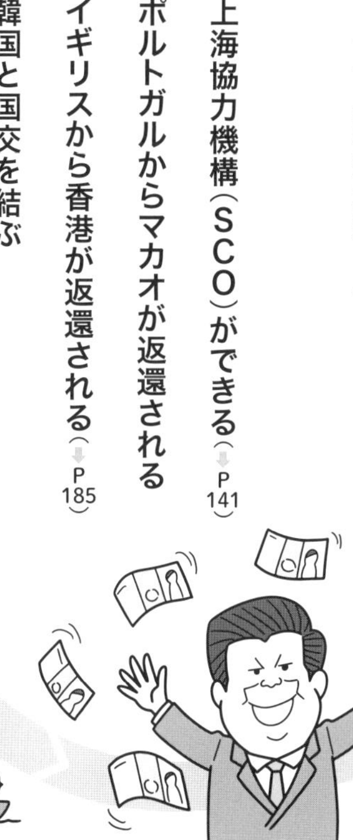

China 1 パクス・チャイナを狙う大陸国家

ユーラシア大陸東部にアジア最大の国土を有する中国。一見、山脈や砂漠に囲まれた天然の要塞に見えますが、北方の守りはそれほど堅くありません。北方からの遊牧騎馬民族の侵攻は常に悩みの種で、それに対抗すべくランドパワー国家として発展します。ところが近代に入ると、シーパワー国家の侵略にさらされ、半植民地化されることに。ここから強烈なシーパワー志向が目覚めます。

ソ連崩壊後に低迷したロシアとは異なり、中国は独自路線で飛躍的な経済成長を遂げ、着実にシーパワーを増強。アメリカが世界警察をやめるという現況をチャンスとみなし、世界の覇権を手中におさめようとしています。

中国拡大が危機になる
インド・東南アジア

インドと中国間にはヒマラヤ山脈があり、直接の侵略関係にはなりませんでした。しかし、中国のチベット侵攻で対立関係に。古くから交易が発達していた東南アジアは一帯一路(いったいいちろ)上にあります(➡P136)。

バッファゾーンとなる
日本・韓国

冷戦時、アメリカの傘下に入った日本と韓国は、ソ連・中国などの社会主義勢力とアメリカの緩衝地帯でした。冷戦終結後、特に日本は海洋進出を狙う中国の障壁となっています(➡P134)。

1956年～
ソ連の西側諸国との平和共存路線に、毛沢東が反発。中ソ関係が悪化。

1971年
国際連合に中華人民共和国が加盟。代わりに台湾が脱退を余儀なくされた。

1978年
鄧小平が改革開放路線を打ち出す。経済特区を設置し、経済成長を実現。

2013年
ユーラシア大陸を結んで巨大経済圏をつくる「一帯一路」構想を発表（➡ P136）。

2015年
2049年までに製造最強国を目指すという産業政策「中国製造2025」を発表。

2018年
トランプ米大統領が中国製品の関税率を引き上げ。米中新冷戦へ（➡ P124）。

パクス・チャイナを阻止したい
アメリカ

世界の警察はやめると宣言しましたが、中国に覇権を渡す気はありません。軍事面でも経済面でも中国を強くけん制しています（➡ P124）。

協力姿勢を示す
ロシア

長い国境を接するロシアとは軍事衝突も勃発しましたが（➡ P137）、2004年にはすべての国境が画定されました。現在は資源大国とエネルギー消費大国として、親密な関係にあります。

〈中国がシーパワーを欲しがる理由〉

地政学では「ランドパワーとシーパワーの両立はできない」というのが定説。しかし、“漢民族が世界の中心である”という「中華思想」をもつ中国は過去の屈辱を晴らすため、執拗にシーパワーを追い求めています。

侵略の経験
満州人が建国した清は、アヘン戦争の敗北を機に英仏露に半植民地化されます。さらに新興国の日本にも日清戦争で敗北。中国最後の統一王朝は、シーパワーにより滅亡したのです。

失敗のトラウマ
13世紀にモンゴル民族が建てた元は、南宋や高麗の海軍を手に入れます。しかし上手く使いこなせず、日本への二度の襲来（元寇）は失敗（➡P35）。ベトナムに侵攻するも敗れました。

Column

国内の治安維持にも手を抜けない

中国は漢民族と50以上の少数民族からなる多民族国家で、少数民族の監視・統制に膨大な費用をかけています。近年は、漢民族との経済格差の拡大や環境問題などにより、少数民族の不満が増大。そのため、国内の治安維持も手を抜くことができず、治安維持費が国防費を上回る状況に陥っています。

1970年代から続く海洋進出

中国の明確なシーパワー志向は、毛沢東の後に実権をにぎった鄧小平からはじまります。日米関係を改善して経済を立て直しながら、海軍力を増強し、海洋進出を目指したのです。

1974年にベトナムから西沙諸島を略奪したのを皮切りに、米軍や旧ソ連軍の撤退・縮小といった「力の空白」が生じたすきに、南シナ・東シナ海の島々を力ずくで支配下におさめてきました。その目的の1つは、豊かな漁場と、天然ガスや原油などの海洋資源の獲得です。また、対アメリカの軍事戦略においても重要な海域。南シナ海を中国の内海とし、核ミサイルを搭載した原子力潜水艦の自由な運用を目指しています。

Check!

シナ海の島々は奪われた領土？

中国は、西沙諸島、南沙諸島、尖閣諸島は、台湾と同様、外国に奪われて「失われた領土」だと主張。国家統一のためには取り戻さなくてはならないとしていますが、その根拠は認められていません。

1953年
中国は地図上の南シナ海に九段線を引き、その領有権を主張。

1982年
中国は第一列島線と第二列島線を提唱し、海洋進出を打ち出す。

1992年
「領海法」を制定し、台湾、尖閣諸島、南沙諸島などは中国領土と記載。

2012年
中国人民解放軍海軍において初の航空母艦である「遼寧（りょうねい）」が就役。

2016年
国際仲裁裁判所は、中国独自の九段線は「国際法上の根拠なし」と認定。

2018年
米軍の大型空母がベトナムに寄港。中国の海洋進出をけん制する。

習近平の海洋進出

海洋進出を進めるため、複数の海洋関連部署を「海警局」として統合し、人民武装警察部隊に編入。2021年には海警局の武器使用を認める海警法を施行しました。人工島の建設やガス田の開発も活発に行っています。

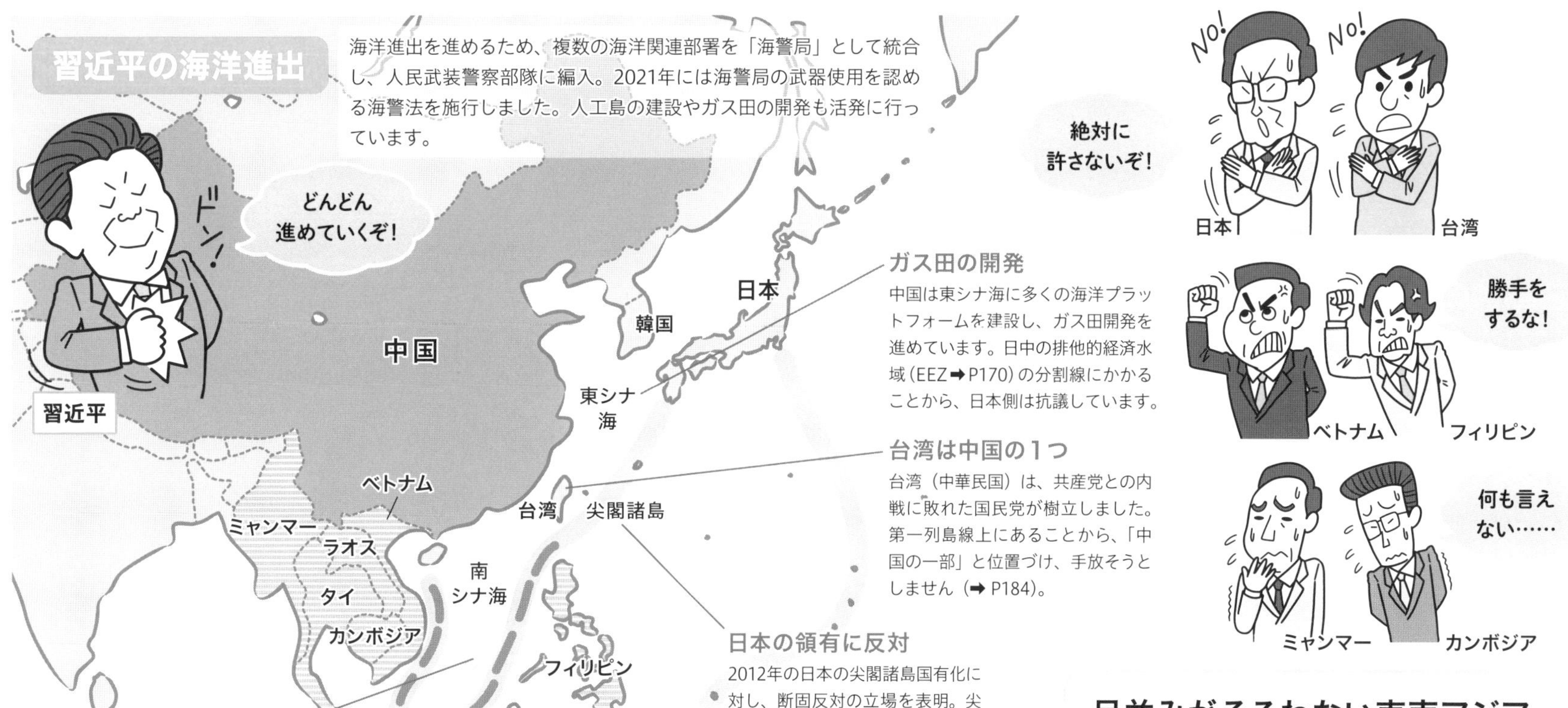

ガス田の開発
中国は東シナ海に多くの海洋プラットフォームを建設し、ガス田開発を進めています。日中の排他的経済水域（EEZ➡P170）の分割線にかかることから、日本側は抗議しています。

台湾は中国の1つ
台湾（中華民国）は、共産党との内戦に敗れた国民党が樹立しました。第一列島線上にあることから、「中国の一部」と位置づけ、手放そうとしません（➡P184）。

日本の領有に反対
2012年の日本の尖閣諸島国有化に対し、断固反対の立場を表明。尖閣諸島付近の中国船の活動は常態化し、緊張が高まっています。

人工島を建設
南シナ海で7つの岩礁を埋め立てて人工島を建設し、軍事拠点化を進めています。フィリピンやベトナムが反対していますが、中国は意に介しません。

No! No!
絶対に許さないぞ！
日本　台湾
勝手をするな！
ベトナム　フィリピン
何も言えない……
ミャンマー　カンボジア

足並みがそろわない東南アジア

中国の海洋進出は東南アジア諸国にとっても脅威です。領有権争いをめぐり、国際仲裁裁判所に提訴したのがフィリピン。ベトナムはアメリカとの関係強化によって中国をけん制しています。しかし経済的に中国に依存している国も多く、足並みをそろえて対抗するのは難しい状況です。

西側諸国を狙う一帯一路構想

2010年に日本のGDPを抜いて、世界第2位の経済大国となった中国。新たな輸出先開拓のために習近平が2013年に提唱したのが「一帯一路（いったいいちろ）」です。古代の東西交通路「シルクロード」にならって、中国、ヨーロッパ、アフリカ大陸を陸路（一帯）と海路（一路）で結び、巨大経済圏をつくる構想です。この構想にもとづき、2014年にはアジアインフラ投資銀行（AIIB）を設立しました。

地政学では「ユーラシア大陸の中央部ハートランドを制するものは世界を制する（➡ P10）」といわれています。中国は海洋進出を強行する一方で、ユーラシア大陸における影響力増大を図り、世界の覇権を狙っているのです。

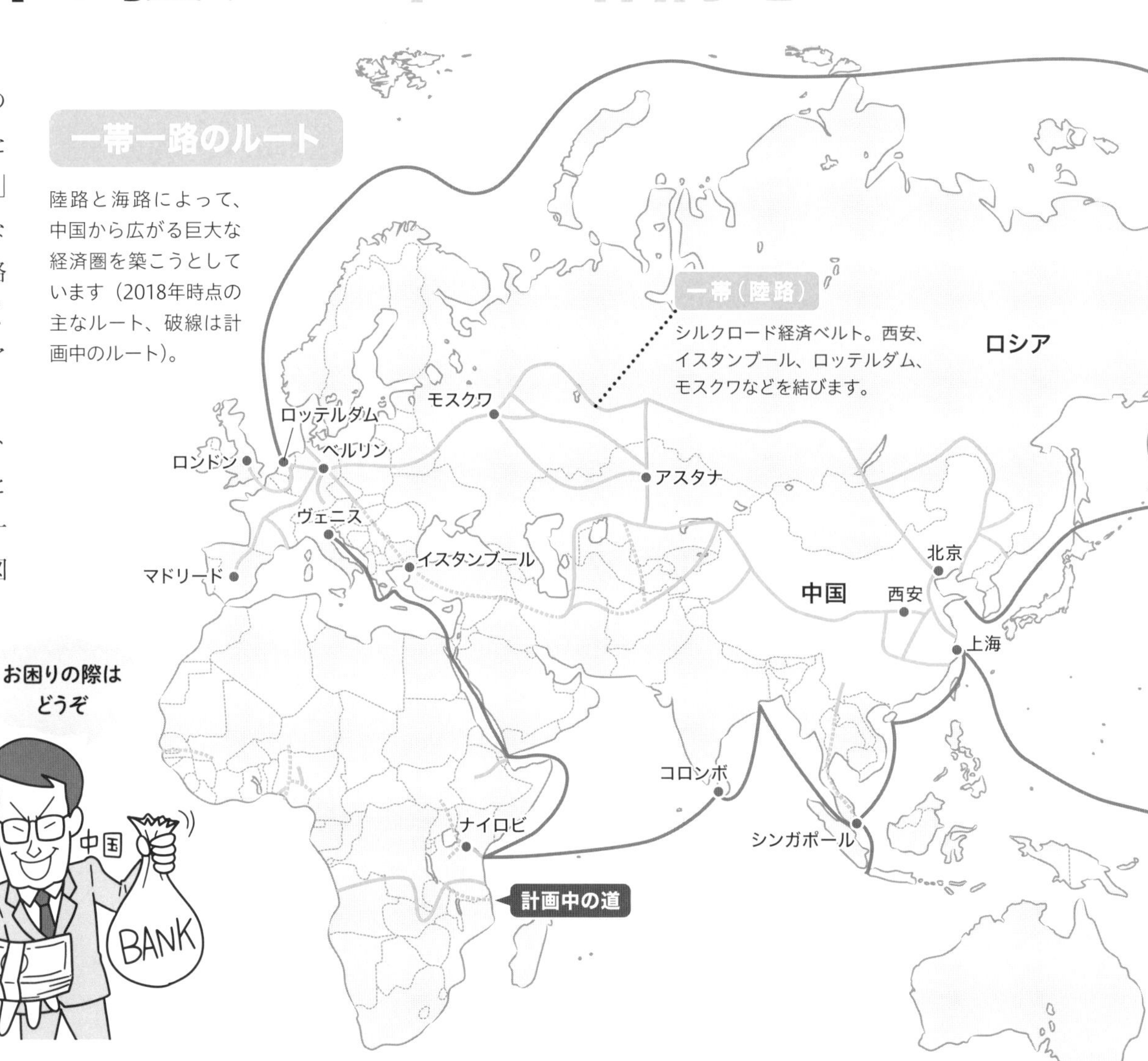

一帯一路のルート

陸路と海路によって、中国から広がる巨大な経済圏を築こうとしています（2018年時点の主なルート、破線は計画中のルート）。

Memo
アジアインフラ投資銀行（AIIB）

アジアの開発途上国を対象に、鉄道や発電所などのインフラ整備の資金融資を行います。日米主導のアジア開発銀行（ADB）とは違い、内政不干渉で融資を受けやすいのが特徴。ロシアやヨーロッパ諸国も参加しており、その数はADBを上回っています。

2013年
習近平が「一帯一路」構想を提唱。巨大経済圏を目指す。

2014年
物流インフラ整備を目的にアジアインフラ投資銀行（AIIB）を設立。

2015年
イギリス、ドイツ、フランス、イタリアがAIIBに参加を表明。

2015年
プーチンが、一帯一路とユーラシア経済連合との連携を進めると宣言。

2017年
第1回「一帯一路」国際協力サミットフォーラム開催。

2021年
一帯一路にもとづく共同建設で140か国、32の国際組織との協力が成立。

一路（海路）

海上シルクロード。上海からシンガポール、コロンボ、ナイロビなどを結びます。2018年には北極海を組みこんで「氷上のシルクロード」と位置づけました。

グリーンランド＆中南米へも勢力拡大

中国は2018年に「北極政策白書」を発表。北極海航路（➡P116）を「氷上のシルクロード」と位置づけ、北極圏進出を打ち出しました。なかでも重視しているのが、デンマーク自治領のグリーンランドです。中国は独立を目指すグリーンランドのインフラ整備や資源開発に投資。さらに中南米地域との関係も強化して一帯一路構想への参加をよびかけ、アメリカを挟みこむように勢力拡大を図っています。

Column

「氷上のシルクロード」でロシアとの関係は？

旧ソ連時代、中国とロシアは国境問題で長く対立関係にありました。1969年には、ウスリー川内のダマンスキー島の領有権をめぐって、軍事衝突も起こしています（中ソ国境紛争）。現在は、海洋資源とシーレーン獲得に向けて北極圏開発を進めたい両国の思惑が一致し、共同開発を推進しています。

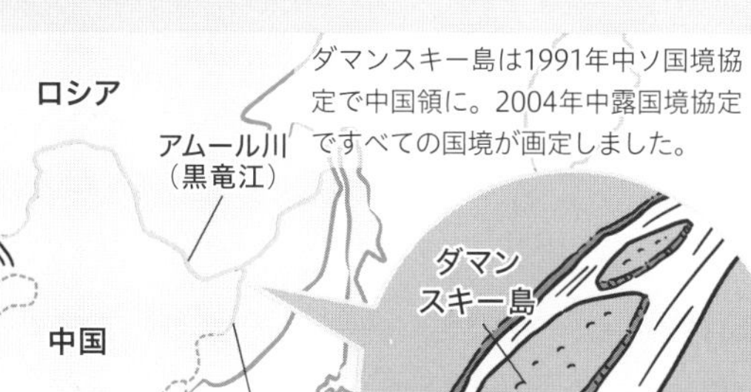

ダマンスキー島は1991年中ソ国境協定で中国領に。2004年中露国境協定ですべての国境が画定しました。

Pick up!

ほころびはじめた!? パクス・チャイナに見える影

中国が一帯一路構想にもとづいて主導した「アジアインフラ投資銀行(AIIB)」。当初57か国・地域だった加盟国は100か国・地域を超えました。しかし、ランドパワーとシーパワーを手に入れようと、自国利益を最優先するプロジェクトは世界各地で問題となっています。

一帯一路で問題が起きている国

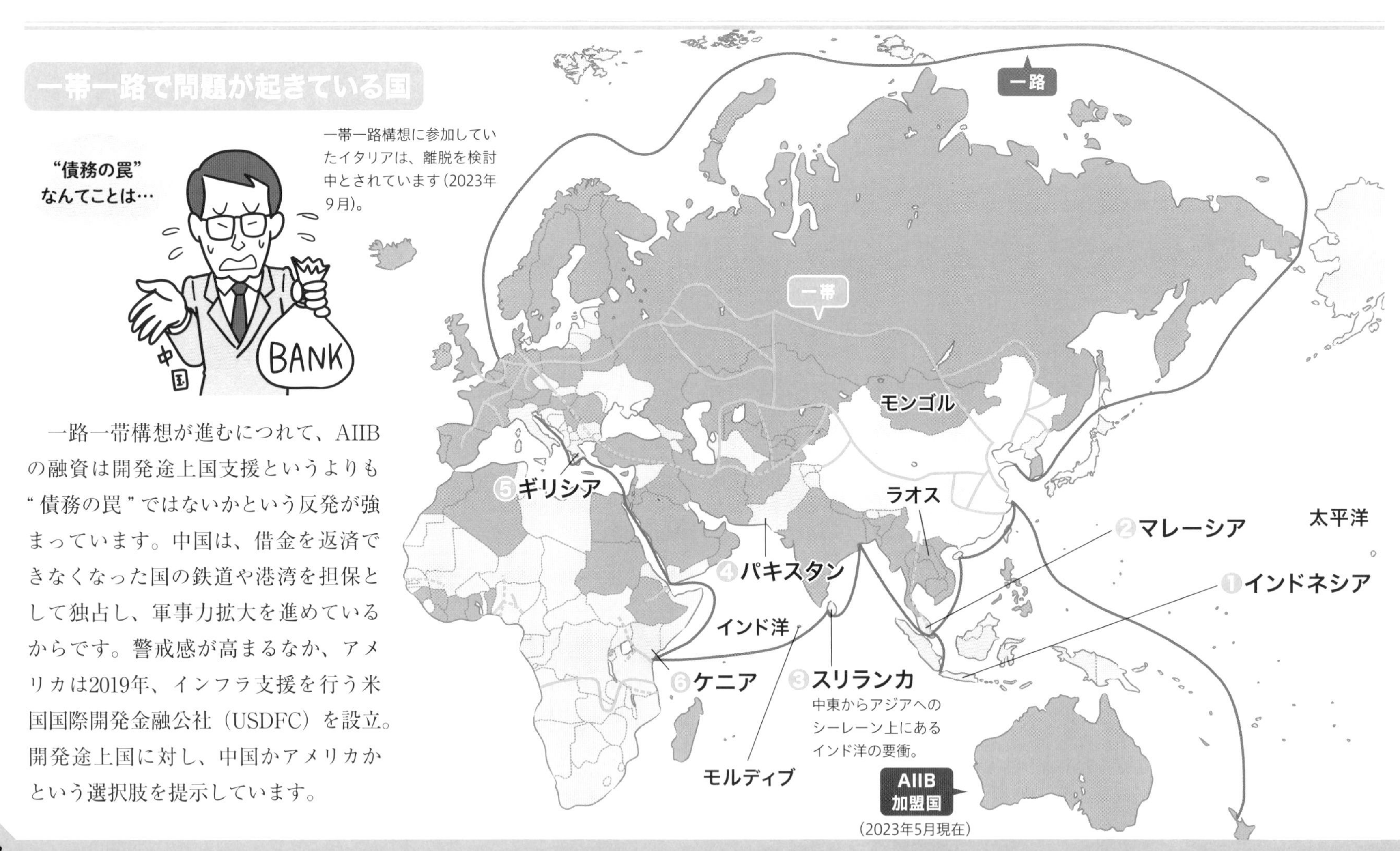

一路一帯構想が進むにつれて、AIIBの融資は開発途上国支援というよりも"債務の罠"ではないかという反発が強まっています。中国は、借金を返済できなくなった国の鉄道や港湾を担保として独占し、軍事力拡大を進めているからです。警戒感が高まるなか、アメリカは2019年、インフラ支援を行う米国国際開発金融公社(USDFC)を設立。開発途上国に対し、中国かアメリカかという選択肢を提示しています。

Column

中国の外交は“朝貢”!?

国家の外交力は歴史的な背景が重要な意味をもちます。中国は中華思想（➡ P24）をもつ大陸国家として発展。交易は、周辺国が貢物を献上し、帝が恩恵を与える「朝貢（ちょうこう）」が中心でした。つまり、他国と対等な立場で共存共栄を目指す外交の経験値は少ないのです。強引な一帯一路構想には、この「朝貢」の考え方が反映されているのかもしれません。

① インドネシア

中国が日本から奪った高速鉄道計画

「ジャカルタ・バンドン鉄道」は全長約142㎞に及ぶ、インドネシア初の高速鉄道です。日本が先行して進めていた計画に、中国が横入りして初の海外鉄道事業として受注しました。しかし、予算超過に加え、周辺住宅の破損や水質汚染、大気汚染といった環境問題も噴出。当初の2019年から大幅に遅れ、2023年10月に開業しました。

② マレーシア

一時凍結した大規模鉄道計画

マレーシアの東海岸鉄道は総延長640㎞、マレー半島の東海岸から西海岸へと抜ける鉄道計画です。ナジブ前政権が契約した計画を、2018年に返り咲いたマハティール政権が財政圧迫を理由に、いったん凍結しました。その後、中国側が費用削減などの条件で譲歩し、工事は再開。2026年に開業を予定しています。

③ スリランカ

中国に奪われたハンバントタ港

インド洋の要衝スリランカの南端に、2010年中国の巨大融資でつくられたのが、ハンバントタ港です。融資の返済が困難になったスリランカは、中国に2017年から99年間の租借権を認めました。欧米はインド洋における中国の軍事基地化を懸念しています。スリランカの最大都市コロンボでも、中国融資による開発が進んでいます。

④ パキスタン

費用超過が続く経済回廊計画

中国パキスタン経済回廊（CPEC）は、新疆ウイグル自治区カシュガルから、パキスタン西部グワダル港までの巨大インフラ事業計画です。2015年発表当初の事業規模は460億ドルでしたが費用超過が続き、現在は750億ドルとも。計画を見直すものの、パキスタンの債務返済は困難で、中国はすでにグワダル港の租借権を得ています。

⑤ ギリシア

巨額投資で狙われるピレウス港

ギリシア最大の港であるピレウス港は、世界的に重要な旅客港・貿易港の1つです。中国海運業大手の中国遠洋海運集団（コスコ・グループ）は債務危機に陥ったギリシアに接近。ピレウス港の一部コンテナふ頭の運営権を取得し、ふ頭の新設に巨額の投資を行います。2021年にはピレウス港運営会社の約67%の株式を取得しました。

⑥ ケニア

赤字続きの標準軌鉄道

ケニアの首都ナイロビと港町モンバサ間、約470km をつなぐ標準軌鉄道（第1期）は、2017年に開通。総工費約38億ドルのうち、約9割を中国が融資しました。旅客数は順調にふえたものの、貨物取扱量は低迷。開業以来赤字が続いています。中国からの融資はもともと条件が厳しいこともあり、債務返済のめどは立っていません。

アメリカの世界開発センター（CGD）は、パキスタンのほか、ラオス、モンゴル、モルディブなど、計８か国が一帯一路に伴う債務問題を抱えていると指摘しています（2018年３月）。

絶対に手放せないウイグル・チベット

1949年、中華人民共和国を建国した毛沢東は、ウイグル族の独立国家である東トルキスタン共和国に侵攻。力ずくで征服して、新疆ウイグル自治区をつくりました。同様に内モンゴルやチベットにも自治区を設置します。

5つの自治区では少数民族に自治権が与えられていますが、実際には漢民族統治です。民族間の経済格差や文化・宗教の抑圧に対する不満や反発は根強く、チベット自治区や新疆(しんきょう)ウイグル自治区では暴動も発生しています。しかし、中国にとってはバッファゾーンであり、一帯一路構想における重要地域。徹底して弾圧、同化政策を進めています。

中国内の5つの自治区

中国の少数民族の人口は約1億2000万人。自治権が認められている自治区は5つあります。

新疆ウイグル自治区

主にイスラーム教を信仰するウイグル族が暮らす地域。清朝に組みこまれましたが、東トルキスタン共和国を樹立したことも。1955年に自治区になりました。石油や天然ガス、鉱物が豊富で、一帯一路上の重要地域とされています（➡P136）。

チベット自治区

主にチベット仏教を信仰するチベット族が暮らす地域。清朝崩壊後、宗教指導者ダライ・ラマ14世が統治していましたが、1965年に自治区となりました。鉄道建設で中国各地と結ぶことで、チベット自治区の経済発展を図るとともに、独立運動に圧力をかけています。

広西チワン族自治区

ベトナムと国境を接する地域で、中国の少数民族のなかで最も人口が多いチワン族が暮らしています。風光明媚な観光名所として有名。1958年に自治区になりました。

1956年～
中国のチベット統治に民衆が蜂起。59年ダライ・ラマ14世はインドへ。

1962年
インドと中国間で国境をめぐる中印国境紛争が勃発する。現在も未解決。

2008年
チベット自治区ラサ市で独立を求める大規模デモをきっかけに暴動が発生。

2009年
新疆ウイグル自治区ウルムチ市でデモ隊と警察が衝突。死者約200名に。

2014年
ウルムチ駅やウルムチ市内などで、爆破テロ事件が相次いで発生。

2021年
アメリカが新疆ウイグル自治区での人権侵害を「ジェノサイド」と認定。

ウイグルもチベットも
中国にするぞ!

毛沢東

内モンゴル自治区

多くはチベット仏教を信仰するモンゴル民族が暮らす地域で、1947年に中国初の自治区に。文化大革命時には約３万人ものモンゴル民族が虐殺されました。地下資源が豊富で中国のエネルギー基地となっています。

寧夏回族自治区

イスラーム教を信仰する回族が住んでいる地域で、1958年に自治区が設置されました。豊かな穀倉地帯で、石炭の産地でもあります。

〈中国の弾圧的な同化政策〉

漢民族による政治

自治区の行政機関のトップは、その地区の少数民族が担うことが法律で定められています。しかし実際は、すべての自治区で漢民族の党書記が政治的実権をにぎっています。

漢語中心の教育

学校教育には従来、自治区の民族言語が用いられていましたが、次第に漢語と少数民族言語とのバイリンガル教育に。近年は漢語中心の教育が進められています。

宗教文化の断絶

新疆ウイグル自治区では、公務員と学生のモスクへの出入りやラマダン断食などを禁止。宗教文化を断絶して民族のアイデンティティを喪失させることで、漢民族への同化を進める狙いです。

核実験の実施

中国は1964年に新疆ウイグル自治区で中国初の核実験を、67年に水爆実験を行いました。以降、1996年までに46回の核実験を実施したと発表しています。また、チベット自治区には核廃棄物処理施設を建設。いずれも周辺住民への健康被害は明らかにされていません。

人権侵害

中国当局は、新疆ウイグル自治区の職業技能教育訓練センターに、100万人以上のウイグル族を強制収容したといわれています。洗脳教育や強制労働、拷問、不妊手術などを行っているとされ、自治区内の住民も厳しい監視下にあります。

Column

中国とロシアが手を組んだ「上海協力機構」

2001年に設立された「上海協力機構（SCO）」は、中国とロシアを中心に計９か国が加盟する地域組織で、地域の安全・安定維持を目指します。近年は、新疆ウイグル自治区の独立を目指す武装組織「東トルキスタン・イスラム運動（ETIM）」への対テロ活動を強化しています。

China 5 緊張が高まるインドとの関係

中国とインドは国境を接していますが、ヒマラヤ山脈が自然の要塞となっていました。両国の関係が変わったきっかけは、中国のチベット侵攻です。

1947年にインドがイギリスから独立を果たすと、イギリスは隣接するチベットからも撤退。1950年空白となった緩衝地帯に、中国はすかさず侵攻しました。追い詰められたチベット仏教の最高指導者ダライ・ラマ14世は、インドに亡命。以降、中国はインドを敵対視し、パキスタンと手を結びます。中国、インド、パキスタンという核保有3国の関係は、不穏な状態が続いています。

中国にとりこまれたくない インド

人口14億人超の南アジアの大国インド。GDPは順調に伸び、さらなる経済成長が期待されています。核保有やQuad(クアッド)(➡ P173)参加で中国に対抗するも、決定的な対立は望んでいません。上海協力機構(➡ P141)では中国やロシアと協力。バランス外交で名実ともに大国を目指します。

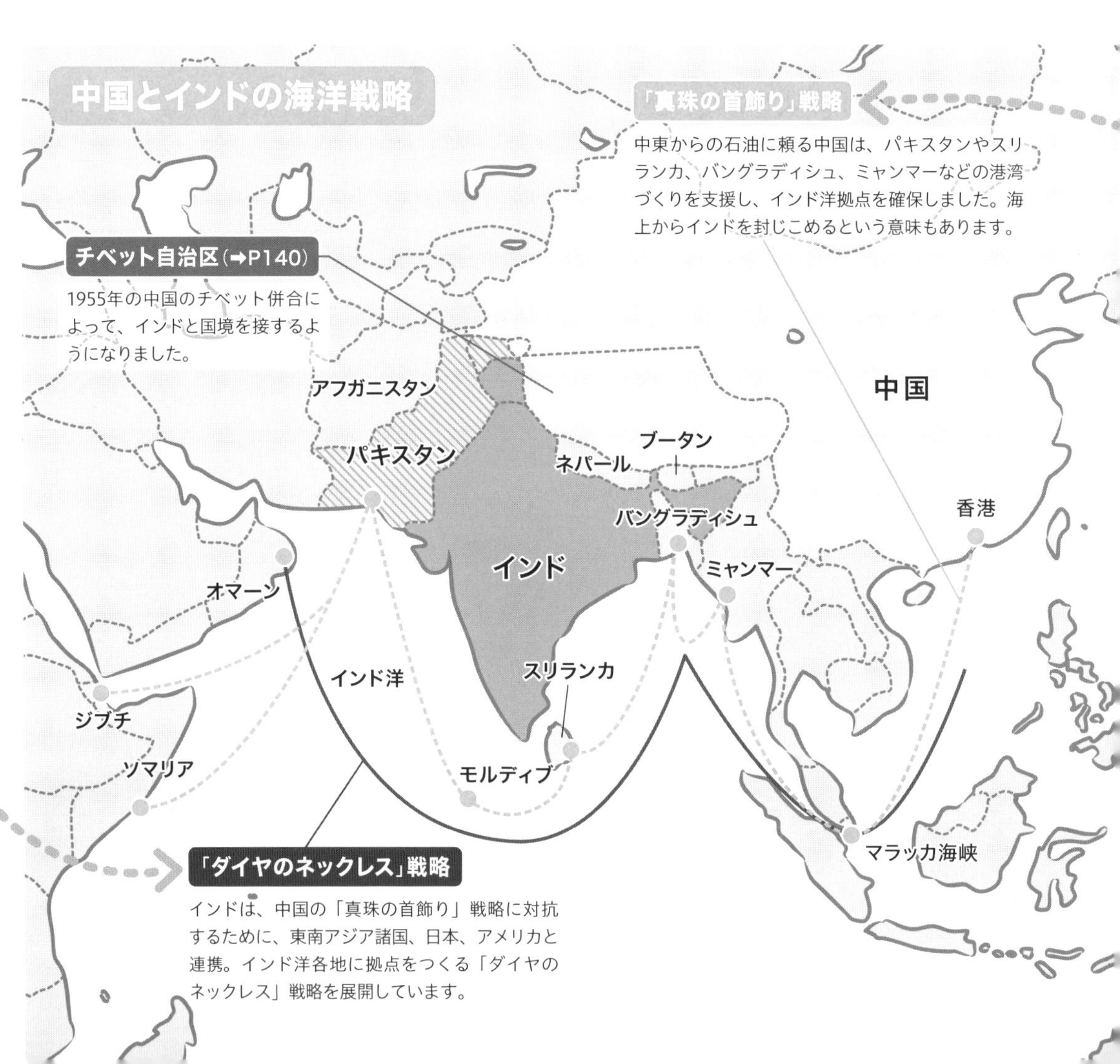

1947年
インドとパキスタンが、イギリスから分離独立。現在も対立が続く。

1955年
中国がチベットを併合。ヒマラヤ山脈まで勢力を拡大し、インドの脅威に。

1962年
カシミール地方で中国とインドが軍事衝突。中国が勝利して領土を拡大。

1974年
インドが核兵器を保有。1998年にインド・パキスタンが核実験を実施。

2016年
インドがFOIP（➡ P172）に加盟。主要メンバーとしてQuad（➡ P173）に。

2020年
中国とインドの国境で軍事衝突が起こる。両軍に45年ぶりの死者が出る。

〈 対パキスタン問題も抱えるインド 〉

インド独立の際、イスラーム教徒の多かったインド東西の二地域は分離して独立しました。これがパキスタンです。宗教ベースの分離独立は大混乱と暴動、虐殺を招き、両国に深い禍根を残します。中国とパキスタンに挟まれたインドはソ連に接近。さらに核保有に踏み切ります。1998年にはパキスタンも核兵器を保有。同年の両国の核実験の実施は、世界中に衝撃を与えました。

インド洋を独占したい
中国

ダライ・ラマ14世のインド亡命で、インドとの関係は悪化し、国境紛争が勃発。一帯一路政策でインド洋の独占をもくろむ中国は、海でもインドとの対立を強めています。

どこも油断できない
核を持つしかない

協調
中国
VS
VS
同盟関係
アメリカ
インド

パキスタン
南下を目指す対ソ連戦略で、アメリカと同盟関係に。中国とも協調しています。

バングラディシュ
パキスタンの一部でしたが、1971年にインドの支援を得てバングラディシュとして独立。

Check!

カシミール地方

独立の際、カシミール地方にあった藩王国は、国王がヒンドゥー教徒だったことから、インドへの帰属を決定。しかし、住民の大半はイスラーム教徒だったため紛争となり、印パ戦争が勃発しました。現在も帰属は定まらず、中国も含めた三国が実効支配を続けています。

Column

インド・パキスタン問題の根本はイギリスにある

19世紀末、インドに拠点をおくイギリスは、アジア南下をもくろむロシアに対抗すべく、アフガニスタンを保護国にし、チベットを独立させてバッファゾーンに仕立てます。インド国内では、ヒンドゥー教徒とイスラーム教徒の対立をあおる「分割統治」で、イギリス統治への不満をそらそうとしました。こうしたイギリスのふるまいが、現在の不安定なアジア情勢につながっています。

Pick up!

大国に挟まれて揺れる 東南アジア諸国

リムランドとマージナル・シー（➡P6）に位置する東南アジアは、資源が豊富なことから、西欧列強の植民地となりました。第二次世界大戦後に次々と独立。ASEAN（➡P93）で団結を目指すものの、中国、アメリカ、インドという大国の狭間で一枚岩にはなりきれていません。

大陸部と諸島部からなる東南アジアは複雑な地形ゆえに、これまで一度も統一国家が形成されたことはありません。古くから東西交易の中継地として発展しますが、19世紀末までに大部分が西欧列強の植民地となります。植民地時代の統治領域の名残で、多民族国家として独立。宗教も仏教、イスラーム教、キリスト教が混在しています。

Check!

アジア太平洋地域のシーパワー

オーストラリアは宗主国イギリスのEC加盟に伴い、アジア重視に転換。1970年代以降、アジア太平洋での存在感を発揮しています。2015年にオーストラリアの地方自治政府は、中国企業とダーウィン港の賃貸契約を結びましたが、政府は見直しを検討。Quad（➡ P173）に参加し、アメリカと共に中国の勢力拡大に対抗する構えです。

強硬姿勢を貫く
ベトナム

中国と国境を接するベトナムは、中国王朝からたびたび侵略を受け、跳ね返してきた歴史をもちます。アメリカが介入したベトナム戦争では、例外的に中国の支援を受けましたが、その後は再び対立。アメリカと協調し、中国の南シナ海進出に強く対抗しています。

中国の力を借りる
カンボジアとラオス

かつてインドシナ半島の大部分を支配していたカンボジア。昔から国境を接するベトナムやタイが脅威となっており、中国の力を借りながらベトナムをけん制するというのが基本姿勢です。ラオスはベトナムとは良好な関係にありますが、中国寄りの姿勢を見せています。

中国離れ？　中国重視？
マレーシア

マレー半島南部とボルネオ島北部から成るマレーシアは連邦国家。当初はシンガポールも含まれていましたが、1965年に分離独立しています。中国とは親密な関係にありますが、中国の鉄道計画の見直しも（➡ P139）。2022年11月には、元副首相のアンワル氏が首相に就任し、その手腕が注目されます。

情勢不安が続く
タイとミャンマー

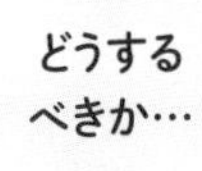

タイは東南アジアで唯一、植民地化を免れましたが、軍事クーデターが頻発し、国内情勢は不安定です。また、親中派の軍事政権が強い力をもっていたミャンマーでは、2016年に民主化を目指すスーチー政権が発足。しかし、2021年に軍部がクーデターを起こしてスーチー氏を拘束し、内乱が続いています。

米中間で揺れる
フィリピン

バシー海峡のあるフィリピンは米軍の拠点でしたが、1991年に撤退。このすきに中国は南沙諸島の実効支配を強化しました。フィリピンは仲裁裁判所に中国を提訴しています。2022年６月、反米親中派だったドゥテルテ氏に代わり、新大統領となったマルコス氏は、アメリカとの同盟強化を目指しています。

東南アジア一の経済大国
インドネシア

インドネシアは人口2億7000万人を超える、東南アジア一の経済大国。オランダ植民地時代に搾取された歴史的経緯から、華僑（中国系の移民）に対する反発が根強くあります。南シナ海の領有をめぐって対立もありますが、中国は最大の貿易相手国。アメリカやロシアなどともバランスよくつきあい、国益を確保しようとしています。

Pick up!

バッファゾーンであり続ける 朝鮮半島

リムランドに位置する朝鮮半島は、
ランドパワー国家とシーパワー国家がぶつかるバッファゾーン。
そのため、古くから中国や日本、ロシア、
アメリカなどから圧力を受け続けてきました。
大国に従属しながら生き残ってきたという歴史をもちます。

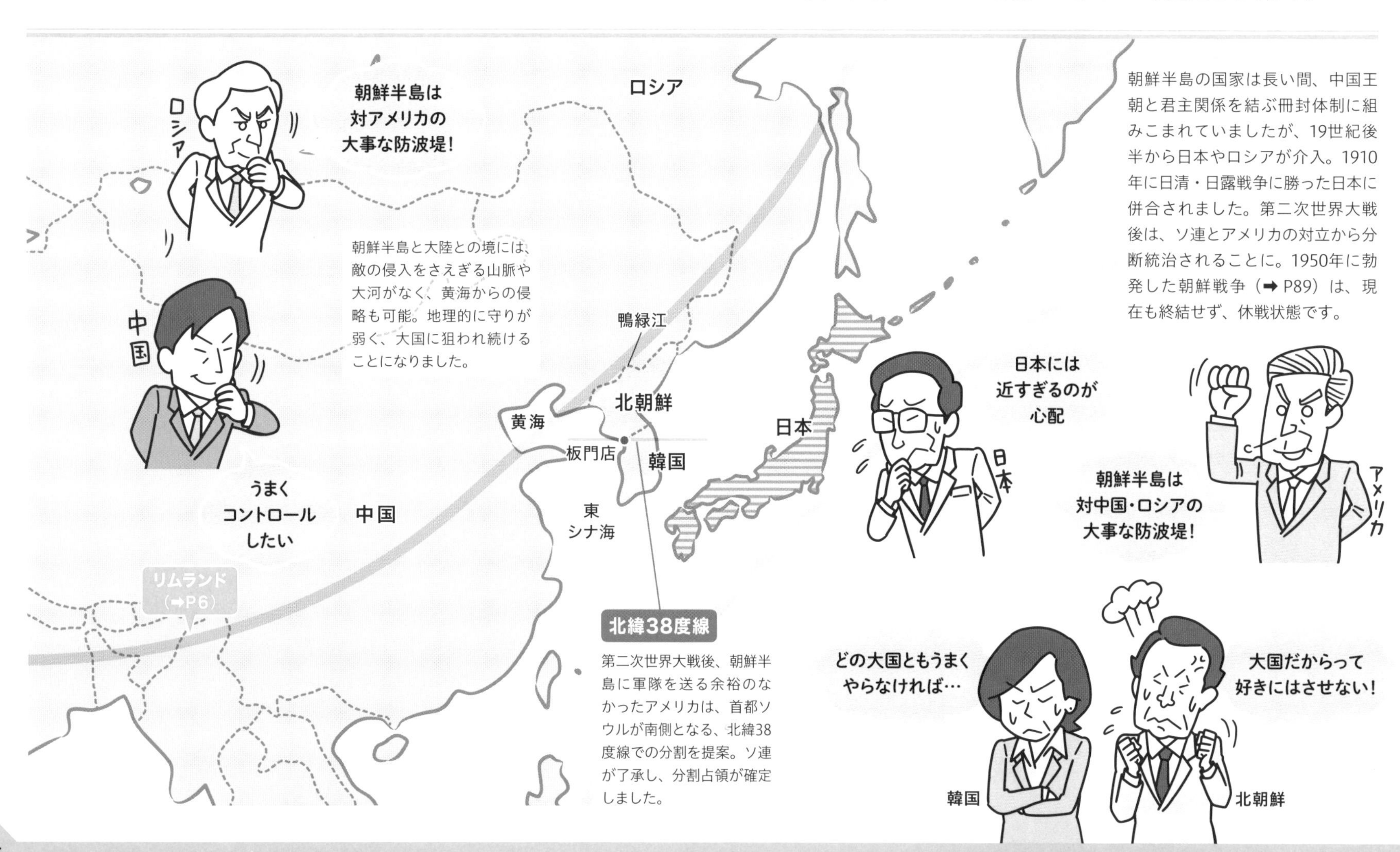

朝鮮半島と大陸との境には、敵の侵入をさえぎる山脈や大河がなく、黄海からの侵略も可能。地理的に守りが弱く、大国に狙われ続けることになりました。

朝鮮半島の国家は長い間、中国王朝と君主関係を結ぶ冊封体制に組みこまれていましたが、19世紀後半から日本やロシアが介入。1910年に日清・日露戦争に勝った日本に併合されました。第二次世界大戦後は、ソ連とアメリカの対立から分断統治されることに。1950年に勃発した朝鮮戦争（➡ P89）は、現在も終結せず、休戦状態です。

北緯38度線

第二次世界大戦後、朝鮮半島に軍隊を送る余裕のなかったアメリカは、首都ソウルが南側となる、北緯38度線での分割を提案。ソ連が了承し、分割占領が確定しました。

Column

北朝鮮はそのままでいい

金正恩体制下でミサイル発射回数が過去最多を記録した北朝鮮。しかし、北朝鮮も周辺諸国も、決定的な衝突は望んでいません。アメリカ、中国、ロシアのいずれの国が北朝鮮に介入しても、大国同士の直接対峙を招くからです。北朝鮮を自国の影響下におきつつ、バッファゾーンとして維持したいというのが、大国の一致した思惑です。

2018年6月、史上初の米朝首脳会談が実現。北朝鮮をコントロールできる唯一国でありたい中国にとって、衝撃的な事件でした。

親米と親中の両立？

韓国

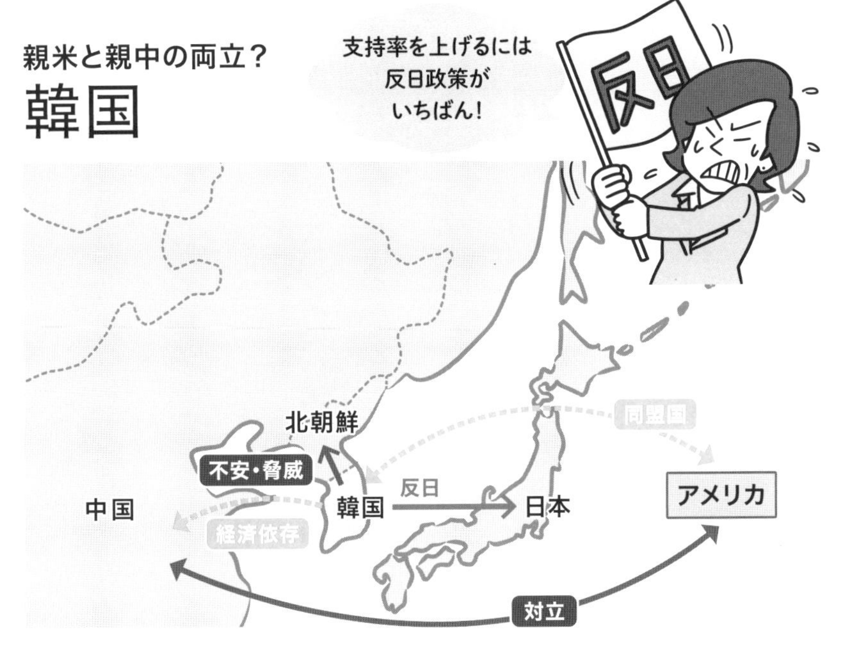

冷戦時にアメリカの支援で工業化を進めた韓国は、急激な経済成長を遂げて、1980年代に民主化を実現。徹底した反共・親米政策をとるとともに、政権支持率が下がったときには日本への「反日感情」を利用して国内政治をまとめてきました。近年、中国が経済的・軍事的な大国として台頭してくると、再び中国に接近。かつてのように従属するそぶりを見せています。親米と親中の“二股外交”は、アメリカと中国双方の信頼を失う恐れもあり、舵取りは困難です。

核保有で自国を守る！

北朝鮮

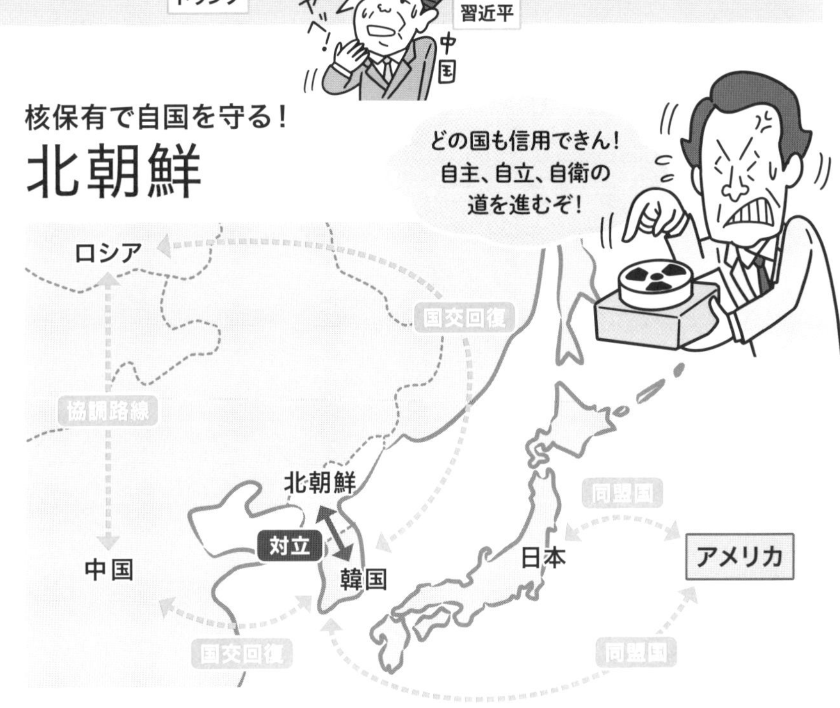

大国・ソ連や中国と陸続きの北朝鮮は、常に内政干渉の恐れがありました。初代最高指導者・金日成（➡ P89）は「主体思想」を掲げ、中ソと友好関係を保ちつつ、介入を許さない独裁体制を歩みます。しかし、対立する韓国に経済力で大差をつけられたうえに、支援者のソ連が崩壊。苦難に立たされた北朝鮮は、1990年代から核兵器・ミサイル開発に着手します。これを“外交カード”として相手の譲歩を引き出す「瀬戸際外交」で、生き残りを図ります。

年表でつかむ！

中東の地政学

人類文明発祥の地である中東は、古くから交易の中心地として発展。イラン人やアラブ人、トルコ人といった周辺民族による帝国が繁栄します。しかし、地政学的な要衝であり、資源も豊富なことから欧米列強が介入し、19世紀以降は争いの中心地に。不安定な情勢は今も続いています。

年号	主なできごと
前4000頃	メソポタミア文明がおこる
前1500頃	ユダヤ人がパレスチナに定住
前700頃	アッシリア王国がオリエントを統一
前525	ペルシア（アケメネス朝）がオリエントを統一（➡P22）
前30	ローマ帝国が地中海を統一（➡P26）
750	アッバース朝ができる（➡P31）
1299頃	オスマン帝国ができる
1768～	第一次ロシア・トルコ戦争
1787～	第二次ロシア・トルコ戦争
1875	イギリスがスエズ運河を買収
	シオニズム（ユダヤ人国家建設運動）がおこる
1915	フセイン・マクマホン協定を結ぶ（➡P71）
1916	サイクス・ピコ協定を結ぶ（➡P71・152）
1917	バルフォア宣言（➡P71）
1922	オスマン帝国の滅亡
1933～	大量のユダヤ人がパレスチナに移住
1945	アラブ連盟が発足
1947	国連でパレスチナ分割案を採択（➡P154）
1948	イスラエルの建国・第一次中東戦争へ

イラン人とアラブ人の時代

イラン人による支配は約1000年、イスラーム教を信奉するアラブ人による支配は約500年続きます。

約600年続いたトルコ人の時代

中央アジアから進出したトルコ人が広大なオスマン帝国を築き上げます。

列強の草刈り場に

オスマン帝国の弱体化で露英仏独が次々に介入。利権を奪い、各地の独立を促して領土を縮小させます。

中東の悲劇と混沌の原因

イギリスはアラブ人、仏露、ユダヤ人それぞれと矛盾した内容の協定を結び、最終的にはフランスとオスマン帝国の領土を分割。これが民族間や宗派間の対立の原因に。

Keyword

【文明発祥の地】

中東のほとんどは乾燥地帯。ナイル川やチグリス・ユーフラテス川流域にあるわずかな肥沃地帯で、エジプト文明やメソポタミア文明が生まれました。

Keyword

【豊富な資源】

中東には石油や天然ガスの埋蔵地が集中しており、海上ルートで世界中に輸出しています。豊富な資源と多数のチョークポイント（➡P8）が争いの種に。

Keyword

【民主化と宗教】

独裁政権打倒を目指した「アラブの春」が広がりましたが、政治的空白が生じて過激派組織が台頭。宗派の対立も激化し、混乱が拡大しています。

Keyword

【テロ】

イスラム国（IS）やアルカイダ、タリバンなど多くの過激派組織が活動。闘争とテロをくり返しています。列強の身勝手な介入が過激思想の一因です。

- 1956 第二次中東戦争が起こる
- 1967 第三次中東戦争が起こる
- 1973 第四次中東戦争が起こる
- 1979 イラン革命が起こる（➡P91）
- エジプト・イスラエル平和条約に調印
- ソ連がアフガニスタンへ侵攻（➡P89・162）
- 1980 イラン・イラク戦争が起こる
- 1990 イラクがクウェートに侵攻・湾岸戦争へ
- 1994～ イエメン内戦がはじまる
- 1996 アフガニスタンでタリバン政権が発足
- 2001 アメリカ同時多発テロが発生
- 2003 イラク戦争がはじまる
- 2010～ 反政府運動「アラブの春」が広がる（➡P156）
- 2011 シリア内戦がはじまる（➡P156）
- 2014 「イスラム国」が国家樹立を宣言
- 2015 パリ同時多発テロが発生
- 2017 イスラム国やアルカイダによるテロが多発
- 2018 在イスラエル米大使館をイェルサレムに移転
- 2019 アメリカがイスラム国の制圧を宣言
- 2021 タリバンがアフガニスタンで復権

イスラエルとアラブ諸国の対立

英米仏の支援を受けたユダヤ人国家イスラエルと、ソ連の支援を受けたアラブ諸国が対立。四度の戦争で大量の難民と過激派組織が生まれました。

米ソ代理戦争の舞台に

アフガニスタンの反政府勢力を抑えるためにソ連軍が侵攻。アメリカが反政府勢力を支援して泥沼の内戦に。

約20年続く対テロ戦争へ

アメリカ主導の連合軍は、アフガニスタンを国際テロ組織「アルカイダ」の庇護者とみなして侵攻。大量破壊兵器の隠ぺいを口実に、イラクにも侵攻しました（➡P121）。

テロの脅威が続く

米軍のアフガニスタン撤退に伴い、過激派組織タリバンが、再びアフガニスタン全土を掌握しました。

Middle East 1

複雑に絡まるリムランドの国々

中東というと、紛争やテロが絶えない地域というイメージをもつ人が多いかもしれません。しかし、ヨーロッパ、アジア、アフリカをつなぐリムランドに位置する中東は、15世紀頃まで世界の交易の中心として繁栄していました。イスラーム教が中央アフリカや東南アジアにまで浸透しているのは、イスラーム商人たちの活発な商業活動があったからです。

中東の混沌は、19世紀のオスマン帝国の衰退からはじまります。欧米列強が介入し、人工的な国家が多数生まれたことで、民族間や宗派間の対立が深まりました。命がけで戦うイスラーム教徒たちからは過激派組織が生まれ、テロも頻発。各国の思惑が複雑に絡みあったまま、争いの絶えない地域となったのです。

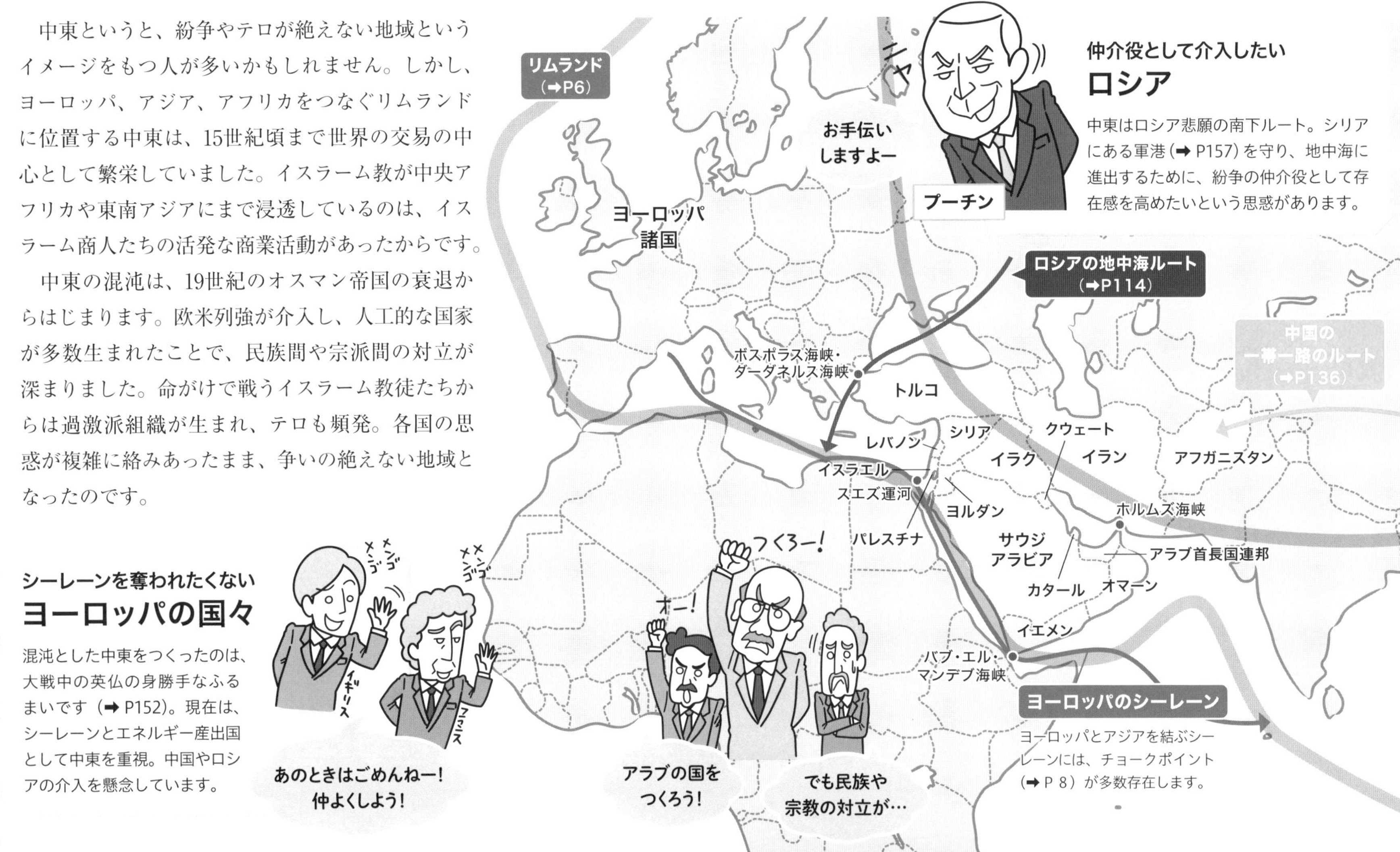

1529年	1878年	1908年	1920年	1947年	1948年
最盛期のオスマン帝国がウィーンを包囲攻撃。ヨーロッパの脅威となる。	オスマン帝国がロシア・トルコ戦争に敗れ、「瀕死の病人」とよばれる。	イランで中東初の油田が発見。翌年からイギリスの石油会社が生産開始。	英仏がサン・レモ会議によってオスマン帝国の領土を分割（➡ P153）。	イギリスがパレスチナの委任統治を放棄し、国際連合に解決を委ねる。	アラブ諸国の反対を押し切り、ユダヤ人国家イスラエルを建国。

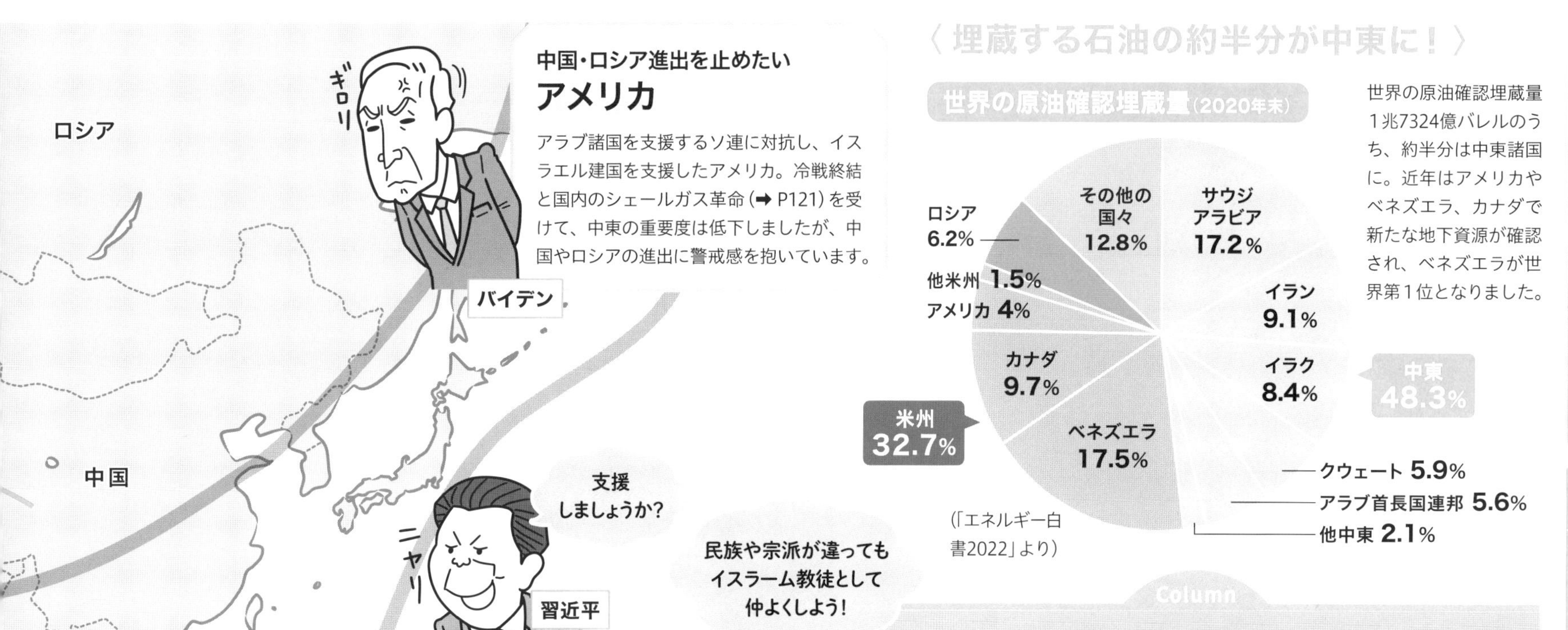

中国・ロシア進出を止めたい
アメリカ

アラブ諸国を支援するソ連に対抗し、イスラエル建国を支援したアメリカ。冷戦終結と国内のシェールガス革命（➡ P121）を受けて、中東の重要度は低下しましたが、中国やロシアの進出に警戒感を抱いています。

中国

アジアとヨーロッパをつなぐ中東は、中国の一帯一路構想に欠かせません。石油以外の収入源で経済を安定させたい中東諸国に接近。経済支援でアメリカ主導の「中国包囲網（➡ P124）」に対抗します。

〈埋蔵する石油の約半分が中東に！〉

世界の原油確認埋蔵量（2020年末）

地域	国	割合
中東 48.3%	サウジアラビア	17.2%
	イラン	9.1%
	イラク	8.4%
	クウェート	5.9%
	アラブ首長国連邦	5.6%
	他中東	2.1%
米州 32.7%	ベネズエラ	17.5%
	カナダ	9.7%
	アメリカ	4%
	他米州	1.5%
	ロシア	6.2%
	その他の国々	12.8%

（「エネルギー白書2022」より）

世界の原油確認埋蔵量1兆7324億バレルのうち、約半分は中東諸国に。近年はアメリカやベネズエラ、カナダで新たな地下資源が確認され、ベネズエラが世界第１位となりました。

Column

中東は世界の一極になれる？

オスマン帝国の衰退が顕著になるなかで、さまざまなイスラーム教の改革運動が起こりました。その１つがアフガーニーが提唱した「パン・イスラーム主義」です。イスラーム教徒同士で対立していては神のご加護は得られないと訴え、列強に対抗するためには宗派や民族を超えて団結すべきだと主張しました。この考え方で地域統合ができれば、世界の一極になり得るかもしれません。しかし、近代化にはキリスト教文化との融合が必要。この点が中東の近代化を阻む壁となっています。

Pick up!

混沌としたイスラーム世界をつくった サイクス・ピコ協定

3大陸にまたがるオスマン帝国は多民族・多宗教国家として
それなりに安定していました。これを現在の混沌とした
世界につくり変えたのが、英仏露の「サイクス・ピコ協定」。
冷戦期における介入も混乱と対立を深め、
欧米への不信感は高まるばかりです。

オスマン帝国が中東一帯を支配

〔在位1520〜66年〕
積極的な対外政策で、アジア・アフリカ・ヨーロッパの三大陸をまたぐ帝国を築きました。

13世紀末、イスラーム教徒のトルコ系遊牧民の戦士集団が小アジアで独立。16世紀にスレイマン１世のもとで最盛期を迎え、ハンガリーを制圧してウィーンを包囲するなど、ヨーロッパに大きな脅威を与えました。しかし、近代化に遅れ、19世紀以降は衰退していきます。

オスマン解体を狙うサイクス・ピコ協定〔1916年〕

サイクス・ピュ協定では、大戦後のオスマン帝国の領土を、上図のように英仏露で分割することを定めていました。

帝国主義時代に入ると第一次世界大戦が勃発。イギリスはアラブ人を味方につけるために国家建設の協定を結びながら、大戦後のオスマン帝国領土を仏露と分割するサイクス・ピコ協定を秘密裏に結びました。さらにユダヤ人にも国家建設を約束していたのです（➡ P71）。

Column

イスラーム教のスンナ派とシーア派

イスラーム教の創始者ムハマンドの死後は約30年間、選挙で後継者（カリフ）が選ばれてきましたが、４代目カリフのアリー（ムハマンドの従弟で娘婿）のときに争いが勃発。アリーは暗殺され、その血統を重視する一派が「シーア派」として分裂しました。約９割を占める多数派は、慣行（スンナ）を重視する「スンナ派」とよばれています。この宗派の対立にも欧米が介入し、事態を複雑にしています。

サン・レモ会議によって分割〔1920年〕

1917年のロシア革命を受けて、ロシアはサイクス・ピコ協定から離脱します。イギリスとフランスはサン・レモ会議でオスマン帝国の領土分割と委任統治を決定。イギリスは地中海とペルシア湾をつなぐルートを獲得しました。この区分が現在の中東の原型となります。

第二次世界大戦後、各国が独立〔1946年頃～〕

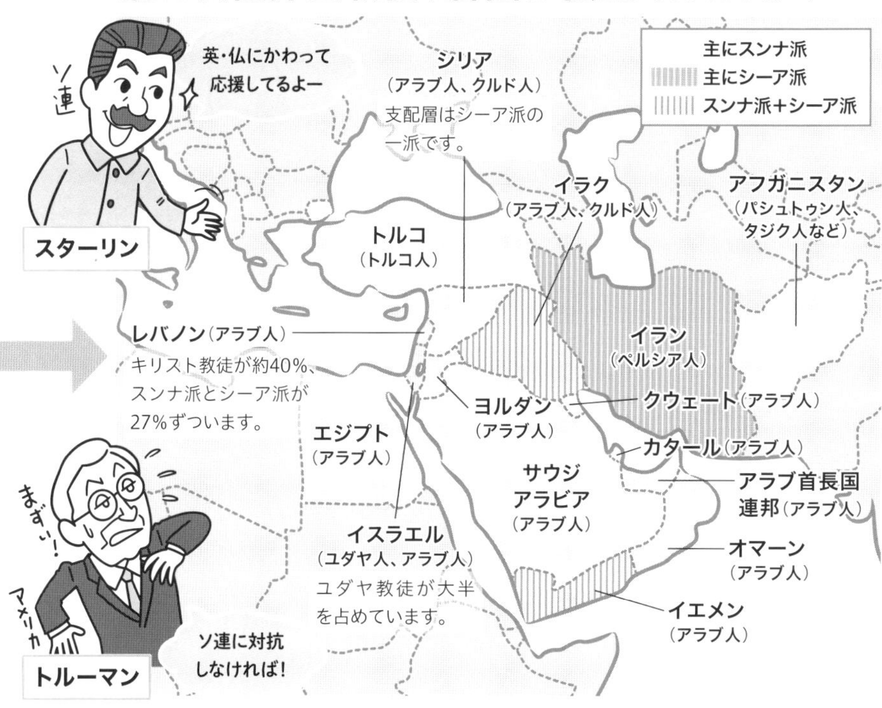

イギリスとフランスによる領土分割は民族や宗教の分布を一切考慮しませんでした。そのため、さまざまな国でイスラーム教のスンナ派とシーア派、あるいはキリスト教徒が混在。民族的にも統一がなされていません。冷戦期の米ソの介入で、さらに混沌は深まります。

終わりが見えないパレスチナ問題

地中海東岸のパレスチナには、かつてユダヤ人の王国がありましたが、ローマ帝国によって滅亡。その後はアラブ人が住みつきます。

しかし、19世紀末にユダヤ人国家建設運動が高まると（シオニズム）、バルフォア宣言（➡ P71）にもとづいて大量のユダヤ人が入植します。パレスチナ人（先住のアラブ人）との対立が激化したため、イギリスは国連に解決を委ねました。その結果、ユダヤ人国家イスラエルが建国され、100万人以上のパレスチナ難民が生まれることに。1993年イスラエルとPLO（パレスチナ解放機構）が平和合意に至るも、戦闘と混乱は現在も続いています。

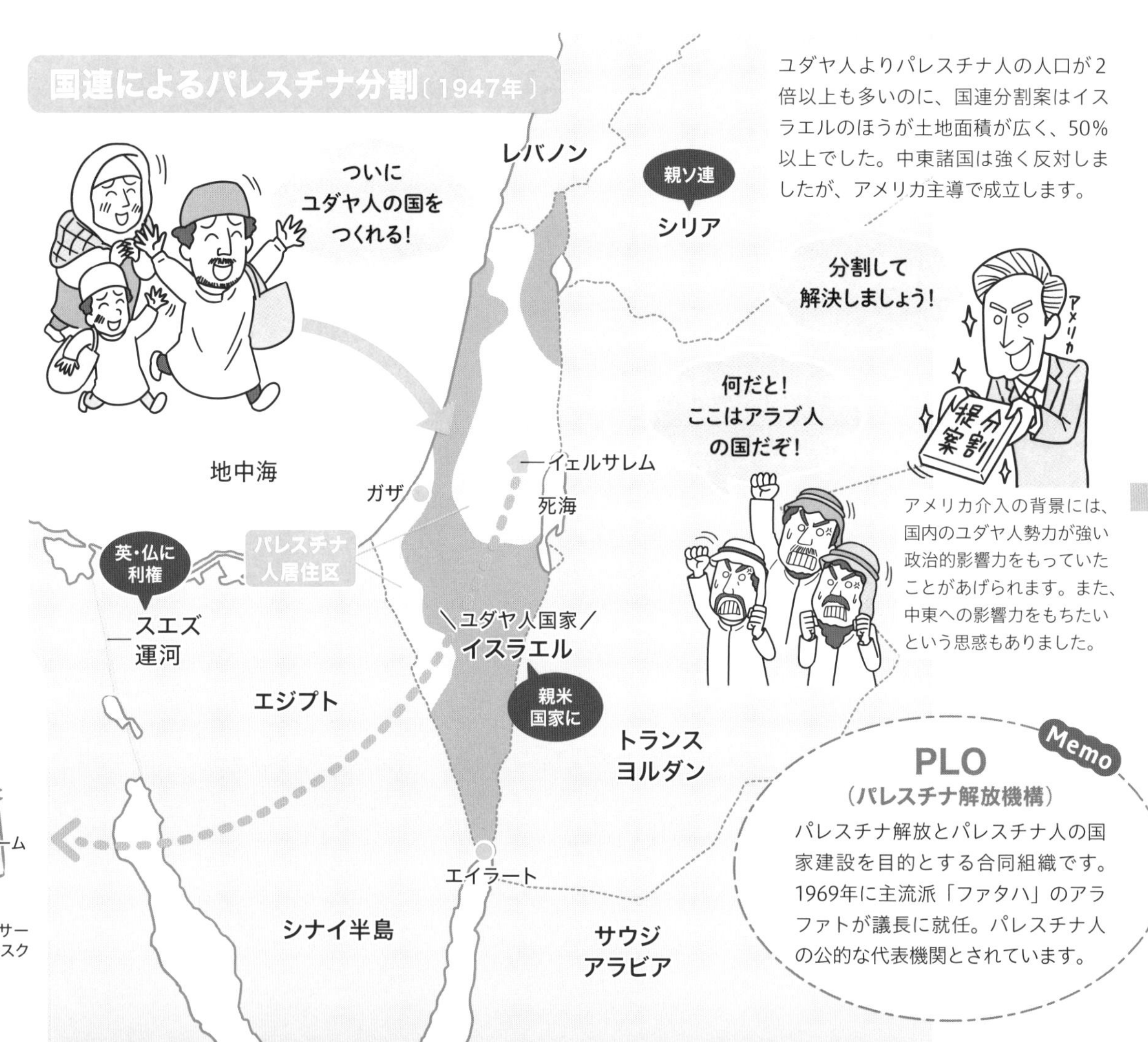

ユダヤ人よりパレスチナ人の人口が2倍以上も多いのに、国連分割案はイスラエルのほうが土地面積が広く、50%以上でした。中東諸国は強く反対しましたが、アメリカ主導で成立します。

アメリカ介入の背景には、国内のユダヤ人勢力が強い政治的影響力をもっていたことがあげられます。また、中東への影響力をもちたいという思惑もありました。

Memo

PLO（パレスチナ解放機構）

パレスチナ解放とパレスチナ人の国家建設を目的とする合同組織です。1969年に主流派「ファタハ」のアラファトが議長に就任。パレスチナ人の公的な代表機関とされています。

聖地「イェルサレム」でさらに複雑に

イェルサレムには、ユダヤ教の古代神殿の聖地「嘆きの壁」と、ムハンマドが昇天したイスラーム教の聖地「岩のドーム」、イエスが復活したキリスト教の聖地「聖墳墓教会」があり、問題をさらに複雑化しています。

1948年
イスラエル建国で第一次中東戦争が勃発。以降、第四次まで続く。

1987年
ガザ地区とヨルダン川西岸地区でインティファーダ（抵抗運動）がはじまる。

1993年
イスラエルとPLO間でオスロ合意成立。パレスチナ自治区が認められる。

2008年〜
イスラエルがガザ地区に軍事侵攻。以降も大規模な軍事侵攻をくり返す。

2012年
国連総会でパレスチナの「オブザーバー国家」への格上げを賛成多数で採択。

2018年
在イスラエル米大使館がイェルサレムに移転。抗議活動で多数の死者が出る。

第一次〜第三次中東戦争（1948〜67年）

1948年5月14日にイスラエルが独立を宣言。これを不当とするアラブ諸国が侵攻し、第一次中東戦争（パレスチナ戦争）が勃発します。イスラエルが圧勝し、領土を拡大。第三次中東戦争でシナイ半島やゴラン高原まで占領します。

ゴラン高原
軍事的要衝であり、水源確保にも重要な拠点。第三次中東戦争でイスラエルが占領し、現在もシリアとの領有権争いが続いています。

ガザ地区
1948年にエジプトの管理下となり、多くのパレスチナ難民が入植。第三次中東戦争でイスラエルが占領しました。

ヨルダン川西岸地区
水源をめぐる争いが生じる地域です。第三次中東戦争でイスラエルが占領。

（➡P88）

Memo
ハマス
イスラーム原理主義を掲げる過激派組織。イスラエルとの和平交渉に反対の立場で、PLOとも対立。ガザ地区を支配し、武力闘争を続けています。

第四次中東戦争〜現在（1973年〜）

パレスチナ自治区
60%以上が軍事支配下に
地区内にイスラエルの入植地がつくられ、その境に分離壁が築かれています。

パレスチナ自治区
軍事封鎖と攻撃が続く
物資や燃料が不足し、住民は過酷な生活を強いられています。激しい軍事攻撃もたびたび行われています。

2009年以降、イスラエルでは天然ガス田が次々に発見され、海底油田の可能性も指摘されています。

1993年のオスロ合意によって、パレスチナ暫定自治政府が成立し、ヨルダン川西岸地区とガザ地区は「パレスチナ自治区」に。しかし、和平交渉は停滞して闘争は激化し、解決の糸口は見えていません。ガザ地区ではPLOに代わり、イスラム過激派ハマスが実権をにぎっています。
（難民数　2021年、UNRWA）

周辺国の思惑で内戦が続くシリア

地中海に接するシリアは、サイクス・ピコ協定（➡P152）をもとに建てられた人工的な国家です。住民の多くはスンナ派ですが、少数派のアラウィー派（シーア派の分派）が支配。アサド父子２代の独裁政権が続いています。

2010年末からの反政府運動「アラブの春」はシリアにも波及します。アサド政権はこれを非人道的な手段で徹底的に弾圧しました。反政府勢力は武装化して対抗し、過激派組織やクルド人勢力も闘争に参入。ロシアやイラン、アメリカ、トルコなども介入して、泥沼の内戦に。少なくとも40万人以上が死亡、1240万人以上が国内避難民や難民になったといわれていますが、今もなお解決の糸口は見えていません。

各地で起きた反政府運動"アラブの春"（2010年～）

チュニジアの若者の焼身自殺をきっかけに、若者たちがSNSでつながり、抗議デモが拡大。各地の独裁政権が次々と打倒されます。

チュニジア
2011年１月に、23年間続いていたベン・アリー政権が倒壊。

リビア
2011年８月に、42年間続いていたカダフィ政権が倒壊。

エジプト
2011年２月に、30年間続いていたムバラク政権が倒壊。

バーレーン
2011年２月、シーア派住民による大規模な反政府デモが発生。

イエメン
2012年２月に、33年間続いていたサレハ政権が退陣。

政治的空白地帯に入りこむ過激派組織

長く列強の支配下にあった中東では、独裁政権を打倒した後の受け皿がありませんでした。その政治的空白地帯に入りこんだのが、イスラム国（IS）などの過激派組織です。シリアをはじめ、各地で勢力を拡大していきます。

1946年
フランスの委任統治への反発が高まり、正式にシリアが独立。

1970年
バース党指導者ハーフィズ・アサドによる独裁政治体制が確立。

2000年
父の死後、息子のバッシャール・アサドが独裁政治体制を継承する。

2011年
大規模な反政府デモが発生。アサド政権による弾圧から激しい内戦に。

2016年
2015年ロシアの軍事介入に続き、トルコも介入。ISはほぼ壊滅。

2020年
ロシアとトルコで停戦合意するも、シリア全土での停戦は実現せず。

泥沼化するシリア内戦

シリアでも2011年大規模な反政府デモが発生。弾圧するアサド政権と、イスラム国やクルド人勢力も加わり、激しい内戦となりました。現在は、アサド政権がシリアの大部分を支配しています。

アレッポ
ラッカ
タルトゥース港
シリア
レバノン
ダマスカス
ゴラン高原
(➡P155)

反政府勢力
スンナ派の反政府勢力をアメリカやEU、トルコなどが支援。スンナ派のサウジアラビアも支援しています。

クルド人勢力
シリア国内で自治政府樹立を目指すクルド人勢力は、アメリカの支援を受けて、反政府勢力として参加します。

イスラム国(IS)
スンナ派のISはサイクス・ピコ協定を否定し、イスラーム教最高指導者「カリフ」が統治するイスラーム帝国復活を目指します。イラク北西部からシリアに勢力を拡大し、2014年6月、ラッカを首都とする国家樹立を宣言。

アサド政権
ロシアとシーア派国家のイランが支援。ロシアにはイランをけん制すると同時に、シリアにある海軍基地（タルトゥース港）を守るという狙いがあります。

内戦当初

アサド政権 ⟷ V.S. ⟷ 反政府勢力
攻撃で一致
イスラム国(IS)

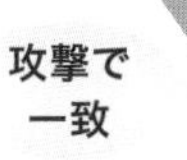

アサド政権と反政府勢力との内戦が勃発。その混乱に乗じて、スンナ派の過激派組織イスラム国（IS）が拡大します。アサド政権と反政府勢力は、IS打倒では一致していました。

アメリカ撤退後

アサド政権 ⟷ V.S. ⟷ 反政府勢力
アサド政権 ⟷ V.S. ⟷ クルド人勢力
クルド人勢力 ⟷ V.S. ⟷ トルコ
トルコ → 支援 → 反政府勢力

2017年ISがほぼ壊滅すると、アメリカがシリアから撤退を開始。アメリカ支援を受けていたクルド人勢力は孤立化し、国内にクルド人問題を抱えるトルコからも攻撃されることに。反政府勢力は弱体化し、ロシア支援を受けるアサド政権が圧倒的優位となりました。

Column

崩壊しても残るイスラーム国

インターネットで巧みな宣伝活動を行うISには、疎外感を抱える若者が世界各地から集まっています。領土を失った現在も1万人の戦闘員がいるといわれ、テロを続発させています。

親EUからロシア派へ進む!? トルコ

トルコの歴史は、オスマン帝国滅亡とともにはじまります。第一次世界大戦で敗れたオスマン帝国は、大半の領土を英仏に奪われるセーヴル条約を認めました。それに対し、ムスタファ・ケマルを中心とした抵抗運動が起こり、今に続くトルコ共和国が誕生したのです。

トルコは国民の大半がイスラーム教徒でありながら、政教分離を原則とし、世俗主義で近代化を目指しました。しかし、クルド人問題などから悲願のEU加盟は果たせないままです。イスラーム重視のエルドアン政権が長く続いており、2016年のクーデター未遂事件以降はさらに強権化。シリア内戦(➡ P156)でクルド人勢力を支えたアメリカとの関係は悪化する一方、ロシアやイランに接近するなど、独自外交を進めています。

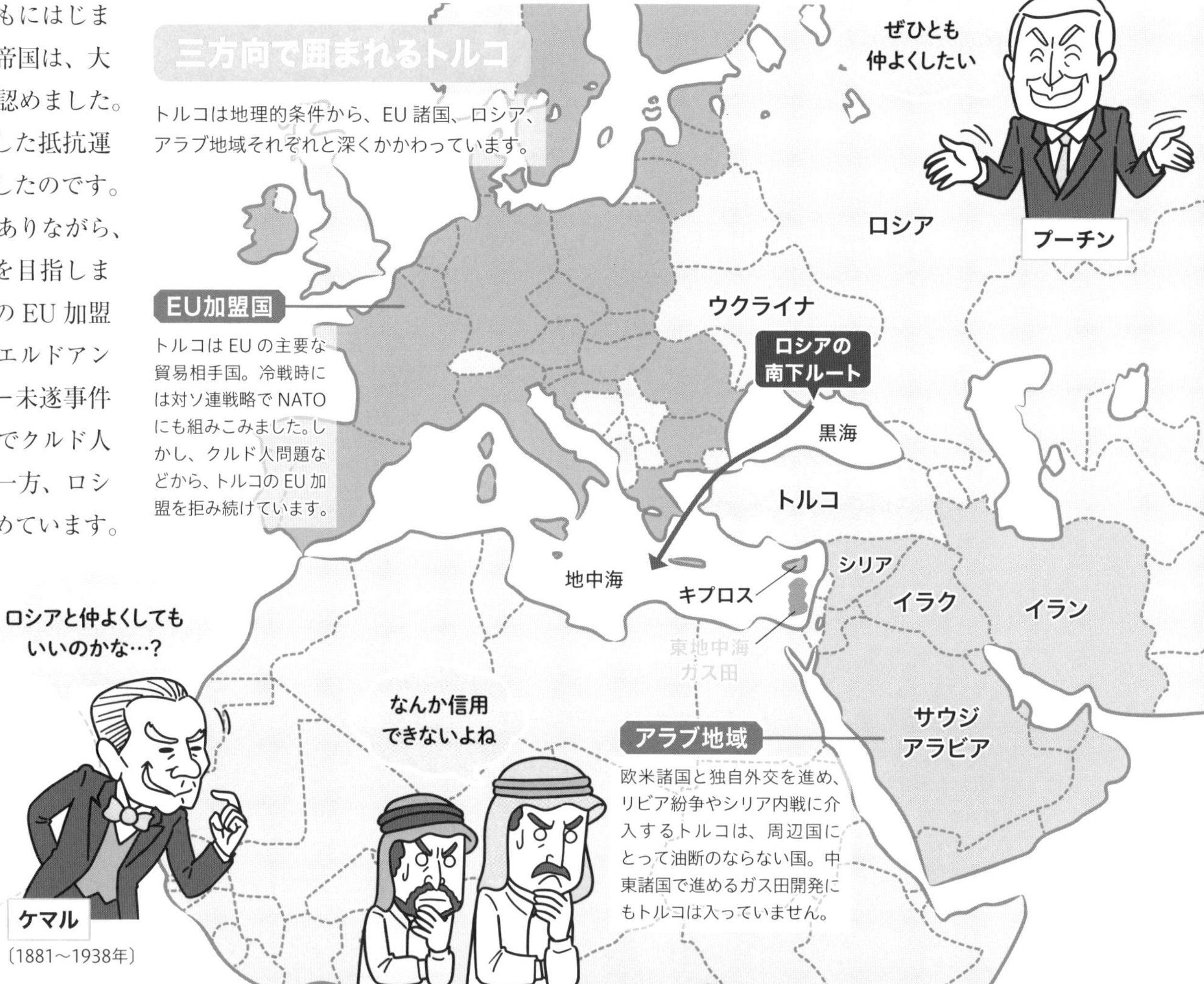

Check! 地政学的特徴で領土を守る

トルコ共和国を樹立したケマルは「領土が回復できなければロシア側につく」と脅して、新たにローザンヌ条約を締結。英仏を撤退させました。ロシアの南下ルート上にあるトルコの地政学的特徴を生かした外交術で領土を守ったのです。

1923年
1922年トルコ革命によりオスマン帝国が滅亡。23年にトルコ共和国ができる。

1952年
中東にありながら、対ロシアの防波堤となるべく、NATOに加盟。

1987年
ヨーロッパ型の近代国家を目指し、ECへの加盟を申請。

2014年
イスラーム回帰色の強いエルドアンが大統領に就任。

2016年
トルコ軍によるクーデター未遂事件が発生。大粛清で政権強化を図る。

2019年
内戦下のシリア北東部に侵攻。アメリカから経済制裁を受ける。

〈トルコが抱えるクルド人問題〉

トルコは人口の約2割がクルド人で、最も多くのクルド人が住む国です。1980年代からクルド人労働者党（PKK）が独立を目指して武装闘争を展開。2003年イラク北部にクルド人自治区が成立すると、トルコは自国への影響を恐れてクルド人掃討を開始しました。アメリカ軍のシリア撤退後は強硬姿勢を強め、周辺国との緊張を高めています。

ロシア
シリア内戦（➡P156）では対立関係にありますが、黒海から地中海への南下ルートを確保するためにトルコに接近。ミサイル売買など関係を深めています。

アメリカ
ロシアの進出を抑えたいアメリカにとって、トルコは地政学的な要衝。ロシアからのミサイル購入といった不穏な動きを警戒しています。

国をもたない世界最大民族
クルド人はトルコ、イラク、イラン、シリア、アルメニアにまたがる山岳地帯に住む民族で、その数は2000万～3000万と推測されています。第一次世界大戦後のセーヴル条約で自治が認められるものの、トルコ共和国樹立で破棄。各国で差別や弾圧の対象となりながら、独立運動を続けています。

対立が続くイランvs.サウジアラビア

ペルシア人のシーア派の国・イランと、アラブ人のスンナ派の国・サウジアラビアは、長年対立が続いています。両国の関係が深刻化したのは2016年。サウジアラビアが、反体制デモを主導したシーア派指導者を処刑したことで各国のシーア派勢力が反発。イランではサウジアラビア大使館襲撃事件が起きました。これを機に両国は国交を断絶したのです。

サウジアラビアの実権をにぎるムハンマド皇太子は経済改革や女性の社会進出を推進する一方、強硬な外交政策が目立ちます。アメリカの両国への介入も事態を複雑にしています。

代理戦争となったイエメン内戦

イエメンは紅海のバブ・エル・マンデブ海峡を擁する国です。アラブの春（➡ P156）で独裁政権が崩壊後、サウジアラビアなどが支援するスンナ派のハディ暫定政権と、イランが支援するフーシ派（シーア派の武装組織）が2015年に衝突。内戦は泥沼化して、飢饉も発生するなどの深刻な人道危機に陥っています。

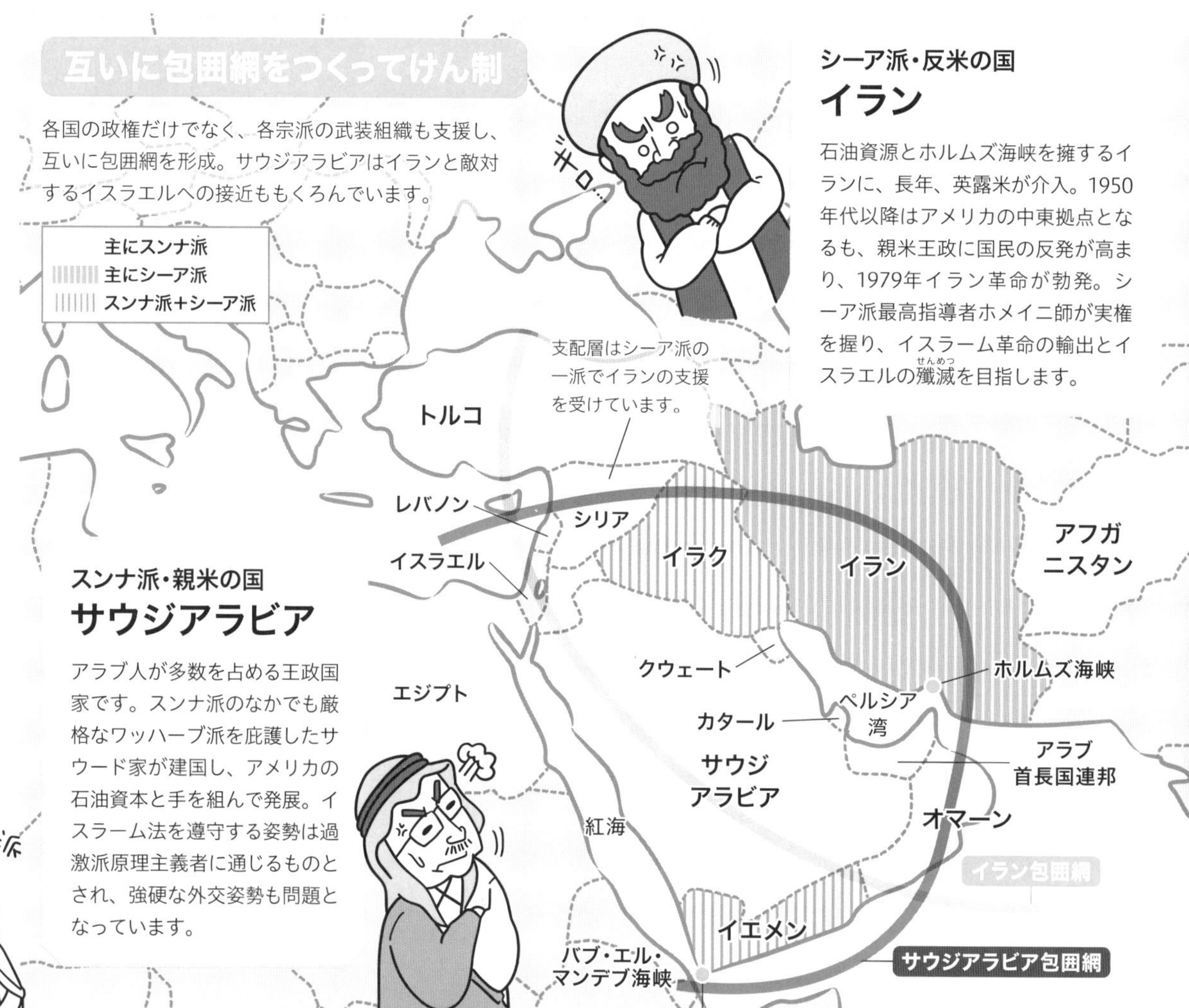

1938年
サウジアラビアで世界最大の油田を発見。アメリカ資本で開発が進む。

1979年 1月
シーア派最高指導者ホメイニ師が主導するイラン革命で、親米王政が崩壊。

1979年 11月
イランの革命派学生が米大使館を占拠し、444日間にわたって人質を拘束。

2015年
イランと英仏独米中露が核問題に関する最終合意に至る。

2016年
イランでの大使館襲撃事件を受けて、サウジアラビアが国交断絶を通告。

2022年
イエメン内戦は国連の仲介で一時停戦するも、停戦延長の合意には至らず。

イランに目をつける
ロシア・中国

イランはロシアの南下政策、中国の一帯一路構想上にあります（➡ P136）。パイプラインで自国と結べば、陸路で石油や天然ガスの調達が可能。欧米の経済制裁で苦境に陥るイランに接近し、経済・軍事両面での関係強化を図っています。

Memo
イランからはじまる!? 核ドミノ

核兵器開発疑惑でアメリカのブッシュ（子）政権から“悪の枢軸”と非難されたイラン。もしイランが核兵器を保有すれば、事実上の核保有国であるイスラエルとは一触即発。隣国のパキスタンも核保有国です。敵対するサウジアラビアをはじめ、アラブ首長国連邦、オマーン、エジプトなど中東全体に核保有が広がる「核ドミノ」の恐れがあります。

〈アメリカに振り回されるサウジアラビア〉

油田開発で蜜月〔1945年〕

アメリカは安価な石油資源確保のためにサウジアラビアに接近。アメリカ資本で油田開発を進め、利益を山分けします。対イランの中東における拠点としても重視していました。

フランクリン・ローズヴェルト
〔在任1933～45年〕

イランとの核合意で亀裂〔2015年〕

オバマ政権はイランと英仏独中露で核開発に関する合意に至り、37年ぶりに経済制裁を解除。サウジアラビアは、イランの核開発再開の可能性を残した核合意に強く反対しました。

オバマ
〔在任2009～17年〕

トランプの核合意破棄〔2018年〕

トランプ政権はイランとの核合意から離脱し、経済制裁を再開。ジャーナリスト殺害事件への関与が疑われるムハンマド皇太子を擁護し、サウジアラビアとの関係修復を図ります。

トランプ
〔在任2017～21年〕

核合意復帰を公約に〔2020年〕

核合意復帰を公約に掲げて当選したバイデン政権。EUの仲介で立て直しを進めていましたが、イランで2021年強硬反米派・ライシ政権が発足したこともあり、協議は進んでいません。

バイデン
〔在任2021年～〕

タリバンが再掌握したアフガニスタン

ユーラシア大陸中央にあるアフガニスタンはアジアと欧州と結ぶ要衝。19世紀には英露のグレートゲームの地となりました（➡ P59）。

20世紀前半にイギリスからの独立を果たしましたが、1979年にソ連が侵攻。ソ連の勢力拡大を恐れたアメリカはゲリラ勢力に武器を援助したため、内戦は泥沼化します。

やがてスンナ派組織「タリバン」がほぼ全土を掌握。しかし、米同時多発テロの首謀者とされるオサマ・ビン・ラディンを保護したことで、対テロ戦争の標的になります。それでもタリバン自体は消滅せず、2021年に再び政権を獲得。その動向を国際社会が注視しています。

混迷を極めたアフガニスタン紛争〔1979年～〕

侵攻したソ連軍に、各地のムジャーヒディーン（イスラーム教徒の義勇兵）がゲリラ戦で対抗。1989年のソ連軍撤退後も、多民族国家であるがゆえに統一は難しく、激しい内戦が続きました。そのなかで台頭してきたのが、「タリバン」です。1996年に首都カブールを制圧し、2000年末までに全土を掌握しました。

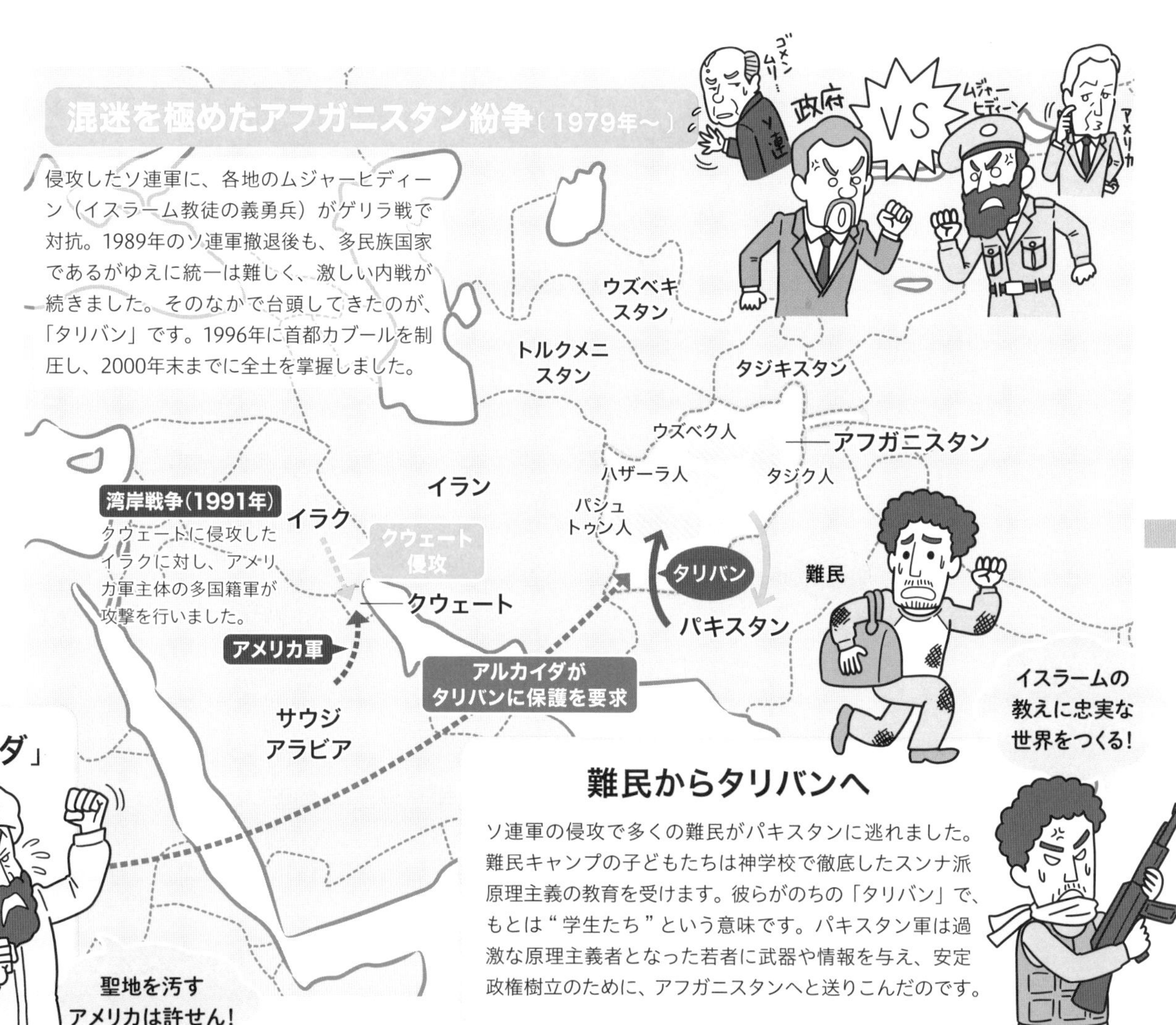

湾岸戦争（1991年）

クウェートに侵攻したイラクに対し、アメリカ軍主体の多国籍軍が攻撃を行いました。

ゲリラ勢力から生まれた「アルカイダ」

アメリカの支援を受けたゲリラ勢力のなかには、のちのイスラム過激派組織「アルカイダ」の最高指導者オサマ・ビン・ラディンがいました。アルカイダは、イラクとの湾岸戦争でサウジアラビアに駐留したアメリカ軍が、聖地メッカを汚したと強く反発。2001年の米同時多発テロにつながったといわれています。

難民からタリバンへ

ソ連軍の侵攻で多くの難民がパキスタンに逃れました。難民キャンプの子どもたちは神学校で徹底したスンナ派原理主義の教育を受けます。彼らがのちの「タリバン」で、もとは“学生たち”という意味です。パキスタン軍は過激な原理主義者となった若者に武器や情報を与え、安定政権樹立のために、アフガニスタンへと送りこんだのです。

1979年
アフガニスタンに発足した社会主義政権を支援するために、ソ連が侵攻。

1989年
10年間の苦戦を強いられたソ連軍が撤退。部族間・宗派間の内戦へ。

1994年
パシュトゥン人の神学生を中心にタリバンが発足。96年に政権樹立を宣言。

2001年 9月
アメリカ同時多発テロが発生。アメリカがアフガニスタンに侵攻。

2012年
女性の教育拡大を訴えたマララ・ユサフザイ氏をタリバンが襲撃。

2021年
アメリカ軍が完全撤退。タリバンが20年ぶりに全土を掌握。

テロ撲滅のためのアフガニスタン戦争へ〔2001年～〕

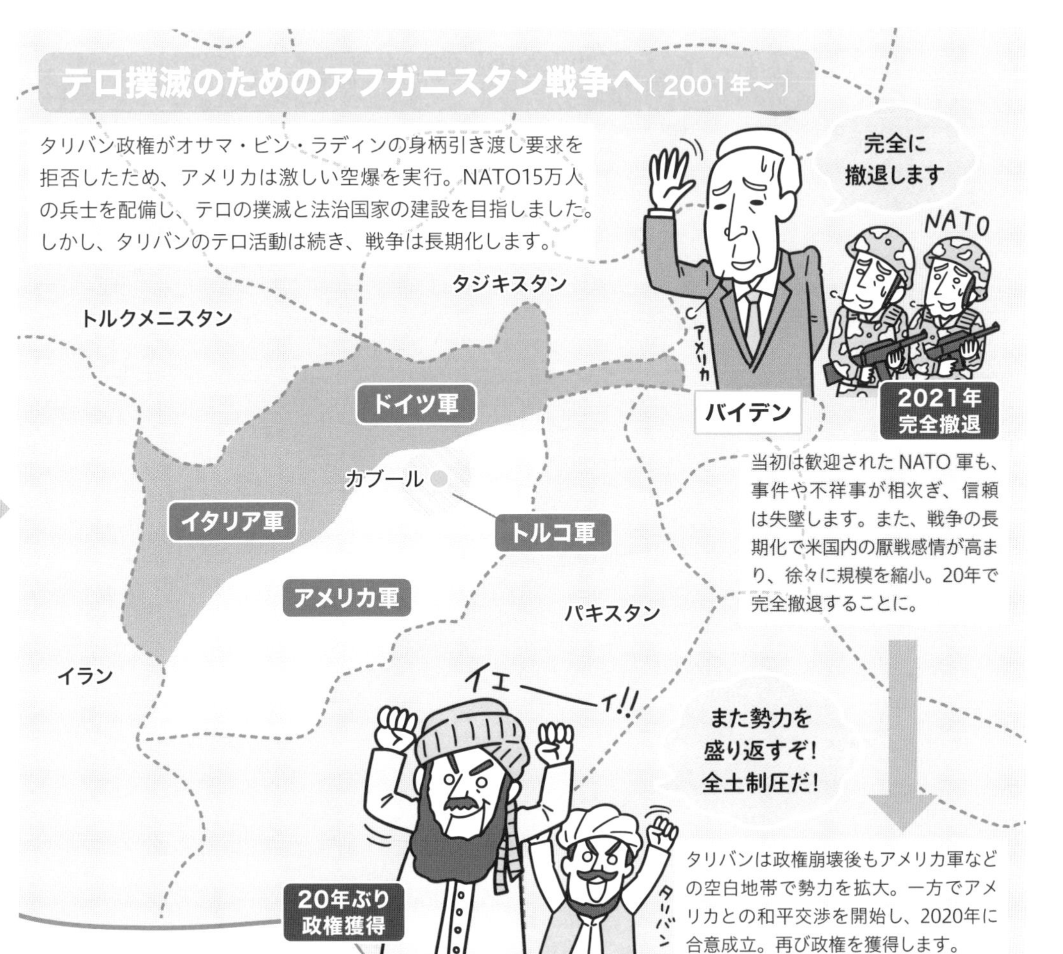

タリバン政権がオサマ・ビン・ラディンの身柄引き渡し要求を拒否したため、アメリカは激しい空爆を実行。NATO15万人の兵士を配備し、テロの撲滅と法治国家の建設を目指しました。しかし、タリバンのテロ活動は続き、戦争は長期化します。

当初は歓迎されたNATO軍も、事件や不祥事が相次ぎ、信頼は失墜します。また、戦争の長期化で米国内の厭戦感情が高まり、徐々に規模を縮小。20年で完全撤退することに。

タリバンは政権崩壊後もアメリカ軍などの空白地帯で勢力を拡大。一方でアメリカとの和平交渉を開始し、2020年に合意成立。再び政権を獲得します。

〈 タリバンが目指した社会 〉

国内の混乱を収束して外国勢力を排除し、イスラーム教にもとづく独立国家の建国を目指しています。第一次政権の樹立当初は治安がよくなったことで国民の支持を得ましたが、厳格な統治手法に離反する人も多くいました。

他信仰の禁止

イスラーム教の偶像崇拝禁止を徹底。世界遺産のバーミヤン仏教遺跡も破壊しました。

厳しい処罰

元大統領は公開処刑に。石打ちやムチ打ち、手足切断など、コーランにある処罰も復活させました。

娯楽の制限

映画やサッカー、テレビ、インターネットのほか、音楽やドラマなども禁止されています。

女性の権利の制限

女性の就学や就労を制限。全身を覆うブルカの着用を義務づけ、一人での外出も禁じています。

Column

認めるつもりはなかった!? 女性の権利

タリバン新政権は、「イスラム法の枠内で女性の権利を保障する」と表明しました。しかし、実際には政権内に女性は1人も登用されず、女性問題省に代わって"風紀警察"である勧善懲悪省が復活。女子中等教育の再開は延期されたままです。

Pick up!

無主の地から巨大市場へ アフリカ大陸

アフリカ大陸は長年、地理的に近い欧州列強に労働力や天然資源を狙われ、苦難の道を歩んできました。植民地時代から受け継いだ人工的な国境線が不安定な政情や内戦の一因にもなっています。しかし近年は急激な経済成長を遂げ、世界の注目の的となっています。

列強の植民地〔1890年頃〕

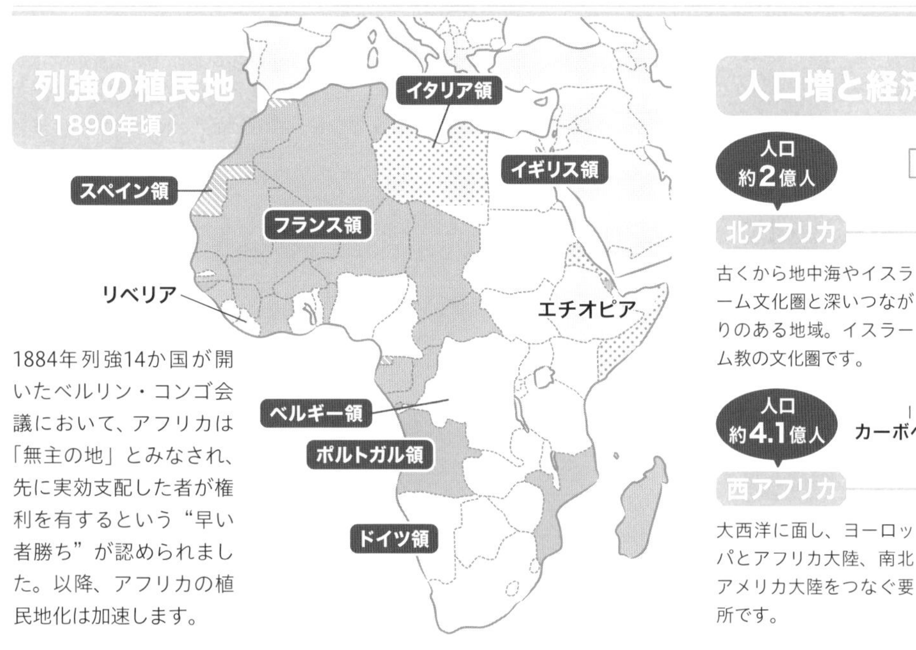

1884年列強14か国が開いたベルリン・コンゴ会議において、アフリカは「無主の地」とみなされ、先に実効支配した者が権利を有するという“早い者勝ち”が認められました。以降、アフリカの植民地化は加速します。

人口増と経済成長の大陸

アフリカの人口は約13億400万人で、世界人口の約18％を占めます。高出生率が続いており、2050年には世界の４人に１人がアフリカ人の割合になると見こまれています。

経済成長7%以上の国(2021年)

北アフリカ 人口約2億人

古くから地中海やイスラーム文化圏と深いつながりのある地域。イスラーム教の文化圏です。

西アフリカ 人口約4.1億人

大西洋に面し、ヨーロッパとアフリカ大陸、南北アメリカ大陸をつなぐ要所です。

中部アフリカ 人口約1.5億人

ほとんどが森林に覆われているうえ、戦争や紛争で疲弊し、経済発展は妨げられています。

南アフリカ 人口約2.2億人

ポルトガルの喜望峰到達から大航海時代（➡ P42）がはじまりました。金などの天然資源が豊富な地域です。

東アフリカ 人口約3.6億人

地中海と紅海、インド洋をつなぐ要衝はサイの角に似ていることから、“アフリカの角”とよばれています。

地中海
モロッコ
リビア
サハラ砂漠
紅海
スーダン
カーボベルデ
コートジボワール
ナイジェリア
ベナン
エチオピア
ソマリア
ケニア
アフリカの角
コンゴ民主共和国
ルワンダ
マイヨット島（仏領）
セーシェル
インド洋
ジンバブエ
マダガスカル
ボツワナ
レユニオン島（仏領）
エスワティニ
南アフリカ共和国
喜望峰

サハラ砂漠以南は農耕に適さず、海と砂漠に囲まれていたため、長い間、技術文化の流入も妨げられていました。15世紀以降は植民地として略奪の犠牲となり、ようやく独立を果たしたのは第二次世界大戦後です。独立後も植民地時代の国境線が氏族の分断・対立の火種となり、政治的混乱や内戦が続きます。

2000年代に入ると、多くの国が年５％台の経済成長を果たし、国際市場経済に参入。アフリカ版EUを目指す「アフリカ大陸自由貿易圏（AfCFTA〔アフクフタ〕）設立協定」の運用もはじまり、世界最大市場の可能性が期待されています。

要衝“アフリカの角”が注目される
東アフリカ

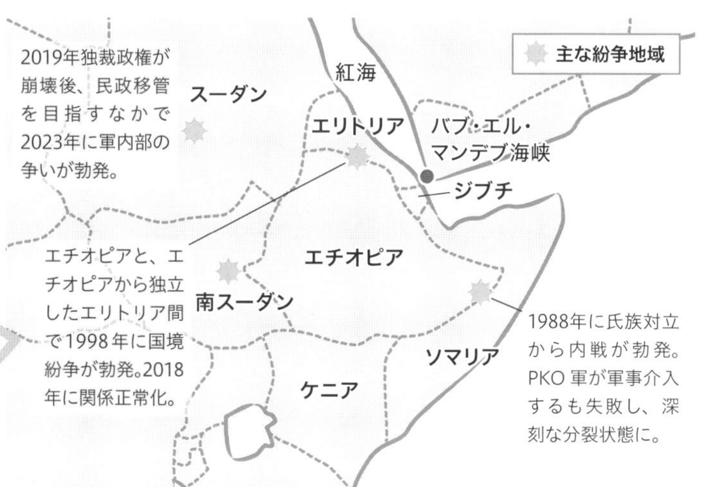

ルワンダやケニアなど情報通信技術の活用で経済成長を遂げる国がある一方、部族対立による紛争の絶えない地域です。さらに干ばつの影響で多くの難民が生まれ、深刻な人道危機も問題に。東部沿岸の「アフリカの角」は古くからの軍事的要衝で、ジブチにはアメリカと旧宗主国・フランスの軍事基地があります。一帯一路を目指す中国も2017年ジブチに軍事基地を開設し、ケニア（➡ P139）やエチオピアにも巨額のインフラ投資を行っています。

地域統合で民主化を促進
西アフリカ

西アフリカでは、15か国が加盟する「西アフリカ諸国経済共同体（ECOWAS（エコワス））」が経済統合だけでなく、政治安全保障にも積極的な役割を果たしてきました。アフリカ一の人口大国ナイジェリアをはじめ、ガーナやコートジボワールなどが経済をけん引。今後は単一通貨「ECO（エコ）」の導入も予定されています。

独裁政権が成長を妨げる
中部アフリカ

アフリカ大陸のなかで最も経済成長率の低い地域です。アフリカ大陸2位の面積を有するコンゴ民主共和国は、内戦をへて樹立した独裁政権が豊富な鉱物資源を私有化したために経済成長がストップ。資源を狙う近隣諸国との戦争でも多くの犠牲者を出し、深刻な人道危機が続いています。

“アラブの春”のはじまり
北アフリカ

ほとんどがイスラーム教を国教とするイスラーム文化圏ながら、旧宗主国・フランスをはじめ、南欧とのつながりも深い地域です。チュニジアからはじまった「アラブの春（➡ P156）」によって各国の独裁政権が崩壊し、リビアでは内戦が勃発。現在も混乱が続いています。

インド洋戦略重要地域
南アフリカ

インド洋と大西洋をつなぐ南アフリカは、近年、重要度が高まっている地域です。「真珠の首飾り戦略（➡ P142）」でインド洋展開を強化する中国に各国は強く警戒。インドはマダガスカルに通信傍受施設を建設しています。域内では豊富な天然資源をもつ南アフリカ共和国が群を抜いて経済成長を果たし、ナイジェリアとアフリカの盟主を争っています。

年表でつかむ！

日本の地政学

幕末までの日本は、基本的に領土争いを国内に限るランドパワー国家でした。しかし近代化とともに海外へ進出し、一時はシーパワーとランドパワーの両立を目指すものの失敗。戦後はアメリカの重要な同盟国として、世界有数のシーパワー国家となりました。

年号	主なできごと
57～	倭の奴国が後漢に入貢
710	平城京に遷都
794	平安京に遷都
1274 1281	モンゴル帝国が襲来
1467	応仁の乱で戦国時代へ
1549	キリスト教の伝来
1592	豊臣秀吉が朝鮮へ出兵
1603	江戸幕府の成立
1639	ポルトガル船の来航を禁止・鎖国へ
1853	ペリーが来航・開国を要求
1858	日米修好通商条約により開国
1868～	明治維新
1875	樺太・千島交換条約を結ぶ
1895	日清戦争に勝利
1902	日英同盟を結ぶ
1905	日露戦争に勝利
1914	第一次世界大戦に参戦
1915	中国へ二十一か条の要求
1923	関東大震災で大打撃

他国の支配は免れた島国

ランドパワー大国・モンゴル帝国に侵攻されるも征服は免れました。

例外的な大陸への介入

大陸進出は失敗し、以降、大陸とは距離をとります。

植民地化を警戒

ポルトガルは貿易とともにキリスト教の布教を要求。日本は布教を口実にした植民地化や反乱を恐れ、来航を禁止しました。

シーパワー勢力の一員に

アメリカやイギリスと同じシーパワー国家として近代化を進めます。

ランドパワー志向が強まる

韓国を併合し、南満州などの利権を得て、大陸進出の足場としました。

Keyword

【極東の島国】

古来、中国大陸、朝鮮半島などと海上交易を行っていましたが、ユーラシア大陸越しに遠く離れたヨーロッパの影響はほとんど受けませんでした。

Keyword

【鎖国と開国】

江戸時代の約260年間は、限られた港での交易にとどまっていましたが、欧米列強の圧力で開国すると、江戸幕府は崩壊。急激に近代化していきます。

Keyword

【敗戦】

第二次世界大戦では大東亜共栄圏構想を掲げ、中国大陸と太平洋に戦線を拡大して大敗。アメリカによる占領時代をへて、重要な同盟国となりました。

Keyword

【脱アメリカ依存】

国力に陰りが見えるアメリカ一国依存からの脱却を目指し、独自路線を模索。自らリーダーシップをとり、環太平洋諸国との関係強化を図っています。

- 1932 満州国の建国を宣言
- 1937 中国へ侵攻・日中戦争へ （P81）
- 1941 真珠湾を攻撃・太平洋戦争へ
- 1945 広島・長崎に原爆投下
- ポツダム宣言を許諾し終戦 （P83）
- 1946 日本国憲法を公布
- 1950 朝鮮戦争が起こる （P89）
- 1951 サンフランシスコ平和条約で独立を回復
- 日米安全保障条約を結ぶ
- 1954 自衛隊を設置
- 1956 日ソ共同宣言により国連加盟
- 1960 新日米安全保障条約を結ぶ （P169）
- 1972 沖縄返還・日中国交正常化
- 1992 PKO法で平和維持活動が可能に
- 2004 自衛隊をイラクへ派遣
- 2009 自衛隊をソマリアへ派遣
- 2011 東日本大震災・福島で原発事故
- 2015 集団的自衛権が行使可能に
- 2016 インド太平洋構想を発表 （P172）

シーとランドの両立は大失敗！
大陸と海洋への同時侵攻は無謀な試みでした。

世界有数のシーパワー国家に
アメリカの傘下で飛躍的な経済成長を遂げます。

米軍基地はそのまま
沖縄の日本復帰を果たすも、米軍基地は太平洋の軍事的要衝として、そのまま残されました。

独自路線を模索
自衛隊の活動範囲を広げるなど、国際社会での存在感をアピール。

存在感を高めたい極東のシーパワー

地政学的にみると、日本は四方を海に囲まれた島国であることが大きな意味をもちます。帆船時代まで、他国が日本に侵攻するためには、莫大な費用と時間をかけなければならず、圧倒的に“攻めにくい国”だったのです。

また、ヨーロッパの「極東」に位置し、アメリカとの間には太平洋という障壁があることも好条件でした。欧州列強は18世紀からアジアの植民地化を進めますが、極東の日本は後回しになったため、情報を収集し脅威に備えることができたのです。しかし、第二次世界大戦後は、その地理的条件ゆえに、難しい舵取りが迫られています。

太平洋ルートを死守したい
ロシア

ロシアが南下政策をとるうえで、ランドパワーを得ようとした近代日本の存在は脅威でした。現在も対アメリカ戦略上、北方領土周辺の太平洋ルートは非常に重要です。

シーパワー獲得を狙う
中国

シーパワーを求めて太平洋進出を狙う中国にとって（➡ P134）、アジア諸国との友好関係を築き、正論と話し合いで関係修復を図ろうとする日本の存在は無視できないものです。

安全体制を強化したい
日本

アメリカと協力しつつも、脱アメリカ一国依存を目指します。独自に環太平洋諸国との協力体制を築き、新しい体制で国家の安全を守ろうとしています（➡ P172）。

“リーダー日本”に不安が残る
アジア諸国

第二次世界大戦中、日本は大東亜共栄圏構想のもと（➡ P81）、タイ、インドネシア、マレーシアなどを占領・統治しました。このため、アジア諸国は日本のシーパワー復活を警戒。根強い不安があります。

1274年〜
モンゴル帝国は大軍を率いて北九州を二度襲ったが失敗（元寇）。

1858年
日米修好通商条約を結び、神戸など5つの港を開いて開国する。

1945年
日本の降伏を勧告するポツダム宣言を受諾し、アメリカの占領下に入る。

1960年
新日米安全保障条約で、アメリカの日本防衛義務が明文化された。

1972年5月
アメリカ軍統治下にあった沖縄が本土復帰。しかし米軍基地は残った。

1972年9月
アメリカはソ連と対立する中国に接近。それに伴い日中の国交も正常化。

日本を利用しよう！

ギロ…

日本を世界戦略拠点にした
アメリカ

シーパワー国家のアメリカにとって、日本の地理的条件は、ロシアと中国から太平洋を守る防波堤としてうってつけでした。沖縄県を中心に日本各地に米軍基地を設置します。

アメリカ

〈アメリカが日本に基地をおく理由〉

地球をまるごと警備できる

沖縄に射程距離1万kmの大陸間弾道ミサイル（ICBM）を配備すると、その射程距離圏内に中南米やアフリカを除く、世界の主要都市がほぼすべて含まれます。

“よい基地”になる環境

日本は政治、経済ともに安定しており、基地に必要な設備や通信のほか、インフラ面も充実しています。また、米軍駐留経費の大半を日本が負担しているのも特徴です。

大戦で“勝ち取った”もの

日本は第二次世界大戦で敗戦したため、米軍は罪悪感なく旧日本軍の基地を使用します。特に唯一の地上戦があった沖縄は占領期間も長く、強制的に土地が接収されました。

主な米軍基地

在日米軍関係者が事件や事故を起こした場合、日本側は自由な捜査ができません。特に基地が集中する沖縄県では米軍関係者の事故や事件が絶えず、問題となっています。

Check!

中国との距離感

日本の文化的な発展には、中国との絶妙な距離が功を奏しました。ユーラシア大陸から分離してできた日本は、中国と海を挟んでほどよい距離にあり、中国の先進文化を積極的にとり入れながらも、支配下におさまることはありませんでした。独自性を保った文化を発展させることができたのです。

解決策が見えない領土問題

現在の日本の領土や領海は、1952年に発効したサンフランシスコ平和条約によって定められたものです。現在、日本が主権をもつ島は大小１万4000余。領海は東シナ海や太平洋にも広がっています。

しかし、北方領土はロシアが、竹島は韓国が、尖閣諸島は中国が、それぞれの思惑から主権を主張しています。さらに近年は、鉱物や石油などの眠れる海洋資源の存在が、領土問題の解決をより難しくしています。

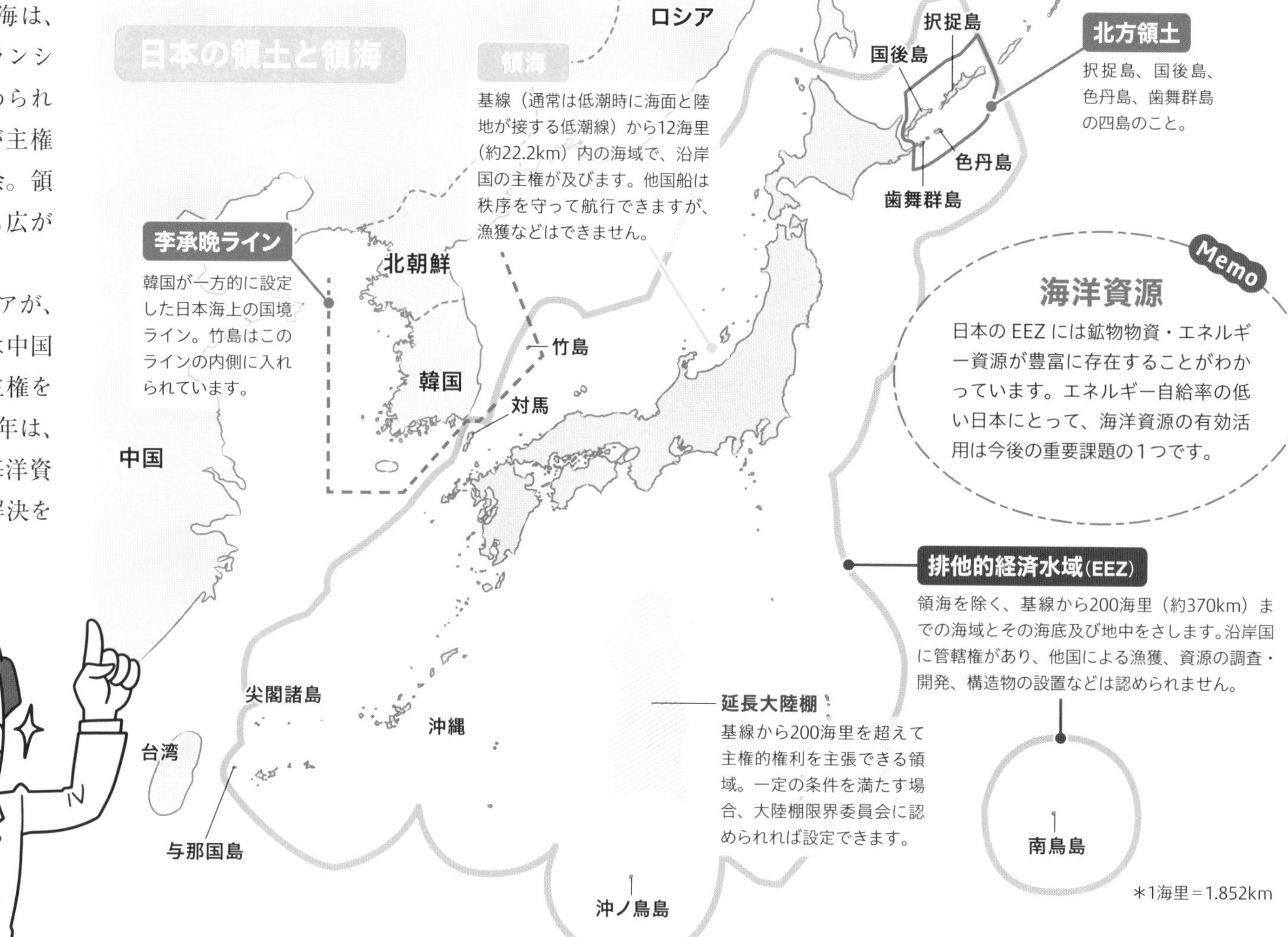

1855年	1875年	1951年	1952年	1969年	2010年
日露和親条約で日本とロシア帝国の国境を択捉島と得撫島の間とする。	樺太・千島交換条約で千島列島全島が日本、樺太全島がロシア領土に。	日本は48か国とサンフランシスコ平和条約を締結。ソ連は調印を拒否。	韓国が突然、李承晩ラインを主張し、竹島を不法に占拠する。	国連の調査で、東シナ海に海洋資源埋蔵の可能性が指摘される。	尖閣諸島沖で中国漁船が海上保安庁巡視船に意図的に衝突。破損させる。

対ロシア

北方領土

返還したらアメリカ軍が近づくかも!

北方領土は、日本のポツダム宣言受諾後に当時のソ連軍が占領。以来ロシアの実効支配が続いています。日本はサンフランシスコ平和条約で南樺太と千島列島を放棄しましたが（➡P83）、北方領土は日本の領土だとして返還を求めています。一方、ロシアは戦争で勝ち取った領土だと主張し、軍事基地化を推進。歯舞・色丹のみの二島返還案もありますが、ロシアは返還後の米軍駐留を危惧しています。

対韓国

竹島・対馬列島

日本に入る前から韓国の領土!

竹島は1905年に島根県に編入された日本領土です。しかし、1952年、韓国初代大統領李承晩は「李承晩ライン」を一方的に引き、竹島の不法占拠をはじめました。日本は三度にわたり、国際司法裁判所（ICJ）への解決付託提案を行いましたが、韓国は拒否。竹島の実効支配を続けています。さらに韓国の一部では、対馬返還を求める声もありますが、日本は相手にしていません。

対中国

尖閣諸島

海洋資源があるのか! ならば中国の領土にしよう

東シナ海にある尖閣諸島は、1895年に沖縄県に編入され、一貫して日本領土として扱われています。しかし、東シナ海一帯に海洋資源があることがわかると、中国と台湾が突如、尖閣諸島の領有権を主張。東シナ海は中国にとって防衛上重要な海域でもあることから（➡P134）、頻繁に領海侵入をくり返しており、特に2012年の尖閣諸島国有化以降は領海侵入が常態化しています。

Column

温暖化で心配な沖ノ鳥島

沖ノ鳥島は、東京から約1700km 離れたサンゴ礁の島。排他的経済水域は40万 km^2と、約38万 km^2の国土面積を上回ります。漁業資源や鉱物資源も期待される重要拠点ですが、温暖化の影響などで水没の危機にあり、コンクリートで守られています。しかし、中国は「島ではなく岩だ」と主張し、無断調査をくり返しています。

沈んでしまう! 守らなきゃ!

世界をリードしたいインド太平洋構想

2016年に発表された「自由で開かれたインド太平洋（FOIP）」は、インド太平洋の広い海域を「国際公共財」ととらえて国際秩序を形づくり、紛争の平和的解決や自由な航行などを目指すことが、国際社会の平和と繁栄につながる、とする外交構想です。

構想の基礎となったのは、安倍晋三首相（当時）が2007年に行った演説でした。背景には、影響力を増す中国への危機感がありますが、構想自体はどの国にも開かれています。現在、FOIPは広く世界に支持され、日本の働きかけで日米印豪4か国によるQuad（クアッド）（日米豪印戦略対話）もはじまりました。

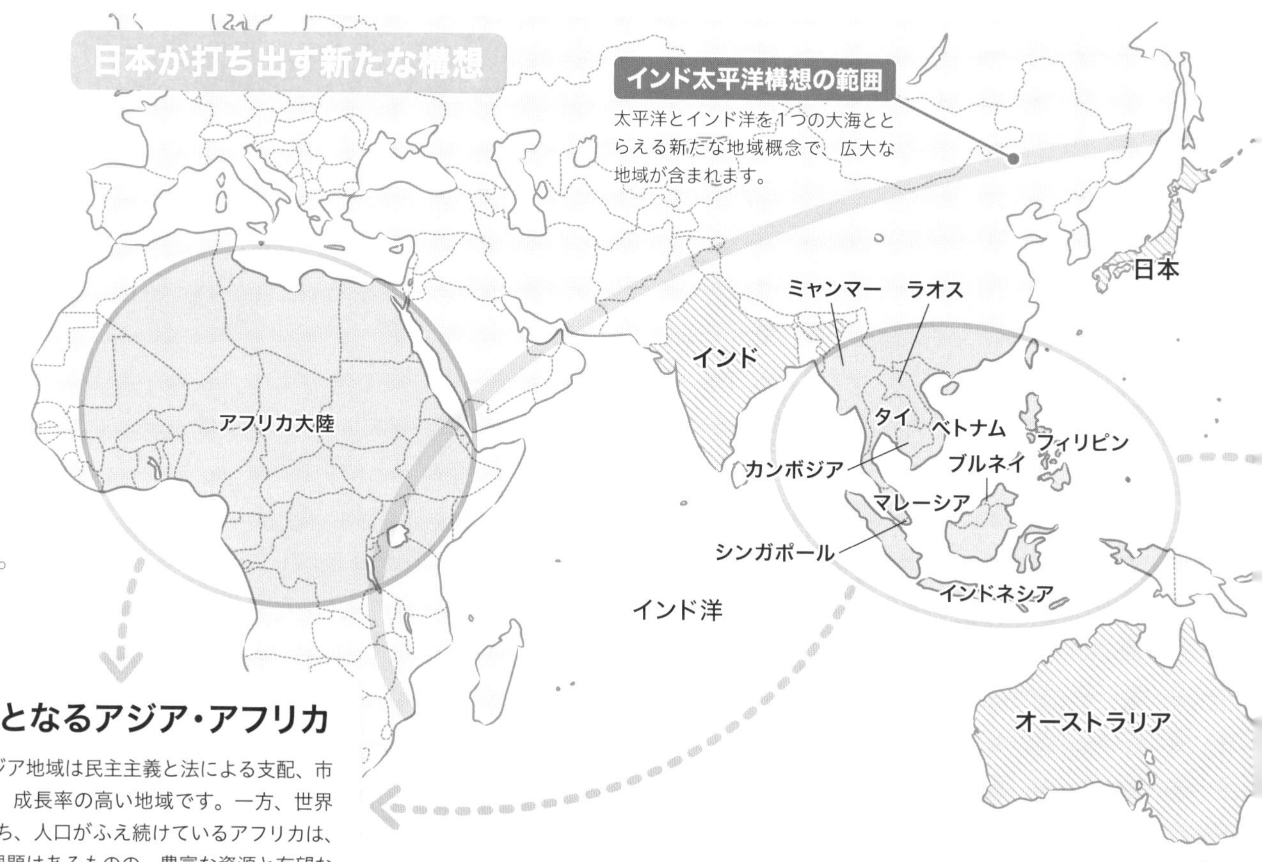

構想のカギとなるアジア・アフリカ

東南アジアや南アジア地域は民主主義と法による支配、市場経済が浸透して、成長率の高い地域です。一方、世界の22%の面積をもち、人口がふえ続けているアフリカは、貧困やテロなどの課題はあるものの、豊富な資源と有望な市場という高い潜在力をもっています。この2つのエリアが強く安全に結びつけば、地域全体の経済成長と安全保障が期待できると考えられています。

2007年	2016年	2017年	2019年	2019年	2022年
安倍首相がインド国会にてインド洋と太平洋についての演説を行う。	アフリカ開発会議の基調演説において、安倍首相がFOIPを発表。	アメリカがFOIPを採用し、Quad閣僚級協議が始動。	ASEANサミットでAOIPが採択され、海の接続性と海上協力を定める。	初めてのQuad外相会合をニューヨークで開催（首脳会談は2021年）。	Quad首脳会合を東京で開催。気候変動対策、インフラ協力などで合意した。

〈リードするのはQuad〉

FOIPをリードするのは中国に強い警戒感をもつ日米豪印4か国。「Quad（日米豪印戦略対話）」でFOIP実現への具体的な協議を重ねますが、各国それぞれの思惑があります。

日本

構想をよびかけたリーダーとして、世界各国と協力を進めています。中国との対立を強めてしまうと、ASEANの支持を失う恐れがあるため、ほどよい距離感を探っています。

アメリカ

中国の「一路一帯」構想（➡P136）を警戒し、人権問題に対しても強く批判を続けています。インド太平洋構想を重視し、中国に対して強行姿勢をとっています。

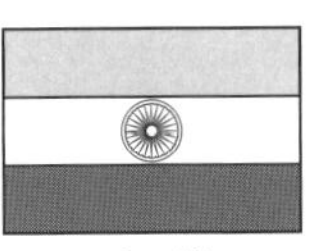

インド

中国とは国境を接して長年緊張状態が続いているうえ（➡P142）、経済・軍事面で中国に頼っています。そのため、中国の海洋進出を警戒しつつも、対中包囲網には消極的です。

オーストラリア

中国による南太平洋海域への進出と影響力の増加を警戒し、中国と対抗するためにも日米印との協力を強めたいと考えています。

独自色を出したいASEAN

太平洋とインド洋、2つの海の交わりに位置するASEAN（東南アジア諸国連合➡P93）はFOIPを受けて、2019年に「インド太平洋に関するASEANアウトルック（AOIP）」という独自方針を採択しました。ASEAN諸国は対中国への姿勢は消極的ですが、自らの中心となって方針を決めたいと考えたのです。AOIPとFOIPは理念を共有し、協力・協働を進めています。

Pick up!

覇権は西へ進む 次のリーダーは日本!?

歴史を眺めてみると、世界の覇権が西へ移動する流れと、大国の“子分”が覇権を奪う流れが見えてきます。「世界の警察」アメリカの力が衰えてきた今、次のリーダーになるのはどこか、世界中が見守っています。

説1 覇権は西へ移動する

西部開拓時代にアメリカでとなえられたスローガンが「明白な天命（マニフェストデスティニー）」です（➡ P119）。文明は西に進むとして、アメリカの西方への領土拡大を正当化したものですが、世界地図をみると、古代オリエントからローマ、イギリス、アメリカ東海岸というように、覇権が西に移動していることがわかります。

日本よりも大きな国土をもつ中国とインドも、アメリカの西に位置しています。

唯一の同盟国であるアメリカに依存して歩んできた日本。リーダーとしての実績は足りません。

アメリカの西に位置し、同盟国としてその影響を強く受けている日本は、セオリー通り、次のリーダーとなれるのでしょうか。

日本人は古くから順応性が高く、中国など他国の文化と自国の文化を絶妙にミックスして、「折衷（せっちゅう）」の文化をつくりあげてきました。また、明治以降は、欧米の価値観をうまくとり入れることで、アジアでいち早く近代化と経済発展を成し遂げることができたのです。しかし、国際外交のかけ引きは苦手です。今後、世界のリーダーとなるためには、Quad（クアッド）（➡ P172）などで、各国としたたかにわたりあう経験を積んでいくべきでしょう。

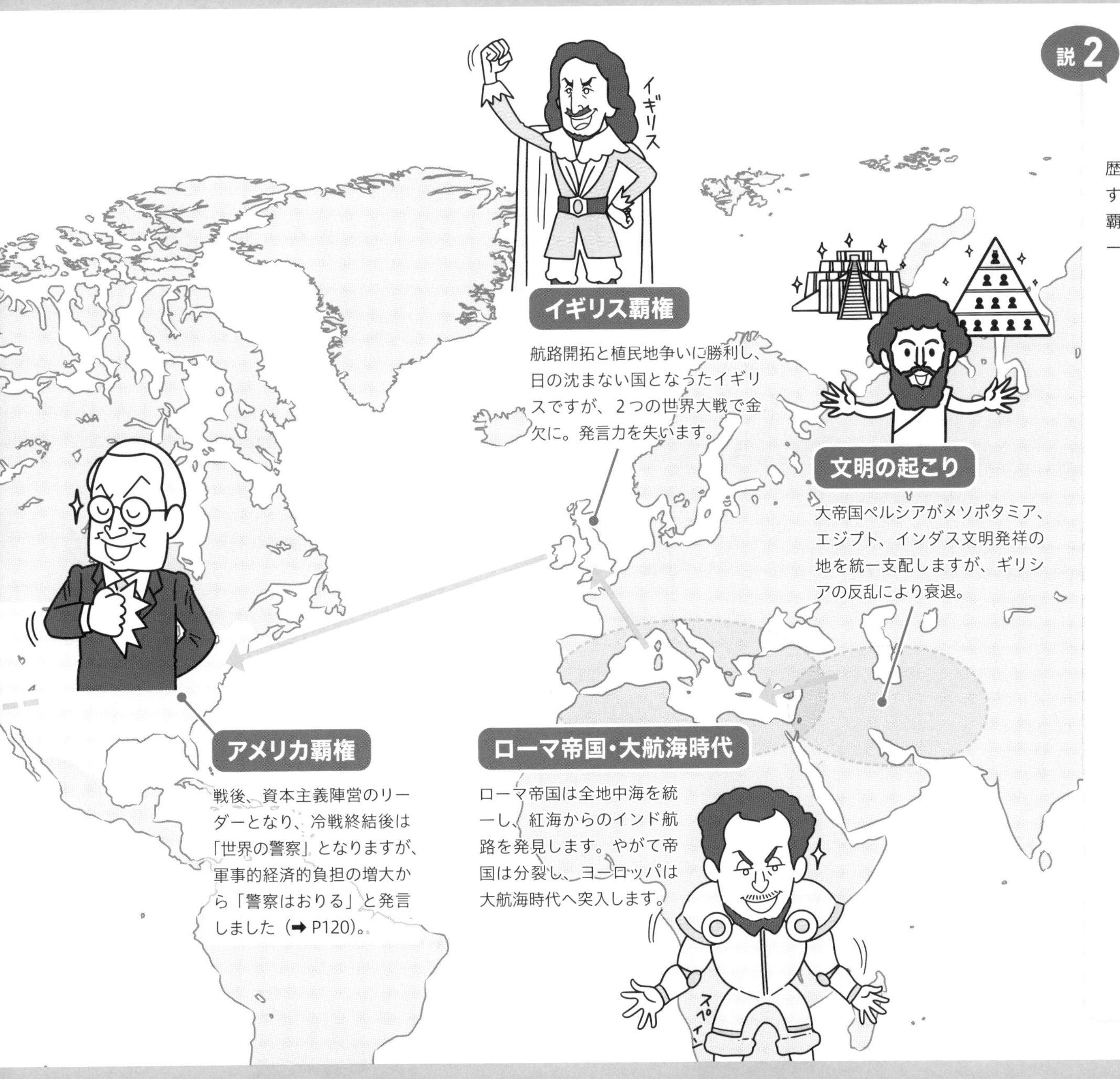

説2

支配国の“子分”が覇権を奪う

歴史的に多く見られるのが、大国が支配する地域や植民地、あるいは同盟国が、覇権国よりも力をつけて独立し、次のリーダー国になるというパターンです。

〔17世紀〕

スペインからオランダへ

商業が盛んで新教徒の多かったオランダはカトリック大国スペインから独立。中継貿易によってヨーロッパの経済中心地となります。

〔18世紀〕

オランダからイギリスへ

名誉革命によって、オランダ総督ウィリアム3世がイギリス国王になりました。その後、いち早く産業革命を達成し、繁栄を築きます。

〔20世紀〕

イギリスからアメリカへ

イギリスの植民地だったアメリカは独立し、移民の国として急成長。２つの世界大戦をへて力を蓄え、名実とも超パワー大国となります。

〔21世紀〕

アメリカから日本へ？

戦後、アメリカの占領下におかれた日本は、現在も安全保障・経済面でアメリカに依存した状態。独自路線を開けるかが注目されます。

覇権の絶頂期、崩壊がはじまっている

人類が文字を発明して「歴史時代」になってから5000年余り。その間、数多くの国や政権が栄華を誇りました。しかし、1つの国家や政権を維持できるのは、せいぜい200〜300年程度で、500年以上続くことはめったにありません。

覇権が絶頂に向かう過程では、成長の輝きしか見えないものです。しかし、果物が成熟すると同時に腐敗がはじまるように、成熟期には経済や政治の腐敗の芽が必ずあるものです。それは、権力者の驕り(おご)によるものであったり、市民の不満であったりします。時代の変化にあわせてシステムを変えていかなければ、覇権はやがて没落し、崩壊してきます。

〈Case 1 イギリス〉

パクス・ブリタニカ

〔1850年頃〕

絶頂

第一次産業革命で大もうけ！

↓

第二次産業革命に遅れる

米独日ソの成長を生む

第一次産業革命による軽工業システムが社会全体に浸透していたため、第二次産業革命への移行が遅れました。その結果、米独日ソの台頭を許し、世界大戦で大打撃を受けます。

〈Case 2 アメリカ〉

パクス・アメリカーナ

〔1945年頃〕

絶頂

二度の世界大戦で勝利！

↓

帝国主義的な戦争・
軍事介入を続ける

国内の経済悪化

くり返される他国への介入とその軍費負担、さらに自国の経済悪化で世論の批判が高まります。2013年、ついに当時のオバマ大統領は「世界の警察をおりる」と宣言しました。

覇権崩壊のルール

① 世界の覇権をとる

② ずっと覇権国でいようとする

③ 腐敗の広がりに気づかない

④ 一気に崩壊する

第5章

ポストコロナの地政学

2020年に突如、はじまった新型コロナウイルスのパンデミック。
ようやく収束に向かいつつあるなかで起こったのが、ロシアのウクライナ侵攻です。
国連の常任理事国がランドパワーで主権国家を侵略するという暴挙は、世界中に大きな衝撃を与えました。
パンデミック以降の動乱の時代を、地政学の視点から読み解いていきましょう。

年表でつかむ！

新型コロナからの地政学

2019年末に中国で発生した新型コロナウイルスは瞬く間に世界中に拡大し、WHO（世界保健機関）は世界的な流行を意味する"パンデミック"と認定しました。コロナパンデミックは直接的ではありませんが、さまざまな地政学のリスクを加速させることになりました。

年号	主なできごと
2019・2	香港政府が「逃亡犯条例改正案」を提案
・6	香港返還後最大の抗議デモ発生
・11	アメリカで香港の人権等を守る法律成立
・12	中国で新型コロナウイルス発生
2020・1	WHOが緊急事態を宣言
・3	欧州でロックダウンが相次ぐ
・4	日本でも全国に緊急事態宣言
・4	各国のGDP成長率が著しく低下
・6	中国政府が「香港国家安全維持法」を施行（➡P185）
・12	ロシア・アメリカがコロナワクチン接種開始
2021・1	北朝鮮が国防力強化を決定
・2	ミャンマー国軍がクーデター
・3	新疆（しんきょう）ウイグル自治区の人権侵害が問題視
・3	アメリカがジェノサイドの認定（➡P141）
・5	各国でコロナによる経済活動、制限緩和
・9	北朝鮮がミサイル発射を頻繁にくり返す
・10	中国国家主席が台湾統一を果たすと発言
2022・2	北京オリンピック開催
・2	ロシアがウクライナへ侵攻開始（➡P180）

海を隔てアメリカが援護

香港の民主派の動きを援護する法律を制定。中国はこれに激しく反発しました。

世界恐慌以来の大不況に

コロナ禍で世界経済の成長率は−3％と落ちこみ、1920年代の世界恐慌（➡P78）以来、最悪の同時不況となりました。

コロナ対策でも競い合う

ロシアや中国などは競って自国産のワクチンを各国に供給し、外交上の存在感や影響力を高めようとしました。

人権侵害にまつわる対立

ウイグル族への中国の残虐行為に対し、アメリカ、オーストラリア、イギリスなどが外交ボイコットを表明。

Keyword

【動乱の時代】

国際秩序の維持を自ら担ってきたアメリカが一歩退いたことで、さまざまな主義主張が入り乱れる動乱の時代に突入しています。

Keyword

【新型コロナウイルス】

新型コロナウイルス感染症の世界的な流行は、世界を分断し鎖国状態を生み出しました。貿易も人的交流も途絶え、世界経済は著しく落ちこみました。

Keyword

【ロシア・ウクライナ戦争】

プーチンがはじめた21世紀の侵略戦争は世界中に衝撃を与え、第三次世界大戦の恐れも。主権国家への侵略という暴挙は現在も続いています。

Keyword

【中国・習近平】

対外膨張政策を積極的に行ってきた習近平。プーチンがはじめたロシア・ウクライナ戦争から、習近平が何を学び、どう動くのかが注目されます。

- **2022・2** ウクライナがEUに加盟申請
- ドイツが国防費アップの方針を示す
- 北朝鮮が大陸間弾道ミサイル発射
- **・3** ロシアがウクライナの原発施設を占拠
- **・5** フィンランドとスウェーデンがNATOに加盟申請
- **・6** ウクライナがEU加盟候補国に
- **・7** 安倍晋三元首相が銃撃される
- **・9** ウクライナが東部で反撃に転じる
- ロシアがウクライナ南部4州を併合(→P181)
- ウクライナがNATOへ正式に加盟申請
- **・10** クリミア大橋が爆発。ウクライナにミサイル攻撃
- 日本で「技能実習制度等」の廃止が議論
- **・12** 日本が2023年度から防衛費増額を決定
- **2023・1** アメリカ、イギリス、ドイツがウクライナに戦車供与を表明
- **・3** 国際刑事裁判所がプーチン大統領に逮捕状を出す
- プーチン大統領が習国家主席と会談
- **・5** ロシアの民間軍事会社(→P187)が激戦地から撤退
- **・6** 民間軍事会社創設者による反乱が発生

警戒を高めるロシア周辺国

ロシアのウクライナ侵攻を受けて、ロシア周辺国は相次いで安全保障政策を見直しました。

西側諸国がウクライナを支援

ロシアは4州併合を強行し、都市へのミサイル攻撃を実施。西側諸国は激しく非難しています。

島国日本も変わっていく?

移民を受け入れるかどうか、中国・北朝鮮の軍事的圧力にどう対応するのか、日本は大きな転換期を迎えています。

対アメリカで緊密な中ロ

経済制裁を受けているロシアを、中国は最大の貿易国として支援。緊密な関係をアピールし、アメリカをけん制しました。

世界大戦の危機 ロシア・ウクライナ戦争

2014年のクリミア併合後も（➡P114）、ロシアにとってNATOやEUの拡大は脅威でした。ロシアの絶対防衛ラインを担うウクライナで、親欧米派のゼレンスキー大統領が誕生すると、ロシアはウクライナ国境付近に軍備を集結。「ウクライナのNATO加盟を認めない」と表明し、NATOに「東方拡大をやめ、軍備を後退・撤去する」ことなどを要求しましたが、交渉は決裂します。世界中の識者の予想を裏切って、ロシアはウクライナに侵攻。時代錯誤の侵略戦争を続けています。

全土掌握を目指して侵攻（2022年2月24日～3月25日ごろまで）

← ロシア軍の侵攻

★NATO加盟国

◆CIS加盟国

ベラルーシ

ロシア

2022年3月25日ごろのロシア勢力

ポーランド

首都・キーウ

リビウ

親欧米派の地域（➡P115）

ウクライナ

ドニプロ川

スロヴァキア

ルハンスク州

ドネツク州

ハンガリー

モルドバ

親ロシア派の地域（➡P115）

ザポリッジャ州

マリウポリ

ヘルソン州

ヘルソン

オデーサ

ルーマニア

クリミア半島（➡P114）

セヴァストーポリ

黒海

2022年2月24日、ロシアは首都キーウを目指して侵攻を開始。兵たんを準備せず、一気に全土掌握するもくろみでしたが、ウクライナの徹底抗戦により戦いは長期化しています。

ウクライナは断固として戦う

ウクライナ

ゼレンスキー

1978年生まれ。大学卒業後、俳優・コメディアンとして活躍。2019年に大統領に就任。

〈 世界に与えた3つの影響 〉

第三次世界大戦の危機

ロシアとNATOが直接、軍事衝突すれば、第三次世界大戦につながる恐れが。ロシアによる核施設への攻撃・占拠や核使用の恫喝は、世界の緊張感を高めています。

食料不足、エネルギー危機

穀物輸出大国であるロシア・ウクライナ両国の輸出量が激減し、世界の食料価格が高騰。また、化学肥料・エネルギー大国ロシアに対する経済制裁から、化学肥料やエネルギー価格も高騰し、世界中に大打撃を与えています。

時代錯誤の安全保障戦略

自国周辺のバッファゾーンを死守するためなら他国への軍事侵攻もいとわない、というロシアの安全保障戦略が、帝国主義時代から変わっていないことが明らかになりました。

2014年
ロシアがクリミア半島を併合(➡P114)。黒海の海軍拠点の維持強化を実現。

2022年 2月
ロシアがウクライナ侵攻を開始。その直後にウクライナはEU加盟を申請。

2022年 9月
ウクライナ全土の約14%にあたる4州を、ロシアが一方的に併合。

2022年 11月
ウクライナの攻勢を受け、ロシアは最初の制圧地である、ヘルソン州から撤退。

2023年 1月
欧米諸国によるウクライナへの軍事支援が続く。米英独が戦車供与を決定。

2023年 6月
ロシアの民間軍事会社ワグネルによる反乱が発生。およそ24時間後に収束。

一般市民を巻きこむ動員令

兵力不足を補うため、プーチンは2022年9月動員令を発令。予備役を対象にした部分的動員令とされていますが、国内の反発は大きく、多くの若者が国外へ脱出しました。

再び行われた勝手な併合

ウクライナの反転攻勢で占領地域の維持が難しくなったロシアは、ルハンスク、ドネツク、ザポリッジャ、ヘルソンの4州で「住民投票」を強行し、一方的に併合しました。西側諸国はこれを強く非難。中国やインドの支持も得られず、ロシアの国際的孤立は深まるばかりです。

〈終結の行方は……〉

どこまで回復する?

ウクライナがまず目指すのは2月24日の侵攻前の領土回復です。2023年8月末時点では、併合された4州のロシア勢力とクリミア半島以外は、ウクライナが奪還しています。加えてクリミア半島まで奪還すれば、ロシアは黒海の軍事拠点と地中海に抜けるシーレーンを失うことになります。

NATO加盟はあるか?

NATOの目的は、ウクライナをNATOに加盟させてロシアを封じこめること。ウクライナ勝利で終結すれば、NATOへの加盟は確実でしょう。ロシアのバッファゾーンは崩れます。

民主化はあるか?

ロシアの民主化を期待する声もありますが、民主主義はロシア民族の歴史や価値観とは適合しない政治システムです。もし新たな指導者が民主化をとなえたとしても、実質的には独裁体制になると考えられます。

核使用はあるか?

人類の破滅につながる核使用は、通常ならありえません。しかしプーチンは、ヒトラー同様に「パラノイア(偏執・妄想症)」になっているといわれており、パラノイアゆえの常軌を逸した行動が懸念されています。

解体か存続か?

ロシアが敗北すれば、プーチンの失脚は避けられません。ロシアが現体制を維持できるか、あるいは解体するかは、次の指導者の力量次第だと考えられます。

Column

脱ロシア依存は長続きしない?

ロシアの軍事侵攻とそれに対する経済制裁を受け、リスク分散のために、脱ロシアの動きが盛んになっています。しかし、資本主義経済において価格競争は免れません。ロシア産の穀物やエネルギーが"お買い得"なら、脱ロシアの傾向は長続きしないでしょう。

Post corona 2

どうなる？ NATO&CIS加盟国

NATOの原型は1948年、イギリス、フランス、ベルギー、オランダ、ルクセンブルクの5か国で結成された集団防衛機構「西ヨーロッパ連合（WEU）」です。結成翌年にアメリカが加わり、対ソ連の軍事同盟NATOへと発展。ソ連崩壊後もNATOは拡大を続け、ロシアを追い詰めることになりました（➡ P113）。

ロシア・ウクライナ戦争で、NATOはウクライナに膨大な軍事支援を行い、ロシアを封じこめています。加盟国であれば、より厳しい姿勢で臨むと想定されるため、今後もNATOへの加盟を望む国は増えると考えられます。

フィンランド
2023年にNATO加盟
ロシアのウクライナ侵攻を受け、中立政策を転換。スウェーデンとともに2022年に加盟を申請し、2023年4月に31番目の加盟国に。

スウェーデン
NATO加盟申請手続き中
NATO加盟国のトルコに反対されていましたが、トルコ側の要望を受け入れるかたちで合意。32番目の加盟国になる予定です。

★印3か国
NATO加盟希望国
ウクライナ、ボスニア・ヘルツェゴビナ、ジョージアの3か国。加盟にはNATOが求める民主主義体制の基準を満たす必要があります。

Check!
NATOは日本まで拡大!?
もともと北大西洋周辺の国々で結成されたNATOですが、北欧・東欧諸国へと拡大。日本に連絡事務所を開設するという案も出ており、インド太平洋まで拡大する勢いです。

かたちを変えてポスト国連へ!?

国際連合は「国際の平和および安全を維持」を目的としていますが、常任理事国のロシアと中国が国際秩序を乱しており、機能不全に陥っている状態。もし、新生ロシアや日本がNATOに加盟するようなことがあれば、かたちを変えたNATOが国連の役割を担うかもしれません。

2022年 2月	2022年 5月	2022年 10月	2022年 10月	2023年 4月	2023年 7月
ドイツが国防費をＧＤＰ比２％以上に引き上げる方針を表明。	中立政策をとっていたスウェーデンとフィンランドがＮＡＴＯ加盟を申請。	ＣＩＳ首脳会議をモルドバのサンドゥ大統領が、多忙を理由に欠席。	キルギスのジャパロフ大統領が、非公式の旧ソ連諸国首脳会合を欠席。	フィンランドがＮＡＴＯに正式に加盟。ロシアは対抗措置を表明。	ＮＡＴＯ首脳会議で、日本での連絡事務所新設を検討。結論は先送り。

モルドバ

ロシアと決別姿勢

2020年に親欧米派のサンドゥ政権が誕生。ロシアのウクライナ侵攻直後にEU加盟を申請しました。ロシアを脅威とみなし、脱ロシアを図っています。

アルメニア

ロシアの同盟国を否定

隣国アゼルバイジャンとの紛争に対し、ＣＳＴＯが軍事介入をしなかったことで、ロシアに不信感を抱いています。ウクライナとの戦争においては「ロシアの同盟国ではない」と表明しました。

タジキスタン

プーチンの姿勢に不満

2022年9月に隣国キルギスとの国境で紛争が勃発しましたが、ウクライナ侵攻中のロシアは介入しませんでした。ラフモン大統領は「我々にも敬意を払ってほしい」と不満をあらわにしました。

Check!

中央アジアは陸の孤島

中央アジアとは、ユーラシア大陸の中央の内陸地域のこと。砂漠とステップが広がる生産性の低い土地で、海に出ていくこともできません。人口も少ないため自力での発展は難しく、大国の影響下で経済・社会体制を安定させてきたという歴史をもちます。ロシアと距離をとったとしても、完全に離れることは地政学的に難しいでしょう。

どんどん緩く!?
ロシア・ソ連の連合体

強 ↑ 結束力 ↓ 弱

- Federation（フェデレーション） / Union（ユニオン）
- Commonwealth（コモンウェルス）
- 新たなCIS

ロシアの正式名は「Russian Federation（ロシア連邦）」で、共和国など89の構成主体が強固に結束した連邦国家です。ソ連は「Union of Soviet Socialist Republics」、CIS は「Commonwealth of Independent States」なので、CIS はソ連よりも緩やかです。ロシア・ウクライナ戦争後、CIS諸国は今よりさらに緩い連合体を組むことと考えられます。

ＣＩＳはソ連解体後、ロシア主導で結成された旧ソ連国家の連合体です（➡P93）。しかし、ロシアの国内紛争への軍事介入などで、ジョージアとウクライナが脱退（➡P113）。現在の加盟国はロシア、アルメニア、カザフスタン、キルギス、タジキスタン、ウズベキスタンでなどの９か国で、このうちの６か国でＣＳＴＯ（集団安全保障条約）という軍事同盟も結成しています。

ウクライナ戦争に踏み切ったロシアはＣＩＳに反ＮＡＴＯ勢力としての結束を期待しましたが、加盟国の支持は得られていません。

＊トルクメニスタンは CIS 準加盟国。

Post corona 3

一気に進むはずだった台湾併合

第二次世界大戦後の中国で、共産党との内戦に敗れた国民党は台湾に逃れて、中華民国政府を建てました。しかし、1971年、国連は共産党の中華人民共和国を正式な代表とし、台湾（中華民国）は脱退させられることに。以降、台湾は「地域」とみなされています。

海洋進出を目指す習近平にとって、台湾は東シナ・南シナ海の要衝。台湾海峡で軍事行動を活発化するなど、台湾への圧力を強めながら、「一国二制度」から香港を制圧。台湾も同様に統一するつもりでしたが、ウクライナ侵攻に踏み切ったロシアの様相を見て、二の足を踏んでいる状態です。

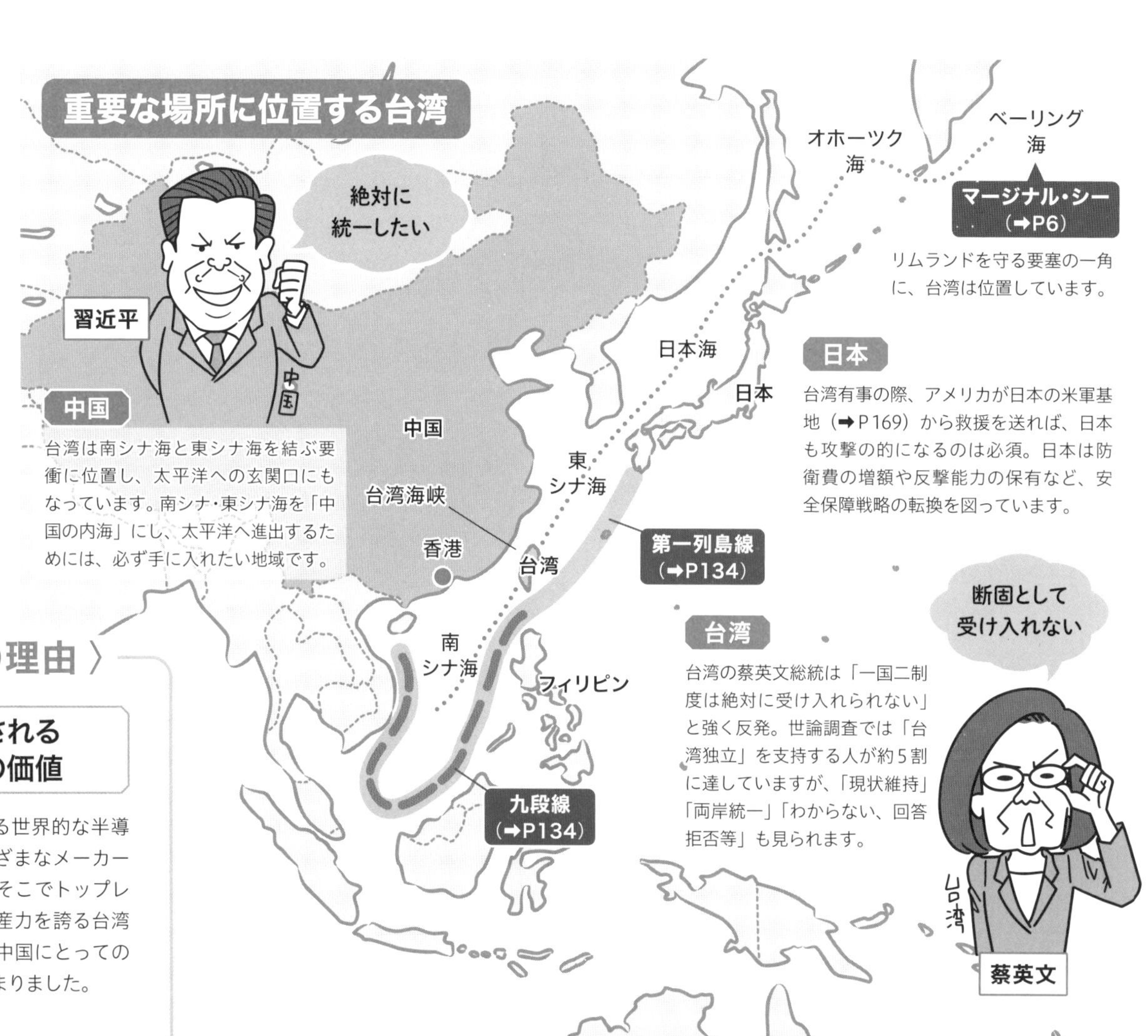

〈 コロナ禍で進めたかった2つの理由 〉

ゼロコロナ政策の失敗・財政破綻

中国はゼロコロナ政策に失敗し、国内では大規模な抗議デモも発生しました。また、成長を続けてきた経済は失速し、財政は破綻状態に。そこで、国外政策に注目を集め、強い中国をアピールしたいという思惑がありました。

見直される台湾の価値

コロナ禍における世界的な半導体不足で、さまざまなメーカーが製造停止に。そこでトップレベルの半導体生産力を誇る台湾の評価が上昇。中国にとっての経済的価値も高まりました。

2014年
香港行政長官選挙の候補者を親中国派に制限。大規模な抗議デモが勃発。

2019年
習近平が「一国二制度による台湾統一」を表明。香港で抗議デモが活発に。

2020年 5月
台湾の蔡英文総統が「一国二制度は受け入れられない」と明言。

2020年 6月
香港国家安全維持法が施行。言論統制がしかれ、民主化運動は弾圧へ。

2023年 2月
習近平が2027年までに台湾進攻準備を軍に指示したとの情報が明らかに。

2023年 3月
国家主席の任期制限を法改正で撤廃した習近平が、3期目に突入。

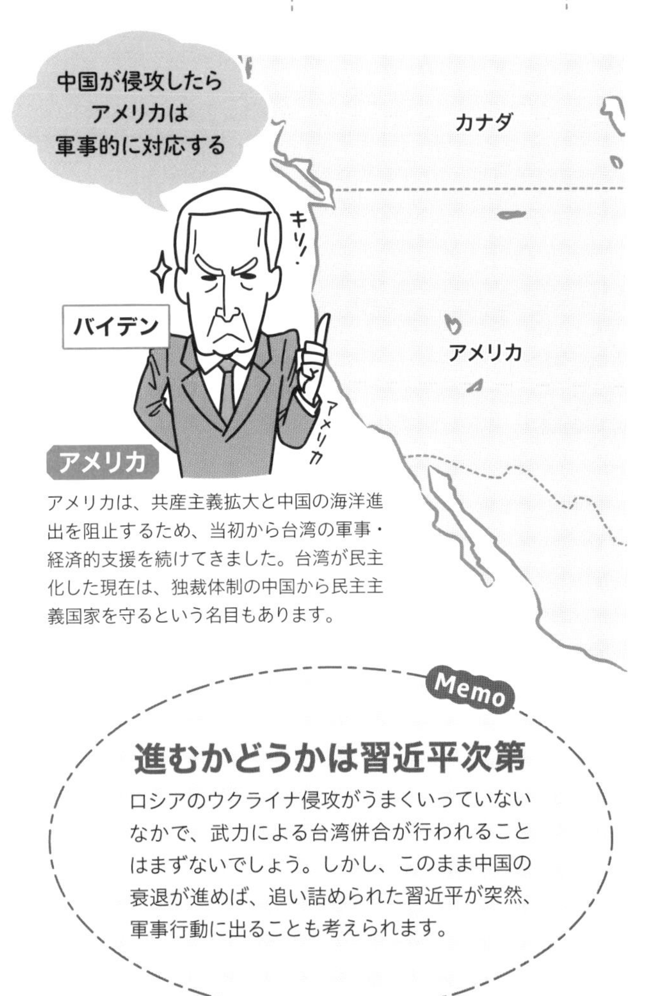

アメリカ

アメリカは、共産主義拡大と中国の海洋進出を阻止するため、当初から台湾の軍事・経済的支援を続けてきました。台湾が民主化した現在は、独裁体制の中国から民主主義国家を守るという名目もあります。

Memo

進むかどうかは習近平次第

ロシアのウクライナ侵攻がうまくいっていないなかで、武力による台湾併合が行われることはまずないでしょう。しかし、このまま中国の衰退が進めば、追い詰められた習近平が突然、軍事行動に出ることも考えられます。

〈 布石を打った香港制圧 〉

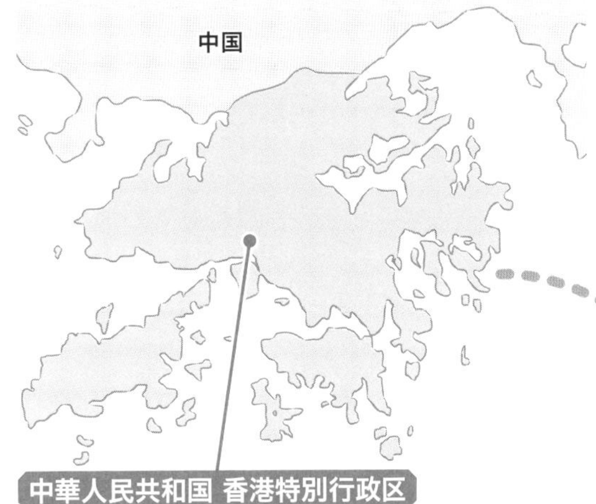

中華人民共和国 香港特別行政区

アヘン戦争でイギリスの植民地となった香港は、中継貿易の拠点として発展。99年の租借期間を迎え、1997年に中国に返還されました。

中国は、イギリスから返還された香港に「一国二制度」を導入し、2047年までの50年間、資本主義と高度な自治を認めていました。

ところが、2010年代から中国は香港への介入を強化。反発する香港では「雨傘運動」とよばれる大規模な抗議デモが発生しましたが、中国は「香港国家安全維持法」を押しつけ、民主化運動を弾圧しました。香港制圧は、台湾併合に向けた第一歩だとみられています。

香港でとり入れた「一国二制度」

体制
資本主義
社会主義の中国に対し、香港では資本主義が認められています。

憲法
香港基本法
香港の一国二制度を具体化するミニ憲法。中国とは独立した法律の制定が可能。

司法
独立が保障
中国では司法にも共産党が介入。香港は司法の独立が保障されています。

言論・報道・デモなど
自由が保障
中国では制限されているが、香港では自由が保障されています。

香港国家安全維持法で形骸化

香港国家安全維持法で「国家の分裂」「中央政府の転覆」「テロ活動」「外国勢力の結託」の4つを、国家安全を脅かす犯罪として規定。拡大解釈で香港の自治権は著しく奪われ、一国二制度は形骸化しました。

アメリカは関税などの香港の優遇措置を停止。また、香港の自治侵害に関与した人物やそれらと取引のある金融機関に制裁を可能にする「香港自治法」を成立させました。イギリスは英国海外市民旅券をもつ香港市民に、特別ビザを発給し、イギリス移住の道を開きました。

Pick up!

戦争のかたちはまた変わる テロから情報戦へ

戦争のかたちは、国家の総力をあげた2つの大戦から冷戦、テロへと変わってきました(➡P94)。現在のロシア・ウクライナ戦争では、インターネットやSNSの普及を背景に、「情報」の重要性が飛躍的に高まっています。両国が巧みな情報工作をくり広げるなか、一般市民による「情報の無効化」も見逃せません。

第一次世界大戦後のドイツは独自の暗号開発に邁進し、対するイギリスは世界初のコンピュータである暗号解読機「コロッサス」を生み出しました。「情報」は古くから、戦争の行く末を左右する重要な要素だったからです。

現代の情報戦では、相手国の弱体化に加え、国際世論を味方につけることが重要です。そのため、ロシア・ウクライナ両国はさまざまな情報工作を世界規模で展開。一方で、一般市民のSNS発信などにより、国家の情報工作が瞬時に見破られて「無効化」されることも。国家と一般市民との情報戦も現代の特徴です。

ロシア・ウクライナ戦争の情報戦

ロシアは各国の在ロシア大使館や親ロシアのインフルエンサーなどを介して、さまざまな情報工作を実施。ウクライナは広告代理店と組んで、世界規模でPR戦略を展開しました。

ロシア
ウクライナ
インターネットで世界へ
中国
日本
アフリカ大陸

従来はマスメディアが報道を独占していましたが、現代は戦場で実際に起こっていることを現地の人々がSNSなどで発信。瞬時に世界中に拡散されます。

プロパガンダ

特定の意図をもって、内外の世論を導くための宣伝戦略。ロシアは「ウクライナに生物兵器研究施設がある」など、自国の侵略行動を正当化する情報を流しました。

ロシアの同胞を危機から救うためなんだ!
プーチン
ロシア

アメリカの焦燥から登場したインターネット

冷戦下の1957年、ソ連はICBM＊と人工衛星の打ち上げに成功。先手をとられたアメリカは、ミサイル被弾時の情報の遮断を防ぐべく、回線システムの開発を急ぎました。こうして生まれたのがインターネットです。インターネットは、世界に爆発的に普及し、一個人が全世界に情報を発信・受けることができるようになりました。

まさに「知の解放」だ!
PC

＊大陸間弾道ミサイルのこと。

戦争はかたちを変えてくり返される

人類の歴史を見る限り、恒久的な平和はありえません。戦争は“必要悪”であり、地球のプレート同士のひずみが限界に達したときに地震が起こるのと同じように、外交上のひずみを解消するという役割があると考えられます。かたちを変えてくり返される戦争の被害を、いかにして最小限にとどめ、新たな国際秩序を構築するか。それを考えて努力していくのが人間の役目です。

民間軍事会社って何のこと？

戦闘や情報収集、警備、後方支援、兵たんなどの軍事サービスを提供する民間会社です。現代のテロの戦いや情報戦にも対応できる、21世紀型の傭兵集団だといえるでしょう。しかし、ロシアの民間軍事会社ワグネルのように反乱を起こすリスクもあります。

PR戦略

ウクライナは、徹底抗戦を掲げるゼレンスキー大統領を前面に押し出し、「強大な侵略者に立ち向かう勇敢さ」を強力にアピール。国際世論を味方につけ、欧米の軍事的支援を引き出しています。

フェイク

ロシアは「フェイクとの戦い」という、“ファクトチェック”のサイトを開設し、ロシアの戦争犯罪に関する欧米の報道はフェイクであると主張しました。しかし、多くの検証により、このサイト自体がフェイクを生み出していることが判明しています。

サイバー攻撃

政府機関へのハッキングや、軍事設備・関連インフラの破壊などを狙ったサイバー攻撃も盛んに行われています。NATOや欧米のIT企業などがウクライナを支援しています。

Column

“新インターネット”が登場したら中国も崩壊の危機!?

中国はインターネットを監視する検閲システム「グレート・ファイアウォール」を全土に張り巡らせ、政府に批判的な情報や不利な報道はすべて遮断しています。そのため、中国軍が民主化運動を弾圧した天安門事件を知らない若者も多いといわれています。しかしこの先、検閲システムのきかないインターネットが登場したら、アラブの春（➡P156）のように、中国の独裁体制も瞬く間に崩壊するかもしれません。

さくいん

参考資料

『教養として知っておきたい地政学』神野正史（ナツメ社）／『地政学見るだけノート』神野正史（宝島社）／『「移民」で読み解く世界史』神野正史（イーストプレス）／『「覇権」で読み解けば世界史がわかる』神野正史（祥伝社）／『ゲームチェンジの世界史』神野正史（日本経済新聞出版）／『最新　世界情勢地図』パスカル・ボニファス（ディスカバー）／『現代地政学　国際関係地図』パスカル・ボニファス（ディスカヴァー）／『詳説世界史 B』『詳説 世界史図録』木村靖二・岸本美緒・小松久男（山川出版社）／『増補版 標準世界史地図』亀井高孝・三上次男・堀米庸三（吉川弘文館）／『教養としての「地政学」入門』出口治明（日経 BP）／『覇権の世界史』宮崎正勝（河出書房新社）／『20歳の自分に教えたい地政学のきほん』池上彰（SB 新書）ほか

●**神野ちゃんねる**
https://www.youtube.com/@JinnoChannel

●**NHK ウクライナ情勢**
https://www3.nhk.or.jp/news/special/ukraine/

●**外務省**
https://www.mofa.go.jp/mofaj/

監修者

神野正史（じんの・まさふみ）

河合塾世界史講師。YouTube 神野ちゃんねる「神野塾」主宰。学びエイド鉄人講師。ネットゼミ世界史編集顧問。ブロードバンド予備校世界史講師。1965年名古屋生まれ。立命館大学文学部西洋史学科卒。自身が運営する YouTube 神野ちゃんねる「神野塾」は絶大な支持を誇る人気講座。また「歴史エヴァンジェリスト」としての顔も持ち、TV 出演、講演、雑誌取材、ゲーム監修なども多彩にこなす。主な著書に『世界史劇場』シリーズ（ベレ出版）、『教養として知っておきたい地政学』（ナツメ社）、『「移民」で読み解く世界史』（イーストプレス）、『「覇権」で読み解けば世界史がわかる』（祥伝社）、『ゲームチェンジの世界史』（日本経済新聞出版）などがある。

STAFF

本文デザイン
八月朔日 英子

本文イラスト
ひらのんさ

校正
渡邉郁夫

編集協力
株式会社オフィス201（羽山奈津子）、
寺本彩、田原朋子、柄川昭彦

編集担当
山路和彦（ナツメ出版企画株式会社）

本書に関するお問い合わせは、書名・発行日・該当ページを明記の上、下記のいずれかの方法にてお送りください。電話でのお問い合わせはお受けしておりません。

・ナツメ社Webサイトの問い合わせフォーム
https://www.natsume.co.jp/contact
・FAX（03-3291-1305）
・郵送（下記、ナツメ出版企画株式会社宛て）
なお、回答までに日にちをいただく場合があります。正誤のお問い合わせ以外の書籍内容に関する解説、個別の相談は行っておりません。あらかじめご了承ください。

イラストでサクっと理解　流れが見えてくる地政学図鑑

2024年２月６日　初版発行
2024年７月20日　第２刷発行

監修者　神野正史
発行者　田村正隆

発行所　株式会社ナツメ社
東京都千代田区神田神保町1-52 ナツメ社ビル 1F（〒101-0051）
電話　03(3291)1257(代表)　FAX　03(3291)5761
振替　00130-1-58661

制　作　ナツメ出版企画株式会社
東京都千代田区神田神保町1-52 ナツメ社ビル 3F（〒101-0051）
電話　03(3295)3921(代表)

印刷所　ラン印刷社

ISBN978-4-8163-7480-7
Printed in Japan

〈定価はカバーに表示してあります〉
〈落丁・乱丁本はお取り替えします〉